AVRUPALI BEDEVİ,
ANARŞİST MÜSLÜMAN,
SUFİ
VE SEYYAH

İSABELLE EBERHARDT

D1727230

mana
YAYINLARI

İLİMYURDU YAYINCILIK: 158
Biyografi

ISBN: 978-605-2339-27-5

Kitabın Adı
Avrupalı Bedevi, Anarşist Müslüman, Sufi ve Seyyah
İSABELLE EBERHARDT

Yazan
Emine Karahocagil Arslaner

1. Baskı – Nisan 2019

İç Düzen
İlimyurdu Yayıncılık

Kapak Tasarımı
Yunus Karaaslan

Baskı-Cilt
Enes Basın Yayın ve Matbaacılık Ltd. Şti.
Litros Yolu Fatih Sanayi Sitesi No: 12/210 Topkapı/İstanbul
Tel: 0212 501 47 63 Sertifika No: 12469

yayıncılık ve eğitim hiz. ltd. şti.

Molla Gürani Mh. Akkoyunlu Sk. No: 36 **Fındıkzade**- Fatih / İSTANBUL
Tel.: 0212 533 05 35 **Faks:** 0212 631 53 69
www.**ilimyurdu**.com info@**ilimyurdu**.com
Sertifika No: 11737

AVRUPALI BEDEVİ,
ANARŞİST MÜSLÜMAN,
SUFİ
VE SEYYAH

İSABELLE EBERHARDT

EMİNE KARAHOCAGİL ARSLANER

mana
YAYINLARI

EMİNE NERMİN KARAHOCAGİL ARSLANER

Amasya'da doğdum. Babamın görevi nedeniyle ilk, orta ve lise tahsilimi Türkiye'nin değişik illerinde tamamladım. Üniversite sınavlarında Bilkent üniversitesi Arkeoloji ve Sanat Tarihi bölümünü kazandım. O yıl babamın diplomat olarak Almanya'ya atanması üzerine Almanya'ya geldim ve Almanya Friedrich Alexander üniversitesinde ekonomi okudum. Üniversiteden ayrılarak gazeteci olarak çalışmaya başladım. Bazı haber sitelerinde genel yayın yönetmeni, Almanya temsilcisi, çevirmen ve köşe yazarı olarak görev yaptım. Kur'an, Kur'an mealleri, İslam'da kadın hakları, Alman oryantalistlerin Kur'an araştırmaları, geleneksel İslam anlayışının serencamı ve modern hayattaki izdüşümleri hakkında araştırmalarım, çevirilerim ve makalelerim çeşitli gazetelerde, dergilerde ve haber sitelerinde yayınlandı. Halen bir yardım kuruluşunda metin çevirmeni olarak çalışıyorum. "Kibele'nin Yurdu Anadolu" isminde matbu bir eserim var. Evli ve iki çocuk annesiyim.

İÇİNDEKİLER

Tavsiyeleri ile bu kitabı yazmama vesile olan Dr. Hayati Bice'ye, yoğun iş temposuna rağmen, yazım ve basım sürecinde vaktini ve emeğini esirgemeyen Yasin Çolak'a en kalbi teşekkürlerimle...

Bedenim Garp'da
Ruhum Şark'da
Bedenim ecnebilerin memleketinde
Ruhum İstanbul'da
Ruhum İskenderiye'de

İsabelle Eberhardt

ÖNSÖZ

Şarkiyatçılığın doğmasına zemin hazırlayan ve Oryantalizmin ana referanslarından sayılan "Seyahatnameler", Batı'nın Doğu ile temasında büyük yer işgal eder. 18. asırda Doğu ve Batı arasında artan mübadeleler, seyahatleri de çoğaltmış ve Batılıların Doğu ile ilgili müşahede ufuklarını genişletmiştir. Bu tarihlerde salt egzotik bir ilgi olarak Avrupalıların tasavvurlarını süsleyen "Doğu", 19. asırdan itibaren büyüyen emperyal hırsların hedef tahtası oldu.

Seyahatnameler sadece 1001 Gece Masalları ile büyüyen Batılı tahayyüllerin, Şark topraklarındaki maceralarından oluşan günlüklerden ibaret değildir. Doğu ile ilgili plan ve projelerinin gerçekleşebilmesi için öncelikle bu toprakları içeriden bakan gözlerle tanıması gerektiğini bilen ve bu minvalde "Oryantalizm"i doğuran, besleyen ve büyüten sömürgeci "erk" için Seyahatnameler, bu yabancı topraklarda doğru takip edilmesi gereken pusulalardır.

Her ne kadar hayatının sonlarına doğru irade dışı bir savruluşla, -*kısa bir süre için*- Fransız sömürgecilerin Truva atı olsa da, İsabelle Eberhardt, klasik Oryantalist seyyahlardan İslami duyarlılığı ve samimiyeti ile ayrılır. Bu özelliklerinden dolayı gittiği coğrafyalarda çokça sevilmiş, kabullenilmiş ve takdir görmüştür. Eldeki kayıtlara göre İsabelle Eberhardt, Cezayir'de bir caddeye adı verilen tek Avrupalıdır.

Ex Oriente Lux (Işık Doğu'dan Gelir)

"Bir söz ki şafaklara ve düşüncelere gebe. İlk defa kim söylemiş bu hikmeti? 14. asırda yaşayan ermiş Joachim de l'Fore, Calabra'daki manastırda Aziz Yohanna İncilini okuduktan sonra mı?

Mayorka'daki inzivagahında, Zohar'ın İbranice metnine eğilen hurufi Raymond Luyle'mi?

Yoksa Floransa'nın pür zuhur tepelerinde Homer'in veya Eflatun'un bir el yazmasını gözden geçiren Pic de la Mirandole'mi?"

diye sorar Cemil Meriç ve sayfalar boyunca sorusuna cevap arar...

"Işık Doğu'dan Gelir" sözünün kime ait olduğu bilinmez ama o ışığa meftun bazı pervanelerin şarkıları günümüze kadar ulaşmıştır. Bunlardan biri de İsabelle Eberhardt'tır.

İsabelle için "Avrupa" iğneli beşikti. "Doğu" ise bu despot, monoton, yapmacık, nobran coğrafyadan firar ederek iltica ettiği bir sığınaktı. Doğu'da yaşamak ve Doğu'ya özgü yaşam tarzı İsabelle için bir tercih değil, gerçek anlamda "kendin" olmaktı. Onu, Afrikalı yerli halkla içli dışlı olmakla suçlayacak kadar kibir sarmalında yörüngesini kaybetmiş şişkin egoları anlamak için kendini zorluyor ama başaramıyordu:

Hayat bu insanların arasında olmak değilse, nedir? Onların arasında olmadığım her yerde kendimi sınırlandırılmış hissediyorum. Bazı çevrelerdeki yapay atmosferlerde nefes almakta zorlanıyorum. Neyin "uygun" olduğunu bilemiyorum. Yoksulluk, saflık ve hatta kabalık... Bunlar beni rahatsız etmiyor. Benim asıl tahammül edemediğim şey, belli bazı insanların utanma duygularının olmaması. Bu insanları diğerlerinden ayıran cesaret yoksunluğu, onları planlar yapmaya, aklı başında bir yaşam sürmeye zorluyor. Aslında bu metotları uygularken, evdeki hesabın çarşıya uymadığına defalarca şahit oldum. Modaya uygun bir şapkanın, doğru oturmuş bir büstiyerin, bir çift sert botun, yer kaplayan dekorasyonların, gümüş ve porselenlerin, hayata dair susuzluklarını gidermek için yeterli bulmalarını şaşkınlıkla karşılıyorum. Daha çocuk yaşlarda dünyanın varlığından haberdardım ve uzak yerleri keşfetmeyi arzuluyordum. Saten at gözlüklerimi takıp, kendi etrafımda dönmek için yaratılmamışım. Kendimi ideal olana uydurma zorunluluğu hissetmiyorum; yeni yerler keşfetmek istiyorum. Biliyorum, böyle bir yaşam tarzı oldukça tehlikeli fakat tehlikeli bir an, aynı zamanda umut dolu bir andır. (İslam'ın Gölgesinde, Avluda Aklıma Düşenler)

Kural dışı yaşam tarzı, aklı zorlayan tercihleri ile, terk ettiği sürüyü zaman zaman kenardan izleyen ve hüzünlenen bir İsabelle vardır bu satırlarda. Çevresi tarafından anlaşılmayan ve çevresini anlamayan insan için *"yalnızlık"* kaçınılmazdır. İsabelle'nin yalnızlığı ise uçsuz bucaksız çöl denizinde sığındığı huzurlu bir vahadır:

Yalnızlığımın hüzünlü bilinci içinde; bu dünyada hiçbir kalbin benim için atmayacağından, hiçbir gözden benim için bir damla yaş akmayacağından ve hiçbir zaman bir bekleyenimin olmayacağından emin olarak, huzur içinde uyumak... Bütün kelepçelerden kurtulmuş, sadece kendime ait olduğum, hep bir yabancı ve hep bir işgalci olarak karşılanacağım bu devasa çölde yaşamak. (Jurnal, 1 Ocak 1900)

İsabelle Eberhardt Kimdir?

Eğer üç paragrafla tanıtmamız istenirse;

1877'de Cenevre'de dünyaya geldi. Yerleşik düzene aykırı, alışılmışın dışında bir çocukluk dönemi geçirdi. Özel öğretmeni tarafından anarşist bir eğitime tabi tutuldu.

Çok genç yaşlarda Arap kültürüne ve İslam'a ilgi duydu. Yirmi yaşındayken Cezayir'e doğru ilk yolculuğunu yaptı. Müslüman oldu. Arap erkek kıyafetleri içinde dolaşıyor ve kendini "Seyyid Mahmud" olarak tanıtıyordu. İlk edebi çalışmalarına Cezayir'e yaptığı bu ilk yolculuğunda başladı. Cezayir çöllerine ve Tunus sahillerine kadar açıldı. 1900 yılında kısa bir süre için Paris'te kaldı. Romanlarını ve gezi notlarını bastırmak üzere bir yayınevi aradı. Çabaları sonuç vermedi. Aynı yıl Cezayir'e geri döndü. Bedevi hayatı yaşadı ve yazarlık çalışmalarına devam etti.

1904 de Cezayir, Ayn Sefra'da bir sel baskınında öldü.

Eğer tek bir satıra sığdırmamız istenirse;

İsabelle Eberhardt; Doğu'ya, yazıya ve özgürlüğe âşık, sancı çeken bir yürekti.

Eğer üç kelimeye sığdırmamız istenirse; "gezmek, gözlemlemek ve yazmak" diyebiliriz.

Yazmak ve yaşamak, bu iki kelime İsabelle'nin lügatinde aynı anlamlara geliyordu. İsabelle hayatı boyunca zorba bir hayatın içinden yükselen latif bir ses oldu ve yazma eylemine hak payı kazandırdı.

Kuzey Afrika'da ilk konakladığı yerde, Annaba'da yazdığı bir mektupta şöyle sesleniyordu:

"Yazıyorum, çünkü edebi eserler ortaya çıkarmak için gereken süreci seviyorum. Nasıl seviyorsam öyle de yazıyorum. Öyle sanıyorum ki bu benim kaderim. Ve bu benim yegâne tesellim".

Bir "Müslüman" ve Bir "Kadın" Olarak İsabelle Eberhardt

Her ne kadar bazı Batılı biyograflar farklı tarihler verseler de, özel mektuplarından anlaşıldığı kadarıyla İsabelle, -özel öğretmeni ve eğitmeni Trofimovski'nin etkisi ile- daha çocukken Müslüman olmuş, Arapçayı ve Kur'an'ı öğrenmişti. Onu farklı kılan şey, çok erken yaşlarda, kendi ifadesi ile "doğduğundan beri" Müslüman olması değildir. Anarşist bir eğitime tabi tutulmuş, özgür yetiştirilmiş, tüm dini ve beşeri ilimlerle mücehhez, dupduru bir aklın İslam'ı kavrayış şeklindeki özgünlük manidardır. İsabelle'nin anladığı ve yaşadığı İslam'da yegâne hesap mercii kadir-i mutlaktır, mülkün ve hükmün sahibi Allah'tır. Allah'tan başka kimseye itaat edilmez; hürriyet, adalet, müsavat mukaddes kavramlardır ve kadın-erkek, zengin-fakir, genç-ihtiyar herkes eşittir. Eşit olmayanlar da vardır tabi:

Bir imam ve bir papaz asla eşit değildir. İslam'da ruhbanlığın olma-

dığı bilinen bir gerçektir. İmam sadece cemaatin saygı gösterdiği, bilgili bir kişi olabilir. Herhangi bir bilgili Müslüman bu işi üstlenebilir. Duaları ezberden okuyabilmesi, bu işi yapması için yeterlidir.

Gizemler, vaftizler ve nikâh törenleri... Hristiyanlık'ta rahiplerin vasıtasıyla gerçekleştirilen bütün bu işlemlere İslam'da rastlanmaz. (İslam'ın Gölgesinde, Cuma Namazı)

Beni bu kitabı yazmaya sevk eden saik de, bu zihindeki ilahi berraklıktı...

İsabelle, entelektüel ve maceracı bir kadın olarak ataerkil bir dünyaya gelmiş olmanın doğurduğu sıkıntıları erkek kıyafetleri giyerek aşmaya çalışmış ve başarmıştı. Bu dâhiyane buluşuna dair düşüncelerini ve gözlemlerini kâğıda şöyle düşer:

Hiç kimsenin dikkatini çekmeden, her yere girip çıkabiliyorum. Gözlem için olağanüstü bir metot bu. Kadınlar giysilerinden dolayı dikkat çektikleri ve hep izlenen konumunda kaldıkları için çevrelerinde olup biten şeylerden habersiz kalıyorlar. Üstelik bu durumdan hiç müşteki de değiller. Bu durum erkekleri daha avantajlı kılıyor ama kadınlar pek farkında değiller. (İslam'ın Gölgesinde, Avluda Aklıma düşenler)

Bir diğer yazısında ise kendini ve yaşadığı hayatı tek cümle ile özetler: *Ben hayatı erkeklerin ve kadınların kılığına girerek izledim!* (İslam'ın Gölgesinde, Çeşme Başında Aşk)

Ez cümle

Hayatının son yıllarında İsabelle'nin yazma şevki tiryakiliğe varmıştı. Kaderin acı sillelerinden, hastalıklardan, hayal kırıklıklarından bitkin düşmesi, elinden geldiğince yazılı tüm nüshaları toplarlamasına ve beraberinde taşımasına engel olamadı. Arkasında, yaşadıklarına dair bir şahit bırakmak istercesine, yavaş yavaş sürüklendiği ve sayfaların arkasına saklanarak korumak istediği "yalnızlığını" biricik hakikat olarak ardında bırakmak istercesine, yazdığı veya kendisine yazılmış olan her belgeyi titizlikle korudu.

Bu miras Ayn Sefra'daki enkazın altına gömülmüştü. Birkaç hikâye, El Ahbar ve La Depeche Algerienne gazeteleri için yaptığı birkaç röportaj dışında, hayattayken yayımlanmış herhangi bir eseri yoktu. Yazılarının büyük bir bölümü onun vefatından sonra bir araya getirildi ve bastırıldı.

Bugün, Ayn Sefra'daki sel felaketinden yaklaşık yüz yıl sonra, İsabelle'nin sayfaları hala o günlerden kalan yağmur izlerini taşıyor ve aykırı bir kadının sel suları altında kalan suretini tersim ediyor. Buna rağmen, yirmi yaşında bir kızın, Mayıs 1897'de Cezayir'de başlayıp ölümüne kadar süren macerasının yakın bir şahidi olmak için arkasında bıraktığı mirası tetkik etmek yeterli olmadı. İsabelle'yi sadece yazdıklarıyla değil; hakkında yazılan biyografileri, yapılan araştırmaları ve öne sürülen iddiaları büyüteç altına alarak tanıtmaya çalıştım.

Elinizdeki kitap, Avrupa'nın göbeğinden uçup Cezayir'e konan bir göçmen kuşu bütün buutlarıyla huzurlarınıza çıkarabilmenin tedirginliği içinde hazırlandı. Dönemin şartları düşünüldüğünde oldukça cesur sayılacak bu serüvende, Dreyfus davasında adı geçen, Montemaggiore markisi Mores suikastına dair detaylarla karşılaşacaksınız. Yakın geçmişte iz bırakmış, Orta Doğu ve Türkiye için önem arz eden fakat tanınmayan Mısırlı hiciv ustası Yakup Sanu (James Sanua), Fransız yazar Robert Arnaud (Robert Randau), Anarşist gazeteci Victor Barrucand veya Türkiye'yi İngiltere'nin saflarına itmemek için Atatürk'e destek veren Fransız General Louis Hubert Gonzalve Lyautey'i, hepsinden önemlisi; 1897 yılının Mayıs ayında, bir lokma bir hırka, ayağında demir çarık elinde demir asa, dervişane bir ruhla, maddeler diyarından kopup maneviyatın sıcak iklimine sığınmak için yola çıkmış genç bir dervişi, anarkofeminist bir dehayı, bir özgürlük savaşçısını ve münzevi bir kadını tanıyacaksınız.

Afrika topraklarını, yaşamının öznesi kılacak kadar benliğiyle bütünleştiren bu genç ve çılgın seyyahın hayatını kaleme alan Müslüman bir yazar olarak, onunla daha sağlıklı bir empati kurabildiğime ve onun hayatına Oryantalizm'in şekil verdiği önyargılardan uzak bir zihinle yaklaşabildiğime inanıyorum.

İsabelle'yi mazeretten uzak bir gecikmeyle de olsa, çok sevdiği topraklara, Türkiye'ye taşımaya çalışırken; hayatını yorumlayan Batılı yazarların yanlışlarına da işaret ettim, saptırılan kimi gerçeklerin altını çizdim, cevabı verilmeyen ve unutturulan soruları yeniden sordum.

Birgün bu sorular cevaplanacak ve karanlık suikastın arkasındaki gerçekler ve ölümündeki şaibe aydınlığa kavuşturulacak mı?

Kim bilir...

Sadre şifa olması duası ile...

Ya kebikeç, ihfazu'l varak!

İSİM İNDEKSİ

Nathalie Charlotte Dorothie Eberhardt: Çar'ın danışmanlarından General ve Senatör Pavel Karlovic Moerder'in zevcesi, İsabelle'nin annesi.

General ve Senatör Pavel Karlovic: Rus Çarı II. Aleksandr'ın yaveri, İsabelle'nin annesi Nathalie de Moerder'in ikinci eşi.

Aleksandr Nikolayevic Trofimovski: İsabelle'nin Ermeni asıllı anarşist eğitmeni, manevi babası.

Augustin de Moerder: Nathalie de Moerder'in Senatör Pavel Karlovic'den olan üçüncü oğlu. İsabelle'nin en sevgili kardeşi.

Nicola de Moerder: Nathalie de Moerder'in Senatör Pavel Karlovic'den olan en büyük çocuğu.

Olga de Moerder: Nathalie de Moerder'in Senatör Pavel Karlovic'den olan kızı.

Vladimir de Moerder: Nathalie de Moerder'in Senatör Pavel Karlovic'den olan ikinci oğlu.

Aleksandra Perez-Moreyra: Olga de Moerder'in eşi.

Louis ve Cecile David: Cenevreli fotoğrafçı çift. İsabelle'nin en ünlü fotoğrafları onlara ait stüdyoda çekilmiştir.

Eugene Letord: Askeri doktor. Konstantin'in güneyindeki bir kışlada görevlidir ve İsabelle'yi, Cezayir'e gelme konusunda yüreklendirir.

Helene Long: Augustin'in eşi.

Ali bin Salih Abdulvahab: İsabelle'nin en uzun mektuplarını yazdığı, ruh ve fikir dünyasını tüm teferruatı ile aktardığı yegâne arkadaşı, Tunus Dış İşleri Bakanlığında sekreter.

Hoca (Seyyid Muhammed El Hoca bin Abdullah Hamidi): İsabelle'nin Cezayir'deki Arapça öğretmeni ve ilk büyük aşkı. Cezayirli âlim...

Ahmet Reşid Bey: İsabelle'nin bir süre nişanlı kaldığı ve ayrıldığı, Osmanlı İmparatorluğunun Paris'teki hariciye nazırlığında, hariciye nazırının ikinci sekreteri olarak görev yapan Türk diplomat.

Adolphe-Roger de Susbielle: Fransız Yüzbaşı.

Seyyid Larbi Chable (Seyyid L'Arbi Şabet veya Elarhby): İsabelle bazı yerlerde ondan El Agreby diye de söz eder. Fransızlar için çalışan çöl birliği subayı. İsabelle Monastir'da kalırken onun birliğine katılarak köylülerden nasıl haraç toplandığını izlemiş ve yazmıştır.

Abdulaziz Osman: İsabelle'ye Tunus ve Cezayir'e yaptığı yolculuklarda aracılık yapan ve belli bazı isimlerle tanışmasını sağlayan, antiemperyalist ve entelektüel Tunuslu genç.

Montemaggiore Markisi Mores: Fransız derin devleti tarafından düzenlenen bir suikastla öldürülen ve adı Dreyfus davasında da geçen Fransız iş adamı.

Arşavir Gaspariyan: İsabelle'nin Cenevre'den tanıdığı Ermeni asıllı dostu.

Gaston Cauvet: Fransız istihbarat subayı, yüzbaşı.

Süleyman Ehni: İsabelle'nin eşi. Fransa'nın Afrika ordusundaki sipahi birliğinde levazım subayı. Annaba'daki polis birliğinde tercüman olarak görev yapmış ve polis şefliğine kadar yükselmiştir.

Şeyh Seyyid Hüseyin bin İbrahim: İsabelle'nin Kadiri tarikatına intisabını sağlayan Kadiri şeyhi.

Seyyid el Haşemi: Şeyh Seyyid Hüseyin bin İbrahim'in kardeşi olan Kadiri şeyhi.

Seyyid Arousi: Guamar'daki Ticani şeyhi.

General Larrivet: Batna'da görevli Fransız general.

General Pujat: Tuggurt'taki alay komutanı.

General Cauvets: El Oued'deki Fransız bürosunda görevli General.

General Dechizelle: Batna'daki Fransız ordusuna bağlı askeri şube komutanı.

M. Celestin Jonnart: Cezayir vali yardımcısı

Abdullah Muhammed Bin Lakdar: İsabelle'ye suikast düzenleyen saldırgan.

Dr. Leon Taste: Suikasttan sonra İsabelle'nin tedavisi ile ilgilenen Fransız doktor.

Şeyh Seyyid El Hüseyin: Guemar'daki Kadiri şeyhi.

Muhammed bin Abdurrahman: Ticani şeyhi.

Maitre Laffont: Suikast davasında saldırganı savunan Fransız avukat.

M. Martin: İsabelle'ye düzenlenen suikast davasının savcısı.

Eugene Brieux: İsabelle'ye zor zamanlarında maddi destek sunan Fransız oyun yazarı.

Lydia Paschkoff: Rus feminist. Mısır'ı ve Türkiye'yi gezmiş, İsabelle'ye tavsiyelerde bulunmuştur.

Seyyida bin Aben: Kadınlar için el işi kursları düzenleyen çalışkan ve hayırsever Tunuslu bir kadın.

Leyla Zeyneb: El Hamel'deki zaviyenin murabıtı.

Robert Arnaud (Robert Randau): Fransız sömürge ordusu idari müfettişi; Fransız yazar ve bürokrat.

M. Bouchet: Ténes karma komün başkanı.

M. Martin: Ténes belediye başkanı.

Dihya el-Kahina: Musevi Berberi kraliçe.

Monsieur Loubet: Fransa Başbakanı.

Jean Rodes: İsabelle hakkında müspet yazılar kaleme alan Fransız gazeteci.

Louis Hubert Gonzalve Lyautey: Fas'ın Fransa ve İspanya'nın ortak sömürge yönetimi altına girmesinden sonra Fransız bölümü genel valiliğine atanan Fransız General.

Abu Naddar, James Sanua, Yakup Sanu: Musevi asıllı Müslüman hiciv ustası, Mısırlı âlim.

Victor Barrucand: Anarşist gazeteci, İsabelle'nin en büyük destekçisi

GİRİŞ

Moskova'nın kan donduran soğuk kış gecelerden biri...

Rus Çarı II. Aleksandr'ın yaveri, General Pavel Karlovic de Moerder, köşkündeki bütün uşakları evlerine göndermiş, ailesiyle birlikte geçireceği bu son gecede evde yabancı istememişti. Sokaklarda hüküm süren derin sessizlik sayesinde, zaman zaman ağaçların karanlık dallarında ıslık çalan, devasa köşkün etrafında uğuldayan poyrazın sesi duyulabiliyordu. Ara sıra bir sarhoşun iniltilerine karışan ağır adımlar ya da şehre dönen bir posta arabasının gürültüsü odanın duvarlarında yankılanıyordu. Kasırgayla dansa kalkan kuru yaprakların hışırtıları sessizliğe gömülmek isteyen geceyi ürpertip avlunun taşlarında dağılıyorlardı. İçimizde, yolda kalmışlara ve evsizlere karşı cılız feryatlar kopartan, şükrümüzü artıran ayaz gecelerden biriydi.

Gürül gürül yanan şömineden yayılan hararet dışarıdaki soğuğun şiddeti hakkında fikir verebiliyordu. General şöminenin karşısındaki mahfiline gömülmüş, başını arkaya yaslamış, ateşi seyrediyordu. Yüzündeki dalgın ifadeden, odadaki aile huzurunun bahşettiği o uhrevi havanın dahi onu bazı endişelerden uzaklaştıramadığı anlaşılıyordu.

Nathalie geceliğini giymeye razı olmayan yarı çıplak üç dört yaşlarındaki yumurcakla meşguldü. Çocuk annesinin uzattığı gömlekten kaçıyor, sesindeki yorgun yumuşaklıktan güç alıyor, şımardıkça şımarıyordu. Kendisinden bir iki yaş daha büyük ablasını da ayartarak oyuna dalan haşarının anlaşılmayan bulanık lakırdıları şömine ateşinin sesine karışıp odaya tatlı bir cıvıltı yayıyordu. Olga masum cilveleri ile kardeşinin yaramazlıklarına eşlik ediyor, havai fişekler gibi uçuşan kahkahaları ile annesini gülümsetiyordu. Bu çocuksu ve sebepsiz neşenin şirin gamzeler çizdiği yüzler, tehlikesizce düşüp kalktıkları, üzerinde yuvarlandıkları yumuşak halının çiçeklerini gölgede bırakıyordu.

General bu masum cümbüşten çok uzaklardaydı. Nathalie şöminenin diğer ucundaki koltuğun kenarına oturdu. Kararsız bir ciddiyetle iki küçük yaramazı kovaladığı beyaz saten terliğini yere bıraktı. Bakışları kocasının vakur simasında dolaşırken, biraz önce iki küçük meleğinin süt beyazı yanaklarına yerleştirdiği yumuşak tebessüm yavaş yavaş eridi. Otuzlu yaşlardaydı ve şöminenin üstünde yanan mumların pürüzsüz tenine düşürdüğü ziyalar güzelliğini daha bir perçinliyordu. "Pavel!" diye seslendi. General, ışığı sönmeye yüz tutmuş mavi gözlerini karısına çevirdi. Çarpışan gözleri, sadece ikisinin bildiği gizemli bir sırrın ayrıntıları hakkında ipuçları saklıyordu. Bir süre susarak konuştular. Sonra generalin bakışları duvardaki ahşap saate kaydı. "Saat neredeyse gece yarısı oldu. Nerede kaldı?" diye sordu. Nathalie kuğu boynunu yere eğdi. "Gelir birazdan" dedi.

Odanın diğer ucunda, iki mumla aydınlatılan masada başka bir çocuk kalın bir kitabın yapraklarını çeviriyordu. Nicolas odada olup bitenlerden habersiz, 1001 Gece Masalları dünyasında kaybolup gitmişti. Önündeki kitabın sürükleyiciliği ve sırtındaki okul önlüğü bu derin dalgınlığa hak payı verdiriyordu. Bir dirseğini masaya koymuş, başını siyah saçlarını ortadan ayıran uzun beyaz parmaklarına dayamıştı. Mumlar sadece yüzünü aydınlatıyordu.

Nathalie, Vladimir ve Olga'nın oyunundan yorgun düştükleri bir anlarını yakalayarak: "Hadi Vladimir, artık yatmamız lazım" diye seslendi. Yorgunluk ve uykusuzluğun etkisiyle mukavemetini kaybeden yumurcağı kucaklaması zor olmadı. O esnada kapıya vuruldu. General, "Geldi!" dedi ve yerde uykuyla pençeleşen kızını kucağına aldı. Babasının göğsüne başını yaslayan küçük kız, sarı saçlarının yaldızlı buklelerine dolanıp uykuya daldı. General yaşından beklenmeyen bir çeviklikle yatak odasına yürüdü, kızını yatırıp üstünü örttü. Salona döndüğünde, gece boyu beklediği iri yarı adamı karısına bir şeyler anlatırken buldu. *"Hoş geldin Trofimovski"* dedi. Nathalie ile göz göze geldiler. Vladimir'i göğsüne sıkı sıkı bastıran Nathalie, kitaptan başını kaldırmış, konuşulanları dinlemeye koyulmuş olan oğluna başıyla *"Hadi"* işareti yaptı. Birlikte odadan ayrıldılar.

Kürk manto içindeki uzun boylu adam başındaki kalpağı çıkarıp parmakları ile saçlarını taradı. Ayazdan moraran yüzünde saklayamadığı bir hüzün vardı. General çetin emekler sayesinde neler kazandığını gösteren kırmızı şeritlerin çiçeklendirdiği ceketinin iç cebinden bir zarf çıkartıp uzattı. *"Burada ihtiyaç duyacağınız miktarda para ve biletler var. Yarın sabah 8:00'da tren hareket edecek. Nathalie'yi ve çocukları uşaklar getirecek. Sen de istasyonda ol!"* dedi. Adam zarfı düşünceli ve hafif utangaç bir ifadeyle aldı. Başıyla generali onaylarken, *"Onlar tarafınızdan bana tevdi edilen birer kutsal emanettir General"* dedi. General buğulanan gözlerini kaçırmaya çalışarak *"Sana güveniyorum"* diye cevap verdi. Birlikte kapıya kadar yürüdüler. Adam kalpağını taktıktan sonra, son bir kez dönüp arkasına baktı ve uzaklaştı. General kapıyı kapatıp arkasını dönünce Nathalie ile göz göze geldiler. Birbirlerine sarılıp uzun uzun ağladılar...

GİZEMLİ SEYAHAT

Tarih: 2 Aralık 1872... İnce, uzun boylu, sarışın bir kadın, kucağında bir bebek, yanında üç çocuk ve atletik yapılı, geniş omuzlu, siyah bıyıklı bir adamla birlikte Cenevre'nin yeni hizmete giren istasyonunda trenden iner. Alnındaki derin çizgiler olmasa asla yaşını ele vermeyecek zarif yüzdeki sarı solgun ifade, ince dudaklardaki belli belirsiz bir titreme bu gizemli seyahatin ardında uzun ve sıkıntılı bir hikâyenin yattığını anlatır gibidir. Genç kadının yanındaki adam, çocukların öğretmeni Aleksandr Nikolayevic Trofimovski, sağlık sorunları nedeniyle doktorların hava değişikliği tavsiyesinde bulunduğu Bayan de Moerder'e refakat etmek ve çocukların eğitimleriyle ilgilenmek üzere Bayan de Moerder'in eşi, General ve Senatör Pavel Karlovic de Moerder tarafından görevlendirilmiştir.

Bayan de Moerder ve Trofimovski, İstanbul'dan sonra Nepal'e, oradan İtalya'ya ve İtalya üzerinden İsviçre'ye geçerler.

Kahramanlarımıza ve 19. asır Rusya'sına büyütecimizi uzattıktan sonra, Cenevre tren istasyonunda dondurduğumuz sahneye ve İsabelle'nin aykırı karakterinin şekillenmesine katkı sağlayacak bu tuhaf ilişkinin ayrıntılarına geri dönelim...

Nathalie Charlotte Dorothie Eberhardt

Çar'ın danışmanlarından General ve Senatör Pavel Karlovic Moerder'in zevcesi Nathalie Charlotte Dorothie Eberhardt, eski Prusyalı asilzadelerden bir ailenin kızı olarak 23 Eylül 1838'de

Moskova'da dünyaya gelir. Eberhardt'lar, Cenevre-Rus Çariçesi II. Katarina'dan beri Çarlıkta mühim noktalarda görev yapan soyluların dâhil olduğu geniş bir sülaledir. Bayan Moerder çok genç yaşlarda babasını kaybeder. Alman asıllı bir Rus olan anne Eberhardt, kendi sınıfından bir aileye mensup Baron Nikolaus Korff'la evlenir. Nikolaus Korff, Rusya'da çok tanınan Baltık baronlarının üçüncü neslini temsil eden bir Rus Musevisidir. 1850'li yılların Rusya'sında Eberhardt'lar gibi Korff'lar da, Çar II. Aleksandr'in Rusya'yı ileri götüreceklerine inanarak umut bağladığı münevverleri yetiştiren soylu bir ailedir.

General ve Senatör Pavel Karlovic de Moerder

Hiç şüphesiz Bayan de Moerder yeni eşini, ailevi ilişkilerin şekillendirdiği bu soylu çevreden tanır. General ve Senatör Pavel Karlovic de Moerder de Çarlığa yakın duran Alman asıllı bir aileden gelmektedir. Pavel ve abisi Karl, aile geleneğini devam ettirerek Çara hizmet ederler ve sadakatlerini ispatlarlar. Abi Karl Karlovic, Çar II. Aleksandr'ın çocuklarının özel öğretmenidir ve zamanla imparatorluk yaverliğine kadar yükselir. Karl'ın beş çocuğu da çeşitli yüksek mevkilerde görev alarak taşıdıkları isime layık olmaya çalışırlar. Pavel Karlovic'in de Rus tarihinde ender rastlanan, General ve Senatör gibi iki ayrı rütbeye sahip olması, Çarın çok yakın adamlarından biri olduğunu göstermektedir. Pavel, ilk eşi Nadesda Aleksevna'yi 1857 yılında kaybeder. Nadesna'dan iki kızı olmuştur. Uzun bir aradan sonra Nathalie ile hayatını birleştirir. Bu evlilikten de Nicola (1864), Olga (1865) ve Vladimir (1868) dünyaya gelir.

Pavel Karlovic de Moerder ölmeden iki yıl önce, eşi Bayan de Moerder ile, 1871 yılının Mart ayında çıkılan ve bir yıl sürdükten sonra Cenevre'de noktalanan yolculuğun meçhul bir durağında yeniden buluşur. Avrupalı biyografların üzerinde ittifak ettikleri bir varsayıma göre, Pavel, eşinin kendisini Trofimovski ile birlikte kaçarak terk ettiğini anlamış, peşine düşmüş, ülke ülke izini sürerek aramış ve bulmuştur. Aynı yazarların yorumlarına göre Pavel, Trofimovski'den izin alarak eşiyle birlikte olmuş ve bu birleşmeden dolayı, o sıralarda hamile kalan Bayan de Moerder'in dördüncü bebeğinin de kendisinden olduğuna inanması kolay olmuştur. Bu yorum tutarlı değildir. Dönemin şartları düşünülünce, sürekli adres ve ülke değiştiren birinin izini bulabilmenin neredeyse imkânsız olduğunu takdir etmek zor olmayacaktır. Pavel'in, Bayan de Moerder'in veya Trofimovski'nin iradesi, bilgisi ve izniyle kendilerine ulaşabildiği düşüncesi daha akla yakındır. Pavel Karlovic de Moerder, eşi ile bir araya geldiğinde seksen beş yaşındadır ve yorgundur. Yaşlı ve hayat yorgunu bir insanın böyle bir maceraya atılamayacağı da aşikârdır. Zira yaşlı olduğu ve sağlığı müsaade etmediği için Bayan de Moerder ile birlikte yola çıkamamış, eşini ve çocuklarını Trofimovski'ye emanet etmiştir. Yolculuğun uzun bir yolculuk olacağı bilgisiyle çocukların eğitimlerini hesaba katarak öğretmenlerini yanlarında göndermiş olması da muhtemeldir.

İsabelle'nin hayatıyla ilgilenen yazarların kabul etmek zorunda kaldıkları bir başka durum ise, eşinin bu uzun soluklu tatilini ölene kadar finanse ettiği gerçeğidir. Hayatının sonuna kadar eşine maddi destek sağlamış olması ve yolculuk sırasında doğan çocuğunu, Augustin'i kabul etmiş olması, hatta mirasını da Bayan de Moerder'e ve çocuklarına bırakmış olması, durumun hiç de Avrupalı yazarların iddia ettikleri gibi olmadığının delilidir. Değinmeden geçilmemesi gereken ve Batılı yazarların, Bayan de Moerder ve Trofimovski'nin sevgili olduklarına dair iddialarına ters düşen bir başka ayrıntı ise, çiftlerin Cenevre'ye geldiklerinde iki ayrı ev tuttukları ve ayrı yaşadıkları bilgisidir. Trofimovski ile kurduğu yakın dostluğun arkasında siyasi, ideolojik veya manevi bir yoldaşlık da olabilir. Büyük ihtimalle Pavel de Trofimovski gibi, tercihlerinden ve düşüncelerinden dolayı düşmanlar edinmiş ve ailesinin hayatından endişe etmeye başladığı için de onları Rusya'dan uzaklaştırma ihtiyacı hissetmiştir. Eşiyle ölmeden önce son kez bir araya gelmiş, çocuklarıyla hasret gidermiş ve Rusya'ya geri dönmüştür. Rusya'ya döndükten sonra eşinin hamile kaldığını öğrenmiş ve doğan çocuğunu (Augustin) vesayeti altına almış, 23 Nisan 1873'de, seksen yedi yaşındayken hayata gözlerini kapamıştır.

Peki, Pavel'in eşini ve çocuklarını emanet ettiği Aleksandr Nikolayevic Trofimovski kimdir? Trofimovski'yi iyi tahlil edebilmek için Rusya'nın tarihine göz atmak zaruridir.

İsabelle'nin el yazısı ve eskizleri... Cami ve namaz duası (Foto; Sandmeere 1 İsabelle Eberhardt, derleyen Christian Bouqueret, Rowohlt yayınları)

19.YY'DA RUSYA VE ANARŞİSTLER

Bayan de Moerder'in ardı ardına doğan bebeklerini büyütmekle uğraştığı bir dönemde Rusya, tarihinin en büyük değişimlerini ve kargaşalarını yaşıyordu. Çarlığa çok yakın bir aileden gelmesi hasebiyle de Bayan de Moerder, çevresinde dönüp duran kaostan fazlasıyla etkileniyordu. Eşinin mesleki pozisyonundan dolayı ülkedeki bunalımların evine taşınmamış olması; yapılan tartışmaların, kopan fırtınaların rüzgârlarıyla ruhunun ve aklının dalgalanmamış olmaması imkânsızdır.

19. asırda Rusya, adeta bir kavimler halitasıdır. Kavimler arasında Çar'a bağlılık yemini dışında bir bağ da yoktur. Gerek siyasette, gerekse toplumsal anlamda Petro ve Katarina'nın kurduğu düzen aynen korunmaktadır. İki büyük sınıf vardır; soylular ve köylüler. Subay, memur ve toprak ağalarından oluşan soylu sınıf, yüksek ve imtiyazlı sınıftır. Aç ve perişan köylü takımı ya bunların ya da Çar'ın kölesidir. Haraç verir, kırbaçlanır, süründürülür ve askerlik yaparlar. Bürokraside "Elleri çarmıha gerilmiş olmasa İsa da çalardı" teşbihi bütün memurların ağzında sakızdır. Paranoyak ve gaddar bir yönetim... Uçan kuşu teftiş eden bir akıl... Berbat bir ekonomi... İhraç edilebilen tek ürün: Tahıl.

Altta kalan sınıf; yani köylüler, tüccarlar, papaz ve kesişler Şarklıdırlar. Ortodoks olduğu için kültür ve politika hayatının dışında bir güruh... Soylular ise batıcı ve şüphecidirler. Dilleri bile başkadır, Fransızca konuşurlar. Memurların bir kısmını Baltık eyaletlerinden gelen Almanlar oluşturur. Hükümet tam bir mozaik: Şarklı ve despot. Ülkeye tam bir mutlakıyet hâkimdir. Çar'ın fermanı kanundur ve Çar nerede oturuyorsa hükümetin merkezi de orasıdır; yani Petersburg. Alınan ordusunu andıran bir ordu, Avrupai bir payitaht ve Batı tipi diplomasi... Tebaalar siyasi hürriyetten mahrum... Basının dili kelepçeli; toplantı yapmak, konuşmak yasak; bürokraside denetim yasak. Düşünce ve din hürriyeti yok. Her tarafta rüşvet almış yürümüş.

1762'ye kadar soylu sınıf tamamen Çar'a bağlıdır. Köylüler onlara, onlar da Çar'a hizmet ederler. Bu tarihten sonra soylu sınıf özgürlüğünü kazanır. Çar'a hizmet etmek zorunda olmadıklarını öğrenen ve göğüs kafeslerinde çarpan bir yürek taşıyanlar, özgürlüklerinin tadını çıkarırken çevrelerine de bakarlar. Geniş yığınlar hala tutsaktır. Yaşadıkları çelişkiler vicdanlarını acıtmaya başlar. Büyük bir yekûn köle ise, iki üç kişinin özgürlüğü neye yarar? Otokrasi kalkmalı, herkes özgür olmalıdır. 1790'larda büyük bir insanlık savaşı başlar. Bayrağı bir Radiçev taşır, bir Navikov. Türkünün nakaratı hep aynıdır; herkese özgürlük, eşitlik ve ekmek.

Yüksek ideallere gönül veren soylular, sınıflarından koparak harekete katılırlar. Mutlakıyetçi monarşinin karşısında ilk isyan bayrağını sallayan bu asilzade muhaliflere "Dekabristler" denir. İ. Aleksandr'in ıslahatlara son vermesi ile 1825'de Dekabristler otokrasiye ve keyfi iradeye karşı ayaklanırlar. İsyan derhal bastırılır. Dekabrist hareket yandığı gibi söner ancak savunduğu ilkeler gelecek nesilleri etkileyecek ve zihinlerde yaşamaya devam edecektir.

Çar I. Nikola, Trofimovski dünyaya gelmeden bir yıl önce görevi devralır (1825). Bayan de Moerder ve Trofimovski, I. Nikola kuşağının, yani bir diktatörlüğün çocuklarıdır. Nikola dehşetli bir Avrupa düşmanıdır. Daha toleranssız, yasakçı, milliyetçi ve acımasızdır. İlk icraatı şüphelileri takip etmek için Üçüncü Sektion isimli bir siyasi polis nezareti kurmak olur. Tek hedefi eski Rusya'yı diriltmek, bütün Avrupai unsurlardan temizlemektir. Apoletli bir imparatordur. Üniformayla gezer, canı sıkıldıkça askere geçit resmi yaptırır, orduyu denetler. Nikola yönetimi, liberal Avrupa tarafından Doğu despotizminin en korkunç örneği olarak gösterilir. Gazete ve kitaplar sansürlenir, yurt dışına çıkmak için Çar'dan izin alma şartı getirilir ve milli marş bestelenir: Tanrı Çar'ı Korusun!

Bütün bu zapt-u rapt, Dekabristler'in hafızalara kazıdığı özgürlük şarkılarını susturamaz. 1812'de soylu muhalifler arasında orduda hizmet etmek onurlu bir davranış olarak algılanırken, 1825'de Çar'a hizmetin her türlüsü lanetlenmeye başlanır. Nikola, hem bu soylu isyankârlardan hem de aydın ve elit tabakadan korkmaktadır. Baskılarını artırdıkça artırır. Çar'ın Üçüncü Section'unun görevi beyinlerden düşünceyi süpürmek ve şüpheli isimleri, simaları, sesleri takip ederek yok etmektir artık.

Nikola'nın baskıları sonucu genç soylular devlet erkânından tamamen sıyrılarak üniversiteye hücum ederler. Üniversitede ilk defa gariban köylü gençlerle karşılaşan soylu delikanlılar, onların aslında ne kadar güçlü karakterli, yüce gönüllü, bilginin ve düşüncenin haysiyetiyle yoğrulmuş cefakâr birer devrimci olduklarını görürler. Bu karşılaşma ezilen sınıfın üniversitedeki bireylerini de heyecanlandırır. Soylular da bencileyin birer insandır ve kalpleri vardır. Üstelik onlar da sınıfsız bir toplum hayaliyle, kendileriyle aynı saflarda yer almak, eşit muamelelere tabi tutulmak istiyorlardır. İki sınıf üniversite amfilerinde kaynaşır ve bütün bir asrı sarıp sarmalayacak kudretli bir sarmaşığın ilk tohumları atılır: "İntelijansiya". Büyük bir ihtimalle Trofimovski de bir İntelijansiya üyesidir.

Üniversiteler sayesinde heyecanlı ideologların her biri, iyi bir yazara, acımasız bir münekkide ve sağlam bir hocaya evrilir. Bu durum onları kendi vatanlarında muhacir bir ruhla cihad eden, toplumdan izole edilmiş yurtsuz bir kafileye çevirir. Bu kafile, Nikola'nın çelik disiplinini yara yara Petersburg'da toplantılar düzenlemeye, Avrupa'dan gelen yayınlar hakkında tartışmalar, fikri münazaralar yapmaya devam eder. 1848'de bu toplantılardan biri polis tarafından basılır. İçlerinde Dostoyevski'nin de bulunduğu genç aydınlar tevkif edilip ölüme mahkûm edilirler. Kurşuna dizilecekken canları bağışlanır ve Sibirya'ya sürülürler.

Kırım savaşı Çar I. Nikolas'ın sonunu getirir. Zatürreye yakalanır ve hüsran içinde ölür. Kurduğu zorba düzen yıkılır gider.

1840'larda İntelijansiya her sınıftan gelen aydını kucaklayan bir yapıdadır ancak ağırlık soylulardan yanadır. 1860'larda raznocinsi (değişik seviyelerden insanlar; mal varlığını kaybetmiş asilzadeler, rahipler, kesişler, ordudan ayrılmış subaylardan oluşan topluluk) bir yapıya bürünür ancak ilk olarak 1860'larda "İntelijansiya" ismi zikredilmeye başlar. Hareket de bu yıllarda asıl kimliğini kazanır. 1861'de ilk defa Turgenyev, Rusya'da gelişen bu yeni dalgalanmanın adını koyar: Nihilizm. Turgenyev, 1840'ların tutucu babalarıyla, 1860'ların devrimci çocukları arasındaki kuşak çatışmasını işlediği "Babalar ve Oğullar" isimli eserindeki Bazarov karakteri üzerinden Nihilizm'i işler. Bakunin'in yakın dostudur. Aynı kuşak ve aynı çevreden olmaları Trofimovski'nin, Turgenyev'i de şahsen tanıyor olabileceği ihtimalini güçlendirmektedir.

Çar II. Aleksandr, ülkesindeki monolitik düzenin değişmesi gerektiğini ve reforma ihtiyaç olduğunu kabul eden ilk Romanov'dur. Karl Marks'ın, Çar II. Aleksandr'ın tahta çıkmasından yedi yıl önce Komünist Manifesto'yu yayımlamasına; Darwin, Spencer ve J. S. Mill'in bilim dünyasını, sosyal ve felsefi yapıyı silkeleyecek devrimlerine rağmen Rusya'da hala kölelik devam etmektedir. Beceriksiz yönetim yüzünden kaybedilen Kırım Savaşı, Rusya'nın kendine güvenini ve finansal durumunu iyice sarsmıştır. Çar II. Aleksandr, orta ve yüksek öğrenimde Rusya'nın beyin potansiyelini güçlendirecek önemli ıslahatlar yapar. Adalet de ıslahatlardan payını alır; hukuk özgürleştirilir, mahkemelere jüri usulü getirilir. Orduda da düzenlemelere gidilir, mecburi hizmet süresi indirilir. Çar, gecikmiş bir girişimle 3 Mart 1861'i kölelerin azat günü ilan eder. Köylülerin sevinci uzun sürmez çünkü yapılan şey köylüye bir miktar toprağı satın alma hakkı tanımaktan öte bir şey değildir. Artan nüfusla birlikte toprak da daralmaya başlar ve köylü eskisinden daha büyük bir yoksulluğa sürüklenir. Yalancı reform büyük düş kırıklığına uğratır fakir halkı. Ayaklanmalar, çatışmalar baş gösterir. Azat olmak istemeyen köylüler direnişe geçerler. Ortalık iyice karışır. Çar, ayaklanmaları bastırmak için ağır tedbirler alma yoluna gider. Bu baskılar devrimci harekete güç katar. Gizli bildiriler elden ele dolaşmaya başlar.

Rus devrimciler bu dönemde ikiye ayrılırlar. İsyan taraftarları Bakunin'in arkasında yer alır. Terakkiye inananlarsa Lavrov'un metodunu benimser. Lavrov'a göre şiddet zalim yöneticileri cezalandırmak için uygulanır. Devrim, İntelijansıya'nın eğiteceği halk kitlelerinin bir zaferi olacaktır. Bakunin, bu görüşe tamamen karşıdır. Halkın eğitime ihtiyacı yoktur, o devrimin ne olduğunu bilir. Dağınık eylemleri tek bir merkezde toplayarak örgütlemek yeterlidir.

İsabelle'nin kara kalem çizimleri; Aures Dağları (Foto; Sandmeere 1 İsabelle Eberhardt, derleyen Christian Bouqueret, Rowohlt yayınları)

1866'da Çar'a düzenlenen başarısız suikast ıslahatların sonunu getirir. İntelijansiya üzerinde baskılar, takipler artırılır. Önce Çerniçevski, Sibirya'ya sürülür. Tutuklanmaktan veya sürgünden korkan devrimciler yurt dışına, özellikle de Cenevre'ye kaçmaya başlarlar. Bakunin de 1868'de Cenevre'de alır soluğu. Aynı yıllarda, ilerde Bakunin'in yakın adamı olacak Sergey Neçayev, kendisinin kurduğu "Halkın İntikamı" isimli terör örgütünün içinde bulunan Ivanov isimli bir ziraat öğrencisinin muhbir olduğuna kanaat getirerek, yine örgütte çalışan dört okul arkadaşına öldürtür. Ceset, Moskova Üniversitesi'nin arka bahçesinde bir havuzda bulunur. Bu örgüt içi infaz Rusya'da büyük bir infial yaratır. Neçaycv, 1869'da Cenevre'ye kaçar ve orada Bakunin'le tanışır. Birlikte "Devrimcinin El Kitabı"nı hazırlarlar. Bakunin'in adamlarından olduğu düşünüldüğü için, Trofimovski'nin de polisin takibinde olduğu ve Sibirya'ya sürgün edilmemek için ülkeyi terk etmek zorunda kaldığı söylenmektedir. Evet, bu yolculuğun nedenlerinden biri de Trofimovski'nin anarşist örgütlerle teması olabilir, çünkü Trofimovski'nin, Cenevre'ye geldikten sonra Zürih'te toplanan yirmi beş anarşist arasında adı geçmektedir. Bazı kaynaklarda Trofimovski'nin, Cenevre'de, Bakunin'e ait bir yayınevine maddi destek sağladığı da ileri sürülmektedir ancak bu iddia çok zayıftır. İsabelle'nin hayatındaki en mühim şahsiyetlerden biri olan nihilist öğretmene biraz daha yaklaşalım...

ALEKSANDR NİKOLAYEVİC TROFİMOVSKİ

Trofimovski, 15 Ağustos 1826'da, günümüzde Ukrayna sınırlarında kalan, Karadeniz'e kıyısı olan Herson bölgesinde dünyaya gelir. Ermeni asıllı bir Rus olan Trofimovski, bir Ortodoks rahibi iken anarşist fikirlerden etkilenir. Hıristiyanlığı terk ederek Herson'dan, Petersburg'a göç eden isyankâr ruh, burada Pavel'in malikânesinde öğretmen olarak çalışmaya başlar. Batılı yazarların verdiği bilgilerde iyi derecede Fransızca, Almanca, Arapça, İtalyanca ve İbranice bildiği; doğduğu şehirdeki Kırım Türklerinden de bir miktar Türkçe öğrendiği, İslam'a olan ilgisini ve bilgisini de yine bu Kırım Türklerine borçlu olduğu yazılmaktadır. Tolstoy'dan sadece iki yıl sonra dünyaya gelen Trofimovski, görüşleriyle olduğu kadar fizik yapısıyla da onu çok andırmaktadır. Cenevre'den bir komşusu kahramanımızı şöyle tasvir ediyor:

"Saygı uyandıran bir yüzü vardı. Gerçek bir Tolstoy çehresi"

Geniş bir alın, biçimli bir burun, o tarihlerde rahipler kadar anarşist ve nihilistler arasında da çok moda olan dağınık, kırlaşmış sakal... Tolstoy'u ve hatta Gogol'u şahsen tanıdığı söylenilen gizemli rahip, 1854 yılının Haziran ayında Akilin Palgorov ile Herson'da evlenir. Bu evlilikten dört çocuğu olur. İsabelle hakkında yazan Avrupalı biyograflara göre Trofimovski, anarşizmle tanıştıktan sonra evliliğin toplumsal baskının ve devlet militarizminin doğurduğu gereksiz bir müessese olduğuna inandığı için, eşini ve çocuklarını Herson'da bırakarak Petersburg'a göç etmiştir.

Anarşist düşüncedeki evlilik karşıtlığı çok bilinen bir gerçektir ancak Bakunin ve Tolstoy başta olmak üzere, bu fikri benimseyen meşhur anarşistlerin çoğunun evlendikleri de bilinmektedir. Pratikte çok da uygulandığına şahit olamadığımız "resmi izdivacı men" telkinine Trofimovski'nin kulak astığını düşünmek çok da sağlıklı olmaz. Güçlü bir ihtimalle, bir rahipken dinini reddetmesi; isyankâr, uçuk kaçık fikirlere sahip olması, anarşist kişi ve gruplarla iletişimi, doğduğu topraklarda güçlü düşmanlar edinmesine yol açmış ve onu göçe zorlamıştır.

Estetik değerleri küçümseyen, geleneğe ve sosyal değerlere itibar etmeyen bir Nihilist, bir nevi Bazarov'dur, Trofimovski. Dobra ve gerçek bir entelektüeldir. Böyle bir ruhun beylik yargıların hüküm sürdüğü bir cemiyette şaşkınlık, öfke ve tiksinti uyandırması mukadderdi. Mütemadiyen devlet organları ve kilise tarafından rahatsız edildiği için çareyi eşini ve çocuklarını arkasında bırakarak Petersburg'a kaçmakta bulur. Özel ders vererek kazandığı parayı çocuklarına gönderdiği ve ailesiyle ömrünün sonuna kadar ilgilendiği için, Bayan Trofimovski eşinden ayrılmayıp -Trofimovski'nin ölüm ilmuhaberesinden aldığımız bilgiye göre- o vefat edene kadar resmi eşi olarak kalmayı tercih etmiştir. Ancak Annette Kobak gibi birçok yazar, zavallı kadının mirastan mahrum kalmamak için boşanmadığını iddia etmişlerdir. Müstemleke zabitleri gibi çalışan oryantalistlerin tahrifatlarını, tunçtan önyargılarını ve yüzeyselliklerini İsabelle ile ilgili yazılan biyografilerde de bulmak mümkün. İsabelle'nin Müslüman olmasına Trofimovski'nin yol açtığını düşündükleri için hakkında olmadık iftiralar atmış, delilsiz iddialarda bulunmuşlardır.

Kobak gibi Batılı biyografların Trofimovski ile ilgili öne sürdükleri bu iddiaların büyük kısmı birbirleriyle çelişmektedir. Anarşizmin mülkıyeti reddettiği gerçeğini her nedense Nathalie'nin mal varlığı söz konusu olduğunda unutmuşlardır. Trofimovski'nin, anarşizme ve nihilizme özel hayatında ve bireysel tercihlerinde sıkı sıkıya bağlı biri olarak, özel mülkiyet edinmiş olması ihtimal dışıdır. Bittabi Trofimovski'nin hiçbir şekilde Bayan de Moerder ile duygusal veya cinsel bir birliktelik yaşamadığını da söyleyemiyoruz ancak İsabelle ile ilgili yazan Batılı biyografların ileri sürdükleri gibi 'bir karı koca ilişkisi' yaşadıklarına dair kesin delil de bulunmamaktadır. Aynı yastığı paylaştıklarını düşündüğümüz takdirde, bu uzun ve mahiyeti tam anlamıyla meçhul birlikteliğin hiç meyve vermemesi de son derece gariptir. (İsabelle'nin kimin çocuğu olduğuna dair yapılan spekülasyonları ilerleyen sayfalarda işleyeceğiz).

Onun sıkı bir Bakunin hayranı olduğunu ileri süren görüşler de, İsabelle'nin hayatını incelediğimizde çok isabetli durmamaktadırlar. İsabelle'nin beslendiği kaynaklar, yazarlar, isimler arasında Bakunin'in adı geçmemektedir. Tolstoy'a daha yakın düştüğünü söyleyebiliriz. Trofimovski de tıpkı Tolstoy gibi İslam'a yakın durmakta ancak İslam'ı bir din olarak değil de, bir dünya görüşü, hatta bir ideoloji olarak savunmaktadır. Özellikle 90'lı yıllarda yazdığı mektupları Arapça selamlar ve dualarla bitirdiğini görüyoruz. İsabelle'nin, İslam'a ve Şark'a karşı ilgisini de Trofimovski beslemiş, onu küçük yaşlarda Kur'an'ı okumaya teşvik etmiş olabilir. 1883 yılında Mısır'dan Paris'e giden ve burada ıslahatçı fikirlerle İslam dünyasını uyandırmaya çalışan Cemaleddin Efgani, Trofimovski'yi etkilemiş ve bu dini daha yakından araştırmasını sağlamış olabilir. Bütün bunlara rağmen hiçbir zaman Müslüman olmadığını İsabelle'nin, Tunuslu mektup arkadaşı Ali Abdülvahab'a yazdığı bir mektuptan anlıyoruz:

Muhterem efendim,

Son zamanlarda sizin -sizin de fark ettiğinizi düşündüğüm üzere- adına "kader" denilen şu gücün esrarengiz tesirleri altında bulunan bir ailenin özel hayatına girmenize yol açan gelişmeler, bu insanları aynı çatı altında toplamayı başarmış olmanızdan da mütevellit, beni sizinle, karşılıklı itimada dayanan bir ilişki kurmaya mecbur bırakıyor. Yanınıza gelene kadar, şairane bir doğası olan ve bu dünyaya ait olmayan validenizle sürdürdüğüm derin analizlere sizinle devam etmek istiyorum. Ancak biz iki erkek olarak, hayatın iki ayrı cephesinde bulunuyoruz. Size sohbetlerimizde aramızda köprü olabilecek kaynak bir eser tavsiyesinde bulunma zarureti hissediyorum.

Burada bir parantez açayım: **Ben -bilim sayesinde- hiçbir dine mensup değilim.** *Size aşağıdaki referansları sunmama müsaade ediniz:*

Bilim ve Din arasındaki çatışmalar, J.W. Droper, Paris, Felix Alcan editeur, 103 boulevard Saint-German, altı Frank, 9. Baskı, 1893

Bu kitap bizim aramızda bir köprü vazifesi görecek.

Sevdiklerinizle mutluluklar dilerim

A.T.

Trofimovski bir nihilistti. Neden oryantalistler tarafından ısrarla gizli bir Müslüman olarak lanse edilmeye çalışıldığını ise, neden ısrarla acımasız bir karakter olarak tasvir edildiğini anladığımız takdirde kavrayabiliriz...

ONUNCU KÖY, CENEVRE

Bayan de Moerder ve Trofimovski, Montrö'den bindikleri bir trenle gelirler Cenevre'ye.

Cenevre...

Bir nar-ı beyza halinde düşünen beyinleri, isyankâr yürekleri, kaçanları, kovalananları kendine çeken şehir... Rusya'dan, Avrupa'dan ve tabi Türkiye'den, kaos içinde bıraktıkları vatanlarını hafızalarına ve bavullarına sığdırabilenler, Leman nehrinin kıyısındaki bu güvenli limana sığınıyorlardı. Kendini arayanlar kadar, kendinden kaçanlar da... Nihayet, nasıl ve niçin doğdukları sorusunu sorabilenler, eşek arılarının istilasındaki arı kovanlarında açlıktan ölmemek için kendi kendini tahrip edenleri seyretmek istemeyenler ve bir üniversal hezeyana akıl sır erdirmeye çalışan diğerkam gönüller... Hepsinin bir araya gelebildiği, soluklanabildiği, konuşabildiği ve yazabildiği şehir.

Cenevre bir onuncu köy...

Herkese kapılarını açan bir Mevlevi tekkesi. Dağlar güvenli birer kucak, Leman nehri ilham vahası... 1815'den beri nötr bir politika izlenen bu coğrafya özellikle Batı alemini yakından ilgilendirecek radikal ve heyecan verici fikirlerin neşet edebileceği en mümbit atmosfere sahipti.

Cenevre büyük aşkların, tutkuların da membaı.

"Edebiyat Üstüne" isimli kitabını okuyup büyülendiği Madame do Stael'in, kocasını kaybettiği haberini alan Saint Simon, eşinden bir çırpıda ayrılarak soluğu Cenevre'de alır. "Felsefenin Semiramisi"yle evlenecek ve eserleriyle seslenemediği idraklere bu muazzam birliktelikten doğan muhteşem çocuklarla seslenebilecektir. Ne yazık ki büyük bir hayal kırıklığı bekler ilim aşığını. Madame de Stael, bu çılgın filozofu bir türlü anlamaz. Yaralı âşık kalp yangınını Leman nehrinin huzurlu dalgalarıyla söndürmeyi ve aklının sesine kulak vermeyi başarır. "Cenevre'de Oturan Birinin Çağdaşlarına Mektupları" 1802 yılında yayımlanır.

Cenevre, Voltaire'e de yuvalık yapmıştır. Büyük yazar "Candide" ve "En İyi Dünya" kitaplarını bu topraklarda yazmıştır. Rousseau, Cenevre'de açmıştır gözlerini dünyaya. Mary Shelley, vahşi kahramanı Frankenstayn'ı, Leman nehrinin kıyısında doğurmuştur. Leman nehri ünlü şair Lord Byron'un "Chillon Mahkûmları" isimli eserine de ilham kaynağı olmuştur.

Cenevre yazar ve şairlerin olduğu kadar Rus devrimcilerin de sığınağıdır. Kroptokin ve Bakunin burjuvayı tutuşturacak planları Cenevre topraklarında tasarlarlar. Bakunin'in yakın dostu ama aynı zamanda da en şiddetli eleştiricisi Herzen, ömrünün son yıllarını Cenevre'de geçirecek ve gazetesi "Can"ı çıkaracaktır. Bayan de Moerder ve Trofimovski şehre adım atmadan sadece bir yıl önce, 1871 yılında Paris'te kopan ve çok kanlı biten devrimci ayaklanmadan dolayı yoğun bir mülteci akını da yaşanmakta; sosyalistler, anarşistler ve marksistler dalga dalga Cenevre sokaklarına dağılmaktadır. Yakın bir gelecekte Cenevre, Lenin'i de misafir edecek, sosyalist lider huzurlu bir Cenevre kütüphanesinde dünyayı sallayan eserlerini kaleme alacaktır.

Cenevre o yıllarda Jön Türklerin de mekânıdır.

KONYALI HİKMET EMİN, DİYARBAKIRLI İSHAK SUKUTÎ, OHRİLİ İBRAHİM TEMO, ARAPKİRLİ ABDULLAH CEVDET, KAFKASYALI MEHMED REŞİD İSMİNİ TAŞIYAN BEŞ ARKADAŞ, 1890 MAYISININ 21. GÜNÜ GURUPTAN TAKRİBEN BİR SAAT SONRA, MEKTEB-İ TIBBİYE'NİN HAMAMI ÖNÜNDEKİ ODUN YIĞINLARI ÜZERİNDE İÇTİMA EDEREK, İSTİKBÂL-İ VATANIN PARLAK BİR FERDA OLDUĞUNU TEBŞİR EDEN GÜZEL BİR MEHTAP ALTINDA, BİR KAÇ SENE SONRA "İTTİHAT

VE TERAKKİ" İSMİNİ ALAN "İTTİHÂD-I OSMÂNÎ CEMİYETİ"- NİN TEMELİNİ ATTILAR. (Cevrî'den nakil, Süleyman Kocabaş, Jön Türkler nerede yanıldı?, Vatan yayınları, İstanbul 1991, sf.24)

1860-70'lerin "Yeni Osmanlılar"ının yerlerini nasıl "Jön Türkler"e bıraktığını anlatan bu sahnenin devamı bazen Paris'te, bazen Cenevre'de çekilir. 1789 Fransız ihtilalinin tetiklediği ve ardından 1830 ve 1848 ihtilalleri ile bütün Avrupa'yı saran, daha fazla özgürlük ve eşitlik talep eden hareketlerden Osmanlı İmparatorluğu da nasibini almıştı. Çetin muharebelerden sonra Namık Kemal, Ziya Paşa gibi Yeni Osmanlılar'ın 1860'lı yıllarda verdikleri reform mücadeleleri geçici bir zaferle sonuçlanacak ve Sultan Abdülhamid Han, 1876'da tahta çıkar çıkmaz Meclisi Mebusan'ı toplayarak Sadrazam Midhat Paşa yönetiminde hazırlanan anayasayı kabul edecektir. Ancak 1877'de kopan Türk-Rus savaşı nedeniyle meclis yeniden kapatılacak ve Midhat Paşa sürgüne gönderilecektir. Bu olaylardan sonra meşrutiyet yanlıları Paris ve Cenevre'de toplanıp, Yeni Osmanlıların devamı sayılacak, lakin daha reformist düşüncelerle örgütlenecek ve Abdülhamid Han'ın tahtını sallamaya çalışacaklardır. "Jön Türkler" adı verilen ve mensuplarının çoğu yönetici sınıf üyelerinden, Avrupa'ya tahsil için giden; Galatasaray Sultanisi, Harbiye, Mülkiye veya Askeri Tıbbiye'den mezun gençlerden oluşan teşkilat, ilk olarak 1889 yılında İstanbul'da Askeri Tıbbiye Mektebi öğrencileri tarafından "İttihad-ı Osmani Cemiyeti" adı altında kurulur. Daha sonra "İttihat ve Terakki" olarak adı değiştirilen cemiyetin merkezi 1897 yılında Cenevre'ye taşınır. Jön Türkler, Bayan de Moerder ve Trofimovski'nin Cenevre'deki evlerinin rutin misafirleri arasında yer alırlar. İsabelle'nin Türkiye hayranlığında bu isyankâr gençlerin katkısı büyüktür.

Cenevre, Türk edebiyat âleminin unutulmaz isimlerini de büyüleyecektir. Yakup Kadri "ikinci vatanım" diyecek kadar âşık olacaktır Cenevre'ye ve ömrünün sekiz yılını Leman nehrinin kıyılarında geçirecektir. Cenevre, Yahya Kemal'i de ağırlayacaktır. Ünlü yazar 1910 yılının yaz ayında geldiği Cenevre'den ayrılamayacak ve babasına gönderdiği edebi kartpostallarla Türk edebiyatseverlerin zihinlerine Leman nehri manzaralarını kazıyacaktır.

VE CENEVRE YILLARI

Güzel şehir, Bayan de Moerder ve Trofimovski'yi de benzer duyguların etkisinde bırakmış olacak ki, uzun seyahatlerini Cenevre tren istasyonunda noktalamaya ve buraya yerleşmeye karar verirler. İstasyona yakın iki ayrı ev kiralarlar. Evlerden biri istasyondan nehre doğru uzayan geniş bir caddenin kıyısında, Mont Blanc sokağında bulunan bir apartmanın ikinci katındadır. Ön pencereleri Leman nehrine açılan modern yapının arka cephesini ağaçların gölgelediği huzurlu bir bahçe manzarası doldurmaktadır. İkinci ev istasyonun arka tarafına düşen; küçük evlerin, kafe ve marketlerin sıralandığı ve bir labirenti andıran dar caddede konuşlanmış geniş bir misafir hanedir.

Cenevre, Mont Blanc sokağı (25 Nisan 2016)

Bayan de Moerder ve Trofimovski'nin Cenevre'de uzun bir süre kalmayı planladıklarını, oturum için başvuruda bulunmalarından anlıyoruz. Dört ay sonra, 23 Nisan 1873'de aldıkları bir telgraf planlarını tamamen değiştirecektir. General ve Senatör

Pavel Karlovic bir kalp krizi sonucu vefat etmiştir. Bayan de Moerder'in anlattığına göre Trofimovski, vefat olayını kendisine duygudan yoksun bir kayıtsızlıkla *"Baban ölmüş"* diyerek iletir. Trofimovski'nin bu derbederliği anarşist ideolojinin bir dışa vurumu olarak yorumlanmıştır ve kısmen doğrudur. Anarşist düşünceye göre devrim bir duygu işidir, ancak devrimci dava adamıdır, duygusal olamaz. Sergey Neçayev'in "Devrimcinin El Kitabı" eserinde Bakunin bu ilkeyi şu cümlelerle betimler:

Devrimci adanmış bir insandır. Kişisel çıkarları, işleri, duyguları, bağlılıkları, mal varlığı, hatta adı bile yoktur. Onun her şeyi, biricik menfaati, yegâne düşüncesi, saf tutkusu devrimdir.

Mirasını eşine ve çocuklarına bırakan Rus aristokratının bir şartı vardır; mirasın büyük bir kısmı Rusya'da kalacak, mirasçılar ülkelerine geri dönünceye kadar da bir yediemin tarafından yönetilecektir. Bayan de Moerder hasta ve pasif bir kadındır. Rusya'ya gidecek ve bu tür bürokratik işlemlerle ilgilenecek gücü kendinde bulamamaktadır. Trofimovski'ye vekâlet verir ve miras işleriyle ilgilenmesini ister. Mont Blanc sokağındaki ev boşaltılır ve misafirhaneye yerleşilir. Trofimovski miras işlemlerinden dolayı Petersburg ve Cenevre arasında mekik dokumaya başlar.

Bazen aylar süren işlemlerden dolayı uzun süre Bayan de Moerder'den ve çocuklardan uzak kalacaktır. İsabelle'nin doğumuna kadar geçen bu dört yıl zarfında aile içinde neler olup bittiğini, Cenevre'de zamanın nasıl geçirildiğini bilmiyoruz ancak tarih kitaplarından aldığımız bilgilere göre o yıllarda Cenevre gibi Petersburg'da da gündem fokur fokur kaynamaktadır. Çift, Cenevre'ye gelmeden birkaç ay önce, Ağustos 1872'de Rus gizli polisi, Sergey Neçayev'i, Zürih'de küçük bir kafede ele geçirir. Neçayev, Petersburg'da; Peter ve Paul cezaevinde gardiyanları kafalamakla ve gizli bildirilerini dışarı sızdırmaya çalışmakla meşguldür. Bakunin, 13 Haziran 1876'da Bern'de hayata gözlerini yumar. Anarşist hareketin yeni lideri Neçayev'dir.

Trofimovski'nin anarşist hareketlere fiilen katılıp katılmadığını bilmiyoruz. Gerçek şu ki, Trofimovski davasıyla ilgili konularda son derece dikkatli ve ketumdur.

İSTENMEYEN BEBEK; İSABELLE

Trofimovski'nin miras işlemleri için Rusya'da bulunduğu bir sırada Bayan de Moerder yeniden hamile kalır. Bu haber aile fertlerinde soğuk duş etkisi yapar. Nicola on üç, Olga ise on iki yaşındadır ve yeni kardeşleri onlar için büyük bir utanç kaynağıdır. Hiç şüphesiz küçük kardeşlerini, son yıllarda hayatlarını cehenneme çeviren zincirleme travmaların son halkası olarak değerlendirmişlerdir. Ömürleri boyunca da İsabelle'yi ve Augustin'i kardeş olarak kabullenmeyeceklerdir. Vladimir ise henüz çok küçüktür.

Batılı yazarların bir kısmına göre bebeğin babası Trofimovski'dir, ancak anarşist fikirleri çocuğu kabul etmesini engellemiştir. Aslında Trofimovski'nin babalığı reddetmesi için geçerli bir nedeni yoktur. Ne anarşist felsefede çocuk sahibi olmayı yasaklayan bir görüş mevcuttur, ne de etik anlamda Trofimovski'nin saklaması gereken bir durum söz konusudur. Bayan de Moerder duldur ve uzun süredir aynı evi paylaştıkları için de çevredeki insanlar onların karı koca olduklarını düşünüyorlardır. Trofimovski, Pavel'in ölümüyle birlikte Bayan de Moerder'in yükünün bir kısmını omuzlamış, özel öğretmen statüsünün sınırlarını zorlayarak, aileyi koruyan kollayan bir aile reisi pozisyonuna gayri ihtiyari de olsa sürüklenmiştir. İsabelle'yi öz çocuğu olarak kabullenmemekle birlikte, bir baba şefkati ve titizliği ile onu en iyi şekilde eğitmeye gayret etmiştir.

İsabelle'nin meçhul babasıyla ilgili daha enteresan bir hipotez vardır. Fransız feminist yazar Françoise d'Eaubonne'ye göre İsabelle'nin babası Fransız şair Arthur Rimbaud'dur. D'Eaubonne'e göre bu iki isim fiziki olarak birbirlerine çok benzerler ve aşağı yukarı aynı kader çizgisine sahiptirler. Rimbaud da Şark'a gitmiş, Habeşistan'a kadar uzanmış ve bir Marsilya hastanesinde genç yaşta hayata gözlerini yumarken son sözleri *"Allah kerim"* olmuştur. Fransız yazar D'Eaubonne belli ki Rimbaud'un Mayıs 1876'da bir Hollanda gemisinde Batavya'ya doğru uzandığını bilmiyordu.

İsabelle'nin gerçek babasının kim olabileceğine dair elimizde sağlıklı sayılabilecek iki delil vardır ve bizzat kendi mektuplarına, günlüklerine dayanmaktadır. Birincisi, Paris'te yaşayan Mısırlı hiciv ustası Yakup Sanu (James Sanua) vasıtasıyla tanıştığı Tunuslu genç memur Ali Abdülvahab'a yazılan mektupta karşımıza çıkar:

Çocukluğumdan beri kendimi hep, sık sık hastalanan annemle, salahiyetini kavrayamadığım (şunu demek istiyorum: ben geçmişimi bilmiyorum ve onu özel öğretmen olarak gördüm) ve mütemadiyen uzaklarda olan ya da evdeki entrikaları açıklamakla meşgul olan babam arasında çırpınırken bulurum.

İsabelle aynı kişiye yazdığı başka bir mektupta geçmişindeki sır perdesini tamamen aralar:

Bu bağlamda inandığım ve size de söylediğim gibi; ben mateessüf evlilik dışı bir çocuğum... Bazı sağlam belgelerden öğrendiğime göre, bir doktorun gerçekleştirdiği tecavüzün semeresiyim. Bu cürümü işleyerek, beni bir insanın hayatta düşebileceği en berbat konuma sürüklediği için, -eğer yaşıyor olsaydı- bu insanın bana vereceği büyük bir hesabı vardı.

Batılı biyograflar İsabelle'nin gayri meşru bir çocuk olmanın yarattığı utançtan dolayı, mektuplaştığı veya henüz tanıştığı hemen herkese geçmişiyle ilgili kısmen yanlış ve yanıltıcı bilgiler verdiğini ileri sürerek, mezkûr mektuptaki ifadelerin de böyle bir tereddüdün ürünü olduğunu iddia etmişler ve asıl babanın Trofimovski olduğu konusunda ısrar etmişlerdir. Ancak İsabelle'nin bu mektupta diğerlerinden farklı olarak, kendisini yuvarlak ifadelerle tanıtmaktan ziyade, akla yakın ve son derece samimi bir itirafta bulunduğu gözlerden kaçırılmamalıdır. Yalan, var olan bir gerçeği çarpıtmak, saklamak veya hedef şaşırtmak için söylenir. İsabelle de bunu peyderpey yapmıştır ancak uydurduğu yalanların hepsinin altında yüz kızartan bir sırrı itinayla örtbas etme insiyakı saklıdır. Bu mektupta ise saklanan bir sır ifşa edilmiştir.

Meçhul babayla ilgili bir başka muğlâk işarete ise İsabelle'nin hikâyelerinden birinde rastlıyoruz. Rus asıllı bir delikanlı ile Cezayirli bir kız arasındaki aşkın anlatıldığı hikâyenin, 1898 yılının başlarında, yani İsabelle'nin annesini kaybettiği bir tarihte yazılmış olması da enteresandır. İsabelle de her yetenekli yazar gibi, yazdığı hikâye ve romanlarındaki karakterlerin ağzından kendi acılarını, çelişkilerini ve düşüncelerini aktarmıştır. Bu hikâyesinde de sevdiği kızı kaybeden Rus delikanlı sinir krizleri geçirdiği sırada şöyle isyan eder:

Çıldırmıştım ve birbirine kenetlediğim dişlerimin arasından; hayata, Tanrı'ya ve sevgiye lanetler yağdırıyordum. Mevcudiyetimi lanetliyordum. Neden annem olacak çingene, Michail Semlinski denen dışlanmış, şeytan çarpmış kişiliği eve almıştı? Niçin ve hangi hakla beni; bu kadar büyük acılara, acımasız ve anlamsız ıstıraplara katlanmak zorunda kalacağım bir evrende dünyaya getirmişti?

İsabelle'nin hayatının her sayfasına kirli bir leke gibi yapışıp kalan menfur hadisenin müsebbibi olan doktorun, yani Michail Semlinski'nin kim olduğuna dair daha detaylı bir bilgi ne yazık ki elimizde yok. İsabelle, ailesi veya geçmişi ile ilgili mevzularda genellikle susmayı tercih etmiştir. Kendini tanıtmak zorunda kaldığı durumlarda ise hayallerindeki nezih aile portrelerinden herhangi birinin tasvirini yaparak, bir bakıma *"masum yalanlar"* uydurarak muhtemel bir dışlanmadan korunmaya çalışmıştır.

Trofimovski'nin miras işlemleriyle ilgili bazı problemleri çözmek üzere Londra'da bulunduğu bir sırada; 17 Şubat 1877, sabah 06.00 sularında İsabelle dünyaya gözlerini açar. Doğum belgesinde geçen isim oldukça ilginçtir: **İsabelle Wilhelmine Marie Eberhardt. Nathalie Charlotte Dorothee Eberhardt'ın evlilik dışı çocuğu (Fille naturelle).**

Bu belgeyle İsabelle'nin hukuken yalnızca anne tarafı tanınmış oluyordu. Nathalie, kızına ikinci bir isim olarak eski bir Rus çariçesinin adını (Wilhelmine Marie) vererek ona ömrü boyunca soylu bir aileye mensup olduğunu hatırlatmak istemiştir. Ancak İsabelle, Trofimovski'den alacağı anarşist eğitimin doğal bir sonucu olarak bütün asalet nişanlarını, soylu sıfatları reddedecek ve ikinci ismini asla kullanmayacaktır.

VİLLA NEUVE

Trofimovski elli bir yaşındadır. Tıpkı Tolstoy ve çağdaşı birçok anarşist gibi kendini doğaya adayarak toprakla haşır neşir olmaya karar verir. Bütün anarşistler gibi çevrecidir ve çocukların tabiatla iç içe büyümesi gerektiğini savunmaktadır. Bu kararda hiç şüphesiz Bayan de Moerder'in şehrin havasını kaldırmayan ve kötü seyreden sağlığının da büyük etkisi vardır.

İsabelle, iki buçuk yaşındayken, aile Cenevre'nin beş kilometre uzağına düşen, doğal bitki örtüsünün ve yeşilin daha çok korunduğu Meyrin civarına taşınmak üzere harekete geçer. Les

Avanchets'de çevresi dikenli çalılıklarla çevrili on sekiz bin metrekarelik bir araziyi, üzerindeki "Villa Tropicale" (Tropik Köşk) adıyla anılan evle birlikte satın alırlar.

Büyük ev, bu ismi bahçesinde enteresan egzotik bitkiler yetiştiren eski sahibinden dolayı almıştır. Trofimovski'yi en çok, evin çevresine yerleştirilmiş seralar büyüler. Güzel çiftliğin ortasında üzeri yosunlarla kaplı bir gölet bulunmaktadır. Çevredeki insanlar evin eski sahibi ve havuzun şeklinden esinlenerek bu küçük gölete "Hazar Denizi" adını yakıştırmışlardır. Yeni ailenin taşınmasıyla birlikte evin adı da değiştirilir ve "Villa Neuve" (Yeni Köşk) adını alır.

Trofimovski aynı zamanda esaslı bir botanikçidir. Onun doğa bilimleriyle ilgili derin ilminden Pavel Karlovic'in de istifade ettiği ve bu konuya ilgi duyan generalin "Hayvanların İçgüdüleri ya da İki Arkadaşın Doğa Tarihi ve Tabiat Fenomenleri Hakkında Mektupları" başlıklı bir makale yazdığı bilinmektedir. Trofimovski, çocukların eğitiminden arta kalan vakitlerini bahçede geçirir ve çok ender bulunan orkide, kaktüs türlerini yetiştirir. Kısa zamanda Meyrin'deki yerli botanikçiler arasında haklı bir şöhret kazanır. Ev bütün genişliğine rağmen konfordan uzak ve sade bir zevkle döşenir. Mülkiyeti bir suç olarak telakki eden Trofimovski, ihtiyaç nispetinde eşyaya sahip olunması ve gereksiz harcamalardan şiddetle kaçınılması gerektiğini savunmaktadır. Büyük salonlarda en fazla bir veya iki çeşit eşya bulunur.

Aynı anarşist düşüncelerden hareketle, insanlar üzerindeki tahakkümün bir uzantısı olarak gördüğü resmi eğitim sistemine de karşıdır ve çocukları okula göndermeyerek gerekli bütün eğitimi kendisi verir. Çocuklar yabancı diller, tıp, tarih, coğrafya, biyoloji, matematik, felsefe, teoloji, fizik, kimya gibi alanlarda Trofimovski tarafından itinayla eğitilirler. Trofimovski'nin eğitim anlayışı o kadar teferruatlı ve özenlidir ki, İsabelle ilerde geçmişiyle ilgili uydurduğu sevimli yalanlardan birinde Cenevre'de tıp eğitimi aldığını söyleyecek ve hiç kimse bu bilginin sıhhatinden şüphelenmeyecektir.

Adeta Tolstoy'un çiftliğini andıran bu doğal mekânda yalnızca bitki yetiştirilmez, hayvan da beslenir. Kaz, ördek ve köpeklerin yanı sıra, herkesin kendine ait bir de atı vardır. Çocuklar günlük derslerini aldıktan sonra bahçe işlerinde Trofimovski'ye yardımcı olarak doğayı tanımaya sevk edilirler. Arta kalan vakitlerinde ise at üstünde gezintiye çıkar, kitap okur ya da evlerine gelen aykırı ve genellikle yabancı kökenli misafirlerle uzak ülkelere dair derin sohbetler yaparlar. İsabelle, ileride evin geniş salonunda, semaverin etrafında yapılan siyaset, felsefe, ilim ve hikmet dolu muhabbetleri özlemle yâd edecektir. Rus anarşistler ve öğrenciler kadar, Jön Türkler de evin daimi misafirleri arasındadırlar ve anlattıklarıyla İsabelle'nin yabancı diyarlara duyduğu fıtri alakayı besler, onun zengin hayal âleminde yeni pencereler açarlar. İlk öykülerinden biri olan "Doktorluk İmtihanı" isimli edebi çalışmasında Villa Neuve'deki kozmopolit ortamın izlerini ve İsabelle'nin üzerinde bıraktığı etkileri görmek mümkündür. İsabelle bu öykünün bir paragrafında Rus öğrencileri şöyle tarif eder:

Sosyalizm hayalleri kuran veya büyük bir hararetle Anarşizm'i daha ileri götürmeyi hedefleyen Rus öğrencilerin dışarıya kapalı, içe dönük dünyalarına büyük bir samimiyet hâkimdir.

İsabelle birkaç paragraf sonra kendi içindeki Anarşisti de konuşturur;

Her acı beni derinden etkiler. Üzgün insanları görünce (...) derinden üzülürüm.

Bu entelektüel çiftlik evine hâkim anarşist disiplin çocukların hepsi tarafından sempatiyle karşılanmaz. Olga ve Nicola aşağı yukarı aynı yaşlarda oldukları için, diğer kardeşlerinden daha çok birbirlerine yakındırlar. Aynı yakınlığı İsabelle de, bir yaş büyük kardeşi Augustin'le kurmuştur. Vladimir ise yalnız kaldığı için kendisini bahçe işlerine, özellikle de kaktüslere vakfetmiştir. Vladimir'in yalnızlığını gören Trofimovski ona arkadaşça yaklaşmış, kaktüslere duyduğu ilgiden mülhem, hoş bir lakap bile takmıştır; Kaktofil. Çocuklar içinde Trofimovski'yi en çok Vladimir benimsemiştir. Olga ve Nicola ise Trofimovski'yi çocukluklarından itibaren kabullenmez, şüpheyle yaklaşır, reddederler. Onlara göre Trofimovski, annelerini kandırıp babalarının mirasına konan ve ekmek elden su gölden geçinip giden bir paryadır. Augustin ve İsabelle için ise Trofimovski "Vava", yani dede, tecrübeli ve ilim sahibi bir amca, iyi bir hocadır. Buna rağmen sert mizaçlı ve disiplinli bir öğretmenle, sürekli hasta ve mızmız bir anne arasında geçirilen hayat, Olga ve Nicola için olduğu kadar; İsabelle, Augustin ve Vladimir için de kimi zaman bir hayli zor ve çekilmez hale gelebilmektedir. Üstü örtülen, yok sayılan problemler, çocuklar büyüdükçe açığa çıkacak ve zamanla aile içinde ciddi çatışmalara yol açacaktır. Aile fertlerinin birer birer evden uzaklaşmalarıyla sonuçlanan bu çatışmaların detaylarını ilerleyen sayfalarda anlatacağız. Şimdi İsabelle'nin Villa Neuve'de geçen çocukluk yıllarına daha yakından eğilelim.

GÖÇEBE DOĞDUM, GÖÇEBE ÖLECEĞİM

Madam de Moerder, Rus aristokrasisinin çelikten bir korse gibi ruhları sıkan dünyasında yetişmiş olmanın yarattığı bütün ruh komplekslerini taşımaktadır. Üstelik, annesinin ikinci evliliğini bir Musevi ile yapmış olması da, o çağlarda Rusya'da yaygın olan antisemitik yargılardan dolayı soylu çevrelerden kısmen dışlanmasına yol açmıştır. Babasız büyümesi, babası olacak yaşta bir adamla evlenmesi, ardarda gelen bebekler, Nathali'nin psikolojisini olduğu kadar, beden sağlığını da çok fazla hırpalamıştır. Çareyi, sık sık Moskova'nın dışında bulunan çiftliklerine kaçmakta, beynini ve bedenini enkaza çeviren sorumlulukları at sırtında rüzgâra karşı dörtnala koşturarak savurmakta bulur. At üstünde geçirilen özgür saatler çok sınırlıdır ve Nathalie genç yaşta yorgun düşen bedenini birgün Rusya'dan tamamen uzaklaşarak ayakta tutmaya çalışacaktır.

İsabelle en küçük çocuktur ve annesinin en bitkin çağlarının en yakın müşahidi de o olur. Babası yoktur. Daha kötüsü, babasının kim olduğunu da bilmiyordur. Bu konularda konuşmak, soru sormak Villa Neuve'de tabudur. İsabelle, çocukluğundan itibaren hassas konularda susmaya, sır saklamaya ve zihnini farklı konularla meşgul ederek, kendisini ve çevresini rahatsız edebilecek meselelerden uzaklaşmaya alışır. Trofimovski ile baba özlemini gidermek ister bazen, ancak o sadece anarşist değil, aynı zamanda pür realist bir adam olarak çocuklara bir baba gibi değil, bir eğitmen ciddiyetiyle yaklaşır ve kendisine "Baba" demelerine izin vermez. Çocuklar, Trofimovski'ye (Rusçada "ihtiyar" anlamına gelen) "Vava", olarak seslenirler. İsabelle'nin dünyasında Vava, her zaman saygınlığını muhafaza etmiş, önemli bir kişilik olarak yer almış, ara sıra eserlerine de sızmıştır. Trimardeur romanındaki Orsanov isimli kahramanı tasvir eden şu cümleler Tromifovski'yi çok andırmaktadır:

Fıtratındaki o coşkulu ateşe rağmen; kadın erkek eşitliğini savunan düşünceleri ile çevresinde hep saygınlık uyandırır, 'yoldaş' olarak çağrılır ve itibar görürdü.

İsabelle'nin günlüklerinden ve mektuplarından aldığımız bilgilerin ışığında onun çok yalnız bir çocukluk geçirdiğini söyleyebiliriz. Tek arkadaşı ve sırlarını paylaştığı insan, kardeşi Augustin'dir. Augustin de tıpkı İsabelle gibi Doğu'ya ve İslam'a yakın ilgi beslemektedir ve İsabelle gibi okumaya düşkün, entelektüel hasletlere sahip parlak bir zekâdır. Düşüncelerini, meraklarını ve kitaplarını paylaşır; birlikte uzak ülkelere dair hayaller kurarlar. Ortak heyecanların sürüklediği mistik maceralar ikisinin de yolunu bir gün Şark'a düşürecektir.

Trofimovski'nin savunduğu zihniyette ve eğitim sisteminde, yani anarşist terbiyede cinsiyet ayrımı söz konusu değildir. Bakunin'in çocuk eğitimi konusunda savunduğu doktrini Trofimovski'nin çocuklar üzerinde eksiksiz uyguladığını söyleyebiliriz. Bakunin "Devlet ve Anarşi" kitabında çocuk eğitimiyle ilgili şunları yazmaktadır:

Çocukları ruhen ve fiziken cinsiyetlerinden bağımsız olarak hayata hazırlayın ki, tam bir insan olarak topluma karışabilsinler.

İsabelle de, Trofimovski tarafından tıpkı Augustin ve diğer erkek kardeşleri gibi yetiştirilir. Saçları her zaman kısadır ve erkek elbiseleriyle dolaşır. En ağır yükleri taşır, odun kırar, canı istediği zaman şehre iner, sokaklarda istediği gibi gezinir; ergenliğe yavaş yavaş adım attığı yıllarda sigara içmeye bile başlar. Her ne kadar bir Avrupa ülkesi olsa da, dönemin şartları ve o çağdaki Batılı kadınların sahip olduğu haklar hesaba katıldığında İsabelle'nin ne kadar aykırı durduğunu ve bu durumun çevrede ne kadar dikkat çektiğini tahmin etmek zor olmasa gerek. İsabelle ile ilgili yazılan biyografilerde yer alan ilginç anekdotlardan birinde, çevredeki komşulardan biri İsabelle'yi şöyle tarif ediyor:

İsabelle zincirlerinden kurtulmuş küçük bir yabani hayvan gibi bahçe duvarının üzerinde hoplaya zıplaya gezinir, sabahtan akşama kadar aklına ne düşerse yapardı. Hayalleri sınır tanımıyordu.

Bir başka komşu İsabelle'yi şöyle anlatıyor:

Ne zaman bahçenin önünden geçsem onu, küçük bedeninin iki katı büyüklükte ve ağırlıkta bir şeyi sürüklerken görürdüm.

Yine ailenin yakın çevresinden biri başından geçen bir olayı naklediyor:

Çiftlikte aşağı yukarı on altı yaşlarında, yuvarlak yüzlü, bıyıksız, koyu saçlı bir genç odun kırıyordu... Bu genç İsabelle Eberhardt'tı. İlk bakışta onun bir kız olabileceği hiç aklıma gelmemişti ancak ertesi gün Trofimovski ile tesadüfen karşılaştığımızda ve bana 'kızımı gördünüz mü? Çarşıya giderken -daha rahat olduğu için- erkek elbiseleri giyer' diye sorunca o olduğunu anladım ve çok şaşırdım.

İsabelle'nin çocukluğuna dair bu bilgiler onun geleneksel yargılardan, yaptırımlardan, otoriteden uzak bir terbiye aldığını göstermesi açısından oldukça manidardırlar. Böyle bir eğitime tabi tutulan bir insanın bütün tabulardan uzak bir zihinle olaylara, insanlara, dinlere ve felsefelere yaklaşacağı ve büyük bir cesaretle önüne çizilen tüm çizgileri, sınırları ezip geçeceği çok açık bir gerçektir. İsabelle anarşist bir terbiyeden geçerken İslam diniyle tanıştı ve vicdanındaki hassas teraziyi hep mağdur ve mazlumlardan yana tartan ideolojisinin etkisiyle, kalbini İslam'a, İslam dünyasına ve Müslümanlara açtı. Çok uzaklarda Avrupa tarafından köleleştirilen, haklarından ve sahip oldukları tüm nimetlerden mahrum bırakılan milletler vardı. İsabelle, o insanların dramını yüreğinin derinlerinde hissediyor, onlara daha yakın olmak ve trajedilerini dinlemek için çırpınıyordu. Günlüklerinde Villa Neuve'de geçen yıllarını anlattığı sayfalara genellikle isyan ve hasret hâkimdir. Çok genç yaşlarda içinde filizlenmeye başlayan Şark ilgisini bir günlüğünde şöyle dile getirir:

Çocukken kurduğum hayallerde de hep göçebeydim ben. Güneşin kavurduğu beyaz sokağın bittiği noktaya bakar ve o noktanın yabancısı olduğumuz harikulade ülkelere doğru uzayıp gittiğini hayal ederdim.

Les Avanchets Sokağı ve İsabelle'nin bittiği noktaya bakarak hayallere daldığı beyaz sokak (26 Nisan 2016, Cenevre)

Yirmi beş yaşında yetişkin bir insan olarak Cezayir çöllerinde dolaşırken, çocukluğuna dair pencerelerden biri aralanır yine içinde ve şu satırlar dökülür beyaz sayfalara:

Uzayan toprak yollara dalıp gitmiş küçük bir çocukken de bir göçebeydim. Ömrüm boyunca da, ayak basılmamış diyarların parlak ufuklarına vurgun bir göçebe olarak yaşayacağım.

İsabelle, Doğu'ya duyduğu sevgisini ve ilgisini en veciz şekilde, 1895 yılında Cenevre'den Marsilya'ya kaçan ve paralı askerler birliğine katılan kardeşi Augustin'e yazdığı mektuplardan birine eklediği Arapça bir şiirinde dile getirir:

Bedenim Garp'da

Ruhum Şark'da

Bedenim ecnebilerin memleketinde

Ruhum İstanbul'da

Ruhum İskenderiye'de

İsabelle'nin kara kalem çalışması; Tunus'da bir pansiyonun avlusu (Foto; Sandmeere 1 İsabelle Eberhardt, derleyen Christian Bouqueret, Rowohlt yayınları)

PASLI ÇİVİ; PEREZ

"Aile" biyolojik bir meseleden öte, mevcut kültürü ve mantaliteyi gelecek nesillere aktaran mühim bir köprüdür. Manevi değerlerin muhafazası, geleneksel devamlılığın sağlanması hususunda hiç şüphesiz diğer bazı içtimai müesseseler ailenin rakipleri arasında yer alır ama çocuğa ilk terbiyeyi veren, içgüdülerini dizginleyen, ana dilini ve dinini öğreten "aile"dir. Dolayısıyla ruhi gelişimin ana vetirelerini kontrol eden ve nesiller arasında manevi bağların kurulmasını sağlayan kurum da "aile"dir, diyebiliriz. Çocuklarla birlikte doğdukları sanılan birçok psişik özellikler aslında bu devamlılığın neticesidir. Çeşitli nedenlerden dolayı çocuklarına yeterli ilgiyi veya sevgiyi gösteremeyen ebeveynler onların ruh âlemlerinde derin boşluklar oluşmasına yol açarlar. Çocuk, içindeki sıkıntının nedenini ararken başkalarının sevgi ve himayesine sığınır. Problemler aslında çok daha derunidir ancak çocuk bunun bilincinde değildir ve korkularını oyunlarında kullanarak, kimi zaman onlarla alay ederek, yenmeye çalışır. Yaş ilerledikçe bu korkular çocuğun kabiliyetleri ve karakteristik özellikleriyle harmanlanır ve karşılaşılan tecrübeler kullanılarak "tehlikelere karşı savunma" mekanizması geliştirilir. Yazarların, şairlerin, sanatçıların ve düşünürlerin büyük bir kısmının çocukluğu ailevi sorunlarla boğuşarak geçmiştir. "Çocuklukta yaşanılan veya yaşatılan bunalımlar yeni dehaların doğmasını sağlar" demek istemiyoruz ama insan fıtratının ancak güçlüklerle karşılaştığı zaman arayışlara yöneldiği, çözüm için harekete geçtiği, reddi mümkün olmayan bir gerçektir. Bu tür bunalımlar istihsalı kamçılar ve fertleri arayışlara yöneltir. Kabiliyetlerini ve aldıkları eğitimi doğru kullanabilenler aradıkları hakikate vasıl olabilir ve üretkenlikleri nispetinde başarıya ulaşabilirler.

Villa Neuve'de hüküm süren kaotik terbiye de yaşı kemale eren çocukların teker teker firarlarına neden oluyor, firar eden her aile bireyi evdeki uçurumu biraz daha derinleştiriyordu. Mutlu olmadığı için mutlu etmesi mümkün olmayan; fiziki ve ruhi hastalıklardan dolayı sağlığı bir hayli yıpranan bir anneydi Bayan de Moerder.

Sürekli hasta bir anne ve sert mizaçlı bir eğitmenin arasına sıkıştırılan melankolik dünyaya ilk Nicolas başkaldırır. Nicolas, yirmi bir yaşındayken, 1885 yılında misafir öğrenci statüsüyle Cenevre Üniversitesi'nde kısa bir süre devam ettiği Botanik eğitimi sırasında tanıştığı öğrenci arkadaşı Aleksandra Perez-Moreyra'nın evine taşınır. Perez'in evi daha sonra diğer kardeşler, Vladimir ve Augustin için de bir şikâyet ve iltica mecraı olacak, hatta büyük kız kardeş Olga ile Perez arasında bir aşk başlayacaktır... Nicolas'ın, Perez'in evindeki misafirliği uzun sürmez ve genç delikanlı Cezayir'in Sidi Bel Abbes şehrinde görev yapacak paralı askerler birliğine katılır. İçinde bulunduğu Fransız gemisi Vietnam'a doğru yol alırken Singapur'da askerden kaçar ve Rusya'ya sığınır. Nicolas'ın uzun süre Rusya'da yaşayan de Moerder ailesinin bireyleriyle mektuplaştığını öne süren Avrupalı biyograflar, asıl amacının da zaten Rusya'ya gidebilmek olduğunu düşünüyorlar. Nicolas, Rusya'da babasının varisi olarak tanınır ve Çar III. Aleksander hükümetindeki dışişleri bakanlığında bir göreve atanır.

Nicolas'ın firarından sonra Vladimir de evden kaçıp Perez'e sığınır ancak Trofimovski'nin ikna metotları işe yarar ve delikanlı eve döner. Augustin de abilerinin izlerini takip eder ve evi terk ederek Perez'e iltica eder. Trofimovski, polis yardımı alarak Augustin'i de eve geri getirmeyi başarır.

Erkek çocukların firarlarının yarattığı sarsıntılar unutulur ama asıl kıyamet Olga'nın, Perez'le olan duygusal ilişkisinin açığa çıkmasıyla kopar. Trofimovski gürler, Nathalie baygınlık geçirir... Ancak Olga ısrarlıdır ve 23 Kasım 1887 gecesi, yirmi bir yaşındayken ailesine sırtını dönerek Perez'in kollarına koşar. Olga'nın, Trofimovski aleyhinde yaptığı karalama propagandası Perez'in, Trofimovski antipatisini daha da körüklemiş olacak ki, genç adam 1888 noelinde *"Alçak herifin (Trofimovski) kellesini on bir Wetterly kurşunuyla deleceğim"* diye yemin eder. 7 Nisan 1888'de ailenin hilafına gerçekleşen izdivaç bir kara bulut gibi çöker Villa Neuve'un üzerine. Perez, bu tarihten itibaren hakaret ve tehdit içerikli mektuplarla aileyi tahrik etmeye başlar. Nathalie'ye yazdığı posta kartlarında ve mektuplarda Generali, Trofimovski'nin öldürdüğünü ileri sürer ve ülkeden kovulma pahasına da olsa gerçeği(!) açığa çıkaracağını haykırır.

Nathalie'nin bir türlü delillendiremediği gizemli gerçeklerin açığa çıkmasına engel olduğunu düşünen öfkeli adam; Trofimovski'ye hitaben yazdığı mektubu; *"Sonun yaklaştı! Generalin mirasına konarak kazandığın parayı mezara götürmek üzere yanına almalısın."* diye bitirir. Trofimovski, tehdit dolu mektuplarla birlikte soluğu mahkemede alır. Suç duyurusunda bulunur ve koruma ister. İfadesi alınmak üzere mahkemeye çağrıldığı gün, sandalyesine bir deri parçasıyla tutuşturulmuş çivi bacağına batar ve yaralar. Trofimovski, paslı çivinin Perez'in tezgâhı olduğuna emindir ve yeniden şikâyetçi olur.

Mahkeme iddiaları incelemeye alırken, Perez mektuplarla başlattığı gıyabi propagandayı vicahiye çevirir. Birgün yedi arkadaşıyla birlikte Villa Neuve'nun kapısına dikilir ve kayınvalidesine bir nezaket ziyaretinde bulunmak istediğini söyler ancak Trofimovski ikna olmaz ve davetsiz misafirleri sert bir üslupla kovar. Perez'in ısrarları devam edince Nathalie, Augustin ve Vladimir'i polise gönderir. Trofimovski, Perez ve diğer yabancılar arasında yaşanan ağız dalaşı polisin müdahalesiyle sonlandırılır. İfadeler alınır ve Perez yanındaki dostlarıyla birlikte evden uzaklaştırılır.

Son olaylar Nathalie'nin zaten hasta olan bünyesini daha da zayıflatmıştır. O da polise başvurarak Perez'den şikâyetçi olur.

Polise verdiği şikâyet metninde Perez'le ilgili son derece ağır ithamlarda bulunur. Perez'in çocuklarının ahlakları üzerinde şeytani bir etkisi olduğunu, iftiralarının iğrençliği karşısında kayıtsız kalamadığını ve sağlığının daha da kötüye gitmesini göze alarak şikâyetçi olmaya karar verdiğini; bu adamın sadece çocukları için değil, toplum için de büyük tehlike arz ettiğini dile getirir ve derhal tutuklanmasını talep eder. Perez, Nathalie'nin şikâyetinden sonra, Generalin cesedine otopsi yaptıracağını bildiren bir mektup daha yazar. Trofimovski, polise verdiği dilekçeyle "Müfterinin çirkin iddialarını ispatlamasına izin verilmesi"ni ister. Ancak Perez, iddialarını ispatlayamaz. O ve Olga, Villa Neuve ile bütün ilişkilerini sonlandırırlar.

Perez'den kurtulduklarına sevinemeden yeni bir faciayla sarsılır Villa Neuve'nin sakinleri. 21 Ağustos'ta on yedi yaşındaki Augustin; "Gidiyorum çünkü annemin sevgisini artık kazanamıyorum" yazılı bir not bırakarak ayrılır evden.

AUGUSTİN VE BULUĞ ÇAĞI

İsabelle'nin çocukluğuna ve ergenlik yıllarına damgasına vuran, günlüklerinde en fazla zikrettiği isimdir Augustin. Roman ve hikâye kahramanlarında bile yoğun olarak Augustin'den esintiler vardır. Kendisinden beş yaş büyük olan abisini sadece fizik olarak değil, ruh ve karakter olarak da çok fazla kendisine benzetmektedir. Zekâları, okuma tutkuları, ilgi alanları aynı olan bu iki kardeşin arasında büyük farklar da vardır. O, aslında İsabelle gibi düşüncelerini ve duygularını yazıya dökemeyecek kadar karışık bir kafa; zekâsını bozuk para gibi harcayan hayalperest bir sergüzeşttir. 1,80 boyunda, ince yapılı, iri mavi gözleriyle karşı cinste her daim hayranlık uyandıran, yakışıklı bir delikanlıdır. Çocuklarına karşı sevgisini, şefkatini ifade etmekte zorlanan sorunlu anne Nathalie'nin bile ona karşı derin bir zaafı vardır. Augustin'in yeri sadece İsabelle'nin değil, Nathalie'nin nezdinde de çok farklıdır. Muhteşem bir eğitmen olan Trofimovski dışında hiç kimse henüz bu yüksek zekânın sahip olduğu zayıf iradeyi fark edebilecek durumda değildir. Melankolik genç bünye, aile içinde son zamanlarda yaşanan faciaların ayrıntısına eğilemeyecek kadar kendisiyle meşguldür ve annesinin azalan ilgisine tahammül gösteremez. Evi terk ederken yazdığı notla annesinin ilgisini ne pahasına olursa olsun yeniden kazanma talebi vardır. Augustin'in başkalarına bağımlı, bunalımlı kişiliği İsabelle'ye çok gözyaşı döktürecektir. Bu ikinci firar son firar da olmayacaktır.

Trofimovski polisi alarma geçirir. Polis Augustin'i ararken İsabelle; tek arkadaşını, sırdaşını, Augustin'i kaybedecek olmanın ilk sızılarını yaşar. Günlerini onun eve dönmesi için dua ederek geçirir...

1888 yılının sonbaharında Trofimovski kendi ifadesiyle "faydasız delikanlı"yı eve geri getirir.

İsabelle on iki yaşındadır ve çocukluktan kurtulup genç kızlığa doğru ilerlediği bu dönemde yakalandığı fırtınalar, uzak ülkelere duyduğu ilgiyi daha da artırmıştır. Augustin'in eve dönüşü, bir süredir nadasa yatırdığı okuma ve yazma şevkini yeniden canlandırır.

Trofimovski ise altmış iki yaşındadır. Saçları ve sakalları kırlaşmış, yaşadığı problemler iç dünyasında tahribatlara yol açmıştır. Buna rağmen katı prensiplere sahip usta mürebbi eğitime bir gün bile ara vermez. İsabelle, Augustin ile birlikte rutin eğitim saatlerine geri dönmenin hazzı içinde, daha büyük bir şevkle sarılır kitaplara. Rusça ve Fransızca ana dilleridir zaten. Trofimovski, çocuklara yabancı dil olarak; Arapça, İtalyanca, Latince ve biraz da İngilizce öğretir. Tarih, coğrafya, edebiyat dersleri devam ederken anatomi eğitimine de başlanır. İçinde yaşadıkları çağın ruhuna hitap eden büyük düşünürlerin kitapları onlara ideolojilerin ve felsefenin kapılarını da aralar. İsabelle, on beş yaşındayken; Rousseau, Voltaire, Tolstoy, Turgenyev, Zola ve Paul Adam'ın bütün eserlerini okumuştur. Eflatun ve Heraklit ile hayallerinde sohbet eder ve daha o yaşta yazdığı bir yazıda Voltaire ile Rousseau'yu kıyasa tabi tutar:

Voltaire yorulmak bilmeyen zekâsının bütün gücüyle insanlığın kutsal ve yanlış anlaşılan haklarını savunmuştu ve son nefesine kadar ruhun özgürlüğü için mücadele etmişti. Sanıyorum sırf bu yüzden onun eserleri, evrende insanlık var oldukça yaşamaya devam edecektir. Ancak, basit bir Cenevreli saatçinin oğlu olan Rousseou'nun kalbi, kâinattaki tüm mahlûkatın mutlu olma ve sevilme hakkı için çarpmıştır. Ruhunun o eşsiz kelam kabiliyeti ile gözlerinizi, bütün kötülüklerin şifası olan tabiatın güzelliklerine açar. İşte bu yüzden Jean Jacques; bizim gezegenimiz ölü bir yıldız olarak fezanın derinliklerine doğru akıp giderken, hayatın devam ettiği galaksilerin sahipleri tarafından okun-

maya devam edecektir. Ve işte bu yüzden benim nazarımda 'İtiraflar'ın sekiz sayfası, 'Felsefe sözlüğü' nün tamamından daha değerlidir.

İsabelle'nin dehası üstad Trofimovski'nin yanında günden güne gelişir. Aile içinde yaşanan çatışmalar; Trofimovski'nin, kapitalizmin "emperyal bir tahakküm" olduğunu anlatan, özgürlüğü temel alan anarşik eğitimi, o yıllarda Avrupa'da özellikle entelektüeller arasında yaygın olan şark ilgisi ve eve gelip giden yabancı misafirlerin hikâyeleri İsabelle'nin uzaklara duyduğu merakı perçinlemiştir.

Buluğ çağı bunalımlarının da üzerine tuz biber ektiği bu çalkantılı dönemlerde İsabelle, kendi dilini konuşan bir bilgeyle karşılaşır; Pierre Loti. O da onun gibi Şark'a âşıktır ve kalbinin götürdüğü yere gidenlerdendir. Yavaş yavaş satırlarına sızar Loti ve kelimelerine dokunup üslubunu şekillendirir. İlerde Augustin'e yazacağı mektupları, günlüklerini ve yolculuk anılarını Loti'den alıntılarla süsleyecektir.

İLK AŞK VE GÜZEL DOSTLAR

Kısa süreli bir sıtma nöbeti gibidir ergenlik aşkları. İsabelle gibi erken yaşlarda hedefini belirlemiş tutkulu ruhlar için ise aşk köprüdür; onu gerçek hayaline, asıl hedefine kavuşturacak bir köprü. O aslında uzak ülkelere âşıktı ve "onu atının arkasına atıp uzaklara götürecek bir beyaz atlı prens" fikri cazip geliyordu.

İsabelle'nin ilk aşkının bir Türk olduğunu biliyoruz ancak bu Türk'ün kim olduğu tamamen meçhul. Onunla ilgili tek işarete İsabelle'nin, Augustin'e yazdığı bir mektupta rastlıyoruz. Bu satırlarında İsabelle, Pierre Loti'nin bir cümlesini kullanarak ilk aşkıyla ilgili imada bulunur ve İstanbul'dan bahseder:

Bedenim Garp'da

Ruhum Şark'da

Bedenim ecnebilerin memleketinde

Ruhum İstanbul'da

Ruhum İskenderiye'de !

İstanbul! Nedenini biliyorsun… Hiç şüphesiz satırlarımın aralarına gizlenen bu acı veren gerçeği fark etmişsindir. Anlamış ve hissetmiş olmalısın. Ama hayır, bu sevginin, bu umutsuz ve karşılıksız sevginin, sana karşı duyduğum o yüce sevgiyle kıyası kabil değil.

Burada Loti'nin Aziyade kitabından bir cümleyi uyarlar:

Eğer ebedi bir hayat varsa, hanginizle birlikte oraya gider ve onunla yaşarım? Onunla mı, sevgili kardeşim, yoksa seninle mi? Ah! Seninle, her zaman seninle...

Aile fertlerinin yoğun ısrarları geçici bir süre için de olsa netice verir ve Augustin, Cenevre Üniversitesi'nde kimya dersleri almaya başlar. Lakin her şeyin yavaş yavaş yoluna girdiğini düşündükleri bir anda yeni bir hayal kırıklığı daha yaşatır aileye. Augustin artık işret âlemlerinde teselli aramaya başlamıştır. Alkol ve uyuşturucunun yanı sıra, hayat kadınları ile de düşüp kalkmaktadır. Yirmi bir yaşına geldiğinde, haftalık harçlıklarla karşılayamadığı masraflarını tazmin için dolandırıcılığa ve hırsızlığa başlar. Evin kasasından, mutfak bütçesinden aşırdığı paralar Nathalie ve İsabelle tarafından örtbas edilerek Trofimovski'ye duyurulmaz ancak Augustin'in durumu artık kontrol edilemeyecek kadar kronikleşmiştir.

Rahmetullahın tecellisine; müslim-gayri müslim, ateist-deist her kul mazhar olur. Allah, yaşama sevincimizi kaybettiğimiz dönemlerde, dost kılığında ilahi elçiler yollar hayatımıza. Nasıl ilahi elçiler, yani peygamberler, zifiri karanlıklara gömülen toplumları ellerindeki meşaleyi tutuşturarak aydınlığa kavuşturuyorlarsa, o dostlar da dipsiz kuyulardan kurtulma ümidimizi kaybettiğimiz anlarda kurtuluşumuz için uzanan birer kol olurlar. Zindanımızda açılan pencerelerdir onlar, mağaramızda ansızın beliren ışık hüzmeleridirler...

1893 yılında bir tevafuk eseri tanıştığı, Cenevreli fotoğrafçı çift; Louis David ile Cecile David, Augustin'i derinden etkilemişlerdi. Bu sevimli aile senenin yarısını Cenevre'de, diğer yarısını ise Cezayir'de geçiriyordu. Augustin ve İsabelle artık David çiftinin Cenevrede'ki fotoğraf stüdyosunun daimi misafirleri arasına karışmışlardı. Onları imrenerek izliyor, inceliyor, istikbale dair kurdukları tüm hayallerin gerçekleştirilebilir şeyler olduğunu gördükçe ümitleri filizleniyor, yaşama sevinçleri artıyordu.

Louise, Augustin'i Cezayir'e, Blida'daki evlerine davet eder. İsabelle'yi de çok heyecanlandıran bu nazik daveti Augustin hiç düşünmeden kabul eder. 1893 yılı içinde gerçekleştirilen Cezayir yolculuğu Augustin kadar İsabelle için de ilk seyyahlık tecrübesi olmuştur. Cezayir'deki yaşam hakkında Augustin'in hatıralarından bol bol istifade etmeye çalışan İsabelle için de David çifti "Şark"a açılan ilk kapı olacaktır.

Augustin 1893 yılının son ayları ile, 1894 yılının ilk aylarında David çiftini adeta mektup ve hediye yağmuruna tutar. İltifatlarla süslenmiş posta kartları ve hediyelerle teşekkürlerini iletir, hayallerini paylaşır. Augustin'in bu suni değişim evresi de ne yazık ki uzun sürmez ve zayıf karakterli delikanlı eski alışkanlıklarına geri döner. Uzun süre Augustin'den haber alamayan David çifti, Haziran ayında bir mektup yazarak, Temmuz ayında Cenevre'de olacaklarını, genç dostlarını yeniden görmekten ve aileleri ile tanışmaktan mutluluk duyacaklarını haber verirler. Augustin yine haber vermeden evden firar edeceği için bu görüşme hiç gerçekleşmez...

Augustin'den ilk haber Ağustos ayında eve ulaşır. Madeleine Bernard imzalı mektuptan Augustin'in Marsilya'da olduğu anlaşılır. Bayan Bernard mektubunda Augustin'i adeta ölüm döşeğinde problemler içinde kıvranırken bulduğunu, Korsika'da bir kür merkezine götürdüğünü, burada dinlendiğini ve durumunun iyiye gittiğini, alkole ve sigaraya son verdiğini, uykusunun düzene girdiğini anlatır. Son derece diplomatik bir üslup kullanan iyi kalpli Fransız bayan aileyi teskin etmeyi de unutmaz ve "Niyetimin ciddiyeti konusunda sizi temin ederim. Her gün birlikte olmamıza rağmen, aramızda beni utanmak zorunda bırakacak hiçbir şey olmadı. Kendisinin sadece dinlenmeye ihtiyacı var ve sık sık hasretle andığı sevgili ailesine en kısa süre içinde geri dönmeyi umut ediyor. Annesini ve çok sevgili kız kardeşini hiç aklından çıkarmıyor." diye yazar.

Augustin'in yokluğu sırasında David çifti Villa Neuve'ye bir ziyarette bulunarak aile büyükleriyle tanışırlar. Bu çiftin Augustin üzerindeki etkisini bilen Bayan de Moerder ve İsabelle, onlardan Augustin'e bir mektup yazarak Cenevre'ye dönmesi için telkinde bulunmalarını rica ederler. Louis David ile Cecile

David imzalı mektup "4 Ağustos" tarihlidir ve "Korsika'nın kalmak için ne kadar ideal ve çekici bir yer olduğu konusunda hiç şüphemiz yok ancak en yakın zamanda sevgili ailenize geri döneceğinizi umut ediyoruz" satırları ile noktalanır.

Augustin'e duygu dolu bir mektup yazarak onu eve dönme konusunda ikna etmeye çalışan aile dostlarından bir diğeri ise eczacı Schoenlaub'dur. Schoenlaub özellikle Bayan de Moerder'in kötüleşen sağlığına vurgu yaparak; "Annenizi gerçekten sevdiğinizi ispat edin ve derhal evinize dönün!" diye seslenir.

Ailenin ve aile dostlarının yoğun gayretleri sonucu Augustin, sonbaharda Cenevre'deki yuvasına geri döner ancak Louis ile Cecile David Cezayir'e döndükleri için yine görüşemezler.

1895

İsabelle, Mart ayı içinde David çiftine bir mektup yazarak, annesi ile birlikte Cezayir'e gelme planları olduğunu, bu konuda yardımcı olup olamayacaklarını sorar. Cecile David'in cevabı gecikmez. Otel pahalı olacağı için kendi evlerinin yakınlarında bir ev kiralamaları tavsiyesinde bulunur. Ne yazık ki bu planlar da Augustin'in bir kez daha sırra kadem basması ile birlikte başka bir tarihe ertelenir...

Bu son olay Bayan de Moerder'in düzelmeye yüz tutan sağlığını yeniden altüst eder. İsabelle, Augustin ile irtibatı olabilecek herkese ulaşır, bir malumat, en azından iyi olduğuna dair bir işaret arar ancak kimsenin bilgisi yoktur.

Ailenin endişesi artarken İsabelle de kendisini evdeki matemli havadan uzaklaştıracak, psikolojisine iyi gelecek masum uğraşlar aramaktadır. Denizci kıyafetleri ile sokaklarda dolaşır ve sık sık Augustin ile kadim mahfilleri olan Davidler'in atölyesine uğrar. Bu ziyaretlerinden birinde Cecile David'in kostüm sandığında bulduklarını üzerinde deneyerek fotoğraflar çektirir.

Sırtında kapüşonlu bedevi paltosu,

Foto; Wikipedia

kolundaki tespih, kemerindeki hançer ve ayaklarındaki Türk çarıkları ile İsabelle Eberhardt (1895)... Augustin'in gittiği yerlerden getirdiği veya evlerine gelen doğulu ziyaretçilerin hediye ettikleri kıyafetleri, Cecile'nin sandığında bulduğu parçalarla destekleyerek kendi kreasyonunu oluşturan bu genç zekanın yüzündeki o derin hüznün nedeni Villa Neuve'deki kaos olabilir mi?

Foto; Wikipedia

İsabelle, denizci kıyafetleri içinde Cenevre sokaklarını turluyor, sınırlı özgürlüğünün tadını çıkarıyordu. Şapkasındaki "Vengeance" (intikam) amblemli denizci şapkası öylesine bir aksesuar değildi. Emperyalist Batı'nın, Doğu üzerinde uyguladığı sömürge siyasetinden dolayı içinde taşıdığı intikam duyguları günlüğünün "18 Ocak 1900" tarihli sayfalarına şöyle sızar:

Hayatımın yegâne hedefi: İntikam... Beni o hedefe ulaştıracak 'insan'' olmak istediğime eminim. Vava (Trofimovski) bu kutsal hedefi hiç unutmamamı öğütledi. Annem bize onu miras bıraktı.

İLK ESERLER

İlk bir Eylül akşamı Augustin kapıda belirir. Hasta ve bitkindir. İsabelle bir taraftan abisinin tedavisi ile uğraşırken diğer taraftan da tercümanlık sınavlarını verip Cezayir'de iş bulabilmesi için onu Arapça ve Berberice öğrenmeye teşvik eder. Ne yazık ki İsabelle'nin bu heyecanı da Augustin tarafından akamete uğratılır. İflah olmaz serseri ruh Ekim ayında evi yeniden terk eder ancak bu sefer İsabelle'yi habersiz bırakmaz. Mektuplardan anlaşıldığı kadarı ile İsabelle'nin bu son firardan haberi vardır ancak ailenin diğer üyelerine duyurmaması için uyarılmıştır. İsabelle için Augustin bir "wegbereiter" (meşale taşıyıcısı, rehber)dir. İleride o da Augustin'e refakat edecektir. Bu yüzden Augustin'in bu seyahatlerini başarı ile tamamlaması onun için de büyük önem taşımaktadır. Augustin'in zayıf karakteri yine nükseder ve umudunu yitirdiğini, eve geri dönmek istediğini ima eden bir mektup yazar. Planlarının sabote edilmesi ihtimali İsabelle'yi kızdırır ve ağır ikazlarla dolu bir mektup yazar kardeşine:

Annemi seviyorsan, beni seviyorsan geri dönme! Sana bunu yazmanın bana ne kadar ağır geldiğini Allah biliyor. Ama bu benim görevim. Buradaki berbat hayata geri dönmek ruhen ve bedenen senin sonun olur. Vava, geri dönmeni ve bahçe işleriyle uğraşmanı istiyor. Belirsizlik annemi hasta, çok hasta ediyor. Sen her şeyi değiştirebilirsin. Yap bunu!

12 Kasım tarihli mektup Augustin'in, İsabelle'nin ikazlarına fazlaca kulak kabarttığını belgeler:

Canım,

Augustin Moerder, asker, Nr. 19686, Sidi Bel Abbes, Oran, Cezayir, yabancılar lejyonu, 1. alay, 18. bölük.

İşte sevgili kardeşim, acı gerçeklerin kısa özeti. Buna rağmen aklım hep sende, Vava'da ve annemde. Ve hep şu cümleyi kendi kendime mırıldanıyorum: Hieme et aestate, et prope et procul, usque dum vivam et ultra (Yaz kış, uzak yakın, yaşadığım sürece ve ölümden sonra da)

Kardeşin Augustin

Augustin'in yabancılar lejyonuna katıldığı haberi ailede bomba etkisi yaratır. Bayan de Moerder baygınlık geçirir, İsabelle ve Trofimovski kâğıda kaleme sarılırlar. İsabelle, Augustin'e "Ne yaptın sen?" diye sorarken, Trofimovski de bölük komutanına dilekçe yazarak bir çıkış yolu arar. Augustin'in sağlığının askerlik yapmaya elverişli olmadığının anlatıldığı ve erkenden terhisinin talep edildiği dilekçeye gelen resmi cevap kısa ve nettir: Yönetmeliğimize göre Augustin de Moerder'in on sekiz ay askerlik yapması gerekmektedir.

Bu panik havasını Augustin'in mektubu yatıştırır. Durumunun iyi olduğunu ve her şeyin yoluna gireceğini anlattığı teselli mektubunu İsabelle'nin hasret ve ızdırap dolu cevabı takip eder.

Yazmak, İsabelle'nin yaşanan trajedilerden dolayı bozulan ruh âlemine iyi geliyordu. Aynı zamanda yazmak ona Augustin'in yokluğunu unutturan tek meşgaledir. Nitekim ilk denemesini de 1895 yılının Eylül ayında, Augustin uzaklardayken yazar. Bir hastanenin morguna kaldırılmış genç bir adamla, orta yaşlı bir kadının cesetlerini anlattığı "Infernalia" isimli hikâyesi Paris'te çıkan "Noevelle Revue Moderne" isimli dergide neşredilir. Bunu Kasım ayında yayımlanan, içinde hiç görmediği Cezayir'i ve Müslüman bir şehidi anlattığı "Mağrip İzlenimleri" isimli hikâyesi takip eder.

(...)

Cenevre, 24 Aralık 1895, saat: 18:15

Hava sisli ve hüzünlü, toprak karla kaplı. Bu gece sevgili kardeşim, sana kalbimin tüm kırıklarını göndereceğim. Bütün geceyi dışarıda geçireceğim, çünkü katolik kilisesindeki noel ayinine gitmek isteyen yaşlı hizmetçimize eşlik edeceğim. Bu, birbirimizden ayrı geçireceğimiz ilk bayram canım kardeşim. Belki de bundan sonra sonsuza kadar hep ayrı kalacağız! Kim bilir, birbirimizi bir daha görebilecek miyiz? O, 12 Ekim, Cumartesi akşamı kapının önünde olduğu gibi, sıkı sıkı sarılıp, öpebilecek miyiz birbirimizi? O günün üzerinden üç ay geçti. Biz hiç bu kadar uzun bir hicran yaşamamıştık. Çok mutsuzum, umutsuzum; öyle üzgün, elemli, tamamen perişan... Ümit ve inanç adına hiçbir şey yok. Sessiz çığlıklarımızı duyabilecek bir Tanrı yok. Gökler sağır ve ıssız – her yerde hiçlik, hiç kimse, hiçbir şey... Hatırla; sonsuz bir yalnızlık sararken dört bir tarafımızı. Bizim acılarımızı, özlemlerimizi ve çaresizliklerimizi hiç kimse anlayamaz!

Neden, neden kader bizi ayırdı! Tanrı, ah Tanrı! Düşüncesizce ortaya fırlatılan o kelime: Tanrı!

Hayallerimize, umutlarımıza, gelecekle ilgili planlarımıza ne oldu? Tino, canımın içi, 21 Ekim 1894'de birlikte altına imza attığımız o sayfaları hatırlıyor musun? Bir zamanlar kendi kendimize, bir yıl sonra nerede ve nelerle meşgul olacağımızı, kimlere ve nelere umutlarımızı bağlayacağımızı sormamış mıydık? İstikbalimiz, yarınlar, akıl sır erdiremeyeceğimiz sırlar! Bir yıl ve birkaç gün sonra burada yapayalnız ve kimsesiz bırakıldım!

Ve sen artık çok uzaklarda, İslam topraklarında, Mağrip'de askersin. Şimdi, kutsal Kabe'mizi hatırlıyor musun?

Mağripli hayallerle biten o cümleleri anımsa: Yalnızca bir gün için hayatta kalabilen ruhlar; yarın nerede olacaksınız, hatıralarınız nerede yaşanacaklar?

Issız bir orman yolunda, pırıltılı çınar ağaçlarının ve Collonges'in etrafını saran sarı salkımların gölgesinde yan yana oturduğumuz o günü hatırlıyor musun? Sessizlik kuşatmıştı etrafımızı. Ulu dağların alnacına durmuş, o derin ve sonsuz ıssızlıkta yalnızlığa gömülmüştük.

Yüzyıllar boyunca hep aynı dehşetli ve karanlık amentü tekrarlandı durdu. O ücra dar yoldan Collonges'e uzanan tozlu toprak yollarda bir daha birlikte yürüyebilecek miyiz? Bir kerecik olsun, bir kez daha Savo-yen'e giden o yolda, o Bellegarde'nin diğer tarafında, Rhonetal'e çıkan o yolda birlikte yürüyebilecek miyiz? Canım kardeşim, o ulu, suskun amentülerin gölgesinde bir daha birleşebilecek mi yollarımız? Hayır, hayır, bir daha asla! Asla! Tek bir kelime bu kadar derin uçurumlar açabilir mi insanın yüreğinde: asla! Alfa ve Omega, insanlığın bütün dramları, tüm ıstırapları...

Eski bir günlüğün sayfalarında şu satırları bir kez daha okurken içi-mi sızlatan o sancıyı ve kalbimi kuşatan o berbat ümitsizliğin boyutla-rını kim ölçebilir: "Savoyen'in küçük yelkenli tekneleri Quai limanına bağlanmışlardı".

Savoyen'in yelkenli tekneleri! Güneşin ısıttığı bir gündü, bir yaz günü... Issız, insansız Kuai Pakuis'de birlikte dolaşıyor ve Savoyen'in teknelerini izliyorduk... Deniz masmaviydi ve güneş ışıldıyordu. Ne kadar geride kaldı o gün, o ışıklı gün. Sen Chenes'e gittin, ben Carau-ge'e... Mouca'da yediğimiz akşam yemeği de geride kaldı. Yola çıkacağın günün arefesinde. Hepsi melankolik sislere gömüldü, geçmişin öldü-ren buğusuna. Birbirimizi bir daha ne zaman göreceğiz, birbirimizi bir daha görebilecek miyiz?

Acı çekiyorum. Ufuk görünmüyor. Ufuk tenha, zifiri ve perişan.

Bedenim Garp'da

Ruhum Şark'da

Bedenim ecnebilerin memleketinde

Ruhum İstanbul'da

Ruhum İskenderiye'de

İstanbul! Nedenini biliyorsun... Hiç şüphesiz satırlarımın araları-na gizlenen bu acı veren gerçeği farketmişsindir. Anlamış ve hissetmiş olmalısın. Ama hayır, bu sevginin, bu umutsuz ve karşılıksız sevginin, sana karşı duyduğum o yüce sevgiyle kıyası kabil değil.

"Eğer ebedi bir hayat varsa, hanginizle birlikte oraya gider ve onun-la yaşarım? Onunla mı, küçük Aziyade, yoksa seninle mi?" (Pierre Loti, Aziyade, Paris, 1879)

Ve eğer sonsuz bir hayat varsa, tüm aşklar, gizemler bizimle birlikte yaşamak zorundadırlar... Yalnızca onlar bize meçhul karşısında ürpertiler, sır dolu öteki taraf ve yarınlarla ilgili muğlâk önseziler hissettirir. Yalnızca aşk, her iki aşk... Biri bizim muhabbetimiz, diğeri ise kahverengi gözlü Doğulu'ya karşı içimde uyanan şey. "Bu ruhların göklere ulaşma çabası mıdır? Yoksa doğanın kör kanunu mudur?" (Ebenda)

Mektuplar birden bire kesilir. Kriminal bir olaya karışan Augustin yabancılar lejyonundan ihraç edilmiştir. Şubat ayında Cenevre'ye geri döner ancak bu vuslat kimseyi sevindirmez. Askerden kovulmak büyük bir lekedir ve Augustin'i hayatı boyunca takip edecektir ancak daha önemli bir sorun vardır; Augustin uyuşturucu bağımlısı olmuştur. Uyuşturucu bağımlısı olmuştur ve sık sık intihara teşebbüs ettiği için yalnız bırakılmaması gerekmektedir. Gece gündüz abisinin başında beklemek zorunda kaldığı için ne entelektüel meşgalelere ne de denizci kıyafetleri içinde şehir turlarına vakti yoktur artık. Bir ateş topunu andıran adam, hayatından bezmiş bir kadın ve psikolojisi bozuk bir erkek kardeşin yanı sıra, uyuşturucu bağımlısı bir abi ile de uğraşmak zorundadır. Augustin'i hayata döndürme operasyonları ile geçer aylar. Çabaları sonuç vermez. Hayalleri için kılavuz telakki ettiği adamdan ümidini keser ve kendi ayakları üzerinde durmanın yollarını aramaya koyulur.

ABU NADDAR, JAMES SANUA, YAKUP SANU

İsabelle'nin Doğulu ilk mektup arkadaşı Mısırlı Yakup Sanu, eski adı ile James Sanua'dır. Sanu, Mısırlı kanaat önderlerinden Cemalettin Efgani'nin yakın adamlarından biridir. Osmanlı İmparatorluğuna bağlı Mısır vilayetinin İngilizler tarafından işgal edilmesinden sonra, emperyalizm karşıtı soylu bir mücadelenin içine giren Mısırlı milliyetçi entelektüel, Mısırlı Musevi bir anne ile, Mısır ve Sudan Hidivi Muhammed Ali paşanın yeğeni prens Yaken için çalışan İtalyan bir babanın (Raphael Sanua) oğludur. On üç yaşındayken yazdığı bir şiiri prense okur. Bu özgüveni yüksek parlak kabiliyetten çok etkilenen prens, tüm masraflarını üstlenerek, sanat ve edebiyat eğitimi almak üzere onu İtalya'nın Livorno şehrine gönderir. Sanu, 1855'de eğitimini tamamlayarak Mısır'a döner. Bir süre prensin çocuklarının özel öğretmenliğini yapar, ardından da Sanat akademisinde eğitim görevlisi olarak çalışmaya başlar.

Sanu ilk olarak ülkenin önde gelen gazetelerine yazdığı Arapça ve Fransızca makalelerle isim yapar. 1870'li yıllarda Mısır'ın modern tiyatro ile tanışmasına öncülük eder. Birçok kült tiyatro eserini Arapçaya çevirir ve uyarlar. Kendi yazdığı tiyatro eserlerinde Mısırlı muktedirleri ve Mısırlı zenginleri hicveder. 1877 yılında mizah dergisi Ebu Nadra'yı çıkarır. Ağırlıklı olarak İşgalci İngilizleri, yoksulların sırtından geçinen elitleri ve yöneticileri mizah dilini kullanarak yerdiği için büyük rahatsızlığa yol açar. Sanu'nun emeği olan Ebu Nadra dergisinin önemli bir diğer özelliği ise, günlük gazeteler dâhil, piyasada bulunan tüm neşriyata halkın anlayamayacağı ağır bir Arapçanın hâkim olduğu o dönemin Mısır'ında yalın bir Arapçanın tercih edilmiş olmasıdır. Dergi bu özelliğinden dolayı halkın büyük ilgisine ve iltifatına mazhar olur. Ne yazık ki bu ilgi hicvedilen çevrelerde çok geçmeden derin rahatsızlıklara yol açar.

James Sanua, diğer adı ile Yakup Sanu (Foto; Wikipedia)

Dergi 1878 yılında Hidiv İsmail tarafından kapatılır ve Yakup Sanu ülkeden kovulur. Bu tarihten itibaren hayatına Paris'te devam eden Yakup Sanu, Ebu Nadra dergisini bu ülkede iki dilde (Arapça ve Fransızca) neşretmeye başlar. Bu ilginç şahsiyet hakkında bilmemiz gereken bir başka enteresan nokta ise, Türkiye'ye yaptığı iki ayrı ziyarette Abdulhamid Han tarafından özel olarak ağırlanmış olduğu bilgisidir. Abdulhamid Han'ın İngiliz işgaline karşı direnen Mısırlı entelektüelleri desteklemesi bir tarafa, aynı dönemlerde Sanu, İran şahı tarafından "İmparatorluk Şairi" unvanıyla da ödüllendirilir.

Yurtdışındaki hayatını gazetelere yazılar yazarak, çeviriler yaparak idame ettiren Sanu'nun bir diğer gelir kaynağı da Arapça eğitmenliğidir. Bunun için Ebu Nadra dergisinde ilanlar verir ve otuz seansta mükemmel Arapça vaad eder. İsabelle de derginin abonelerindendir ve Yakup Sanu'nun ilanda verdiği adrese Arapça bir mektup yazar. Mektubunda uzun süredir bir Türkçe sözlüğe ihtiyaç duyduğundan ancak bulamadığından bahsederek Sanu'dan bu konuda bir tavsiye ister:

Cenevre, 19.10.1896

Bismillahirrahmanirrahim

Esselamu aleykum ve rahmetullahi ve berekatühü

Muhterem Yakup Sanu hazretleri,

Siz Arapçaya ve İslami ilimlere vakıf, bilge bir insansınız... Bu nedenlerden dolayı, uzmanlık isteyen bir konuda danışmak üzere size başvurmayı uygun buldum. Türkçe öğrenmeye çalışıyorum ancak elimde ne Fransızca-Türkçe ne de Almanca-Türkçe bir sözlük bulunmamaktadır... Bana bu konuda tavsiyelerde bulunarak yardımcı olabileceğinizi umuyorum.

(...) Şark ülkelerine gitmek ve oraları tanımak için elimden geleni yapıyorum. Ben kendi kendini yetiştirmiş biriyim. Çok şey öğrenmiş de değilim ancak bir öğretmenim de yok.

N. Podolinskij (I. von Moerder)

İsabelle'nin müstear bir erkek adı altında imzaladığı ve Arap desenleri ile süslediği mektubundaki zarif el yazısı ve berrak üslubu Yakup Sanu'yu çok etkiler. 26 Ekim tarihli cevabi mektup şu cümlelerle biter:

(...) Üslubunuzun ve yazı stilinizin beni nasıl etkilediğini ifade etmekten kendimi alamıyorum.

Benzersiz mektubunuzu değerli bir hatıra olarak, Doğulu ve Batılı âlimlerimizin el yazıları ile yazdıkları eserlerinin arasında muhafaza edeceğim.

Takdir duygularımı ve saygılarımı kabul buyurunuz muhterem efendim.

J. Sanua Abu Naddara

Bu hızlı cevap İsabelle'yi sevince boğmuş olmalı ki, hemen kaleme sarılır:

(...) herkes tarafından kusursuz tanınan, yüce gönüllü insan... Tarafıma yönelttiğiniz mültefit ifadelerden dolayı en derin şükranlarımı arz ederim... Ben yirmi yaşındayım... Türkçe sözlük ile ilgili tavsiyelerinize uyacağım... Size Arapça'ya çevirdiğim ve anavatanım Rusya'ya ait bir milli marş gönderiyorum. (...)

N. Podolinskij (Bayan I. von Moerder)

İsabelle parantez içine eklediği "Bayan" ifadesi ile cinsiyetini deşifre etmiştir. Meçhul muhatabının genç bir Rus kızı olduğunu öğrenen Yakup Sanu'nun şaşkınlığı satırlarından okunmaktadır:

Paris, 16.11.1896

Değerli hanımefendi,

Eşsiz cümlelerinizden duyduğum memnuniyeti; el yazınızın, çizimlerinizin beni nasıl büyülediğini anlatacak kelime bulamıyorum. Ne yazık ki gözlerim çok bozuk ve hepsini okumakta zorluk çektim. İmzanızın bulunduğu sayfanın tamamını okuyabildim ve birkaç cümle hariç hepsini anladım: 20 yaşında mısınız yoksa 20 yıldır Doğu edebiyatını Fransız okura tanıtabilmek amacıyla çalışmalar mı yapıyorsunuz? Dergimle ilgili takdir duygularınızı ilettiğiniz ikinci sayfanın tamamını olmasa da büyük bir kısmını okuyabildim ve nispeten anladım.

Kısaca, siz beni büyülediniz... Harikulade metinlerinizden anla-

dığım kadarı ile de size Arapça cevap yazmamı arzu ediyorsunuz. Bu mektupla birlikte size sevincimi ve hüznümü anlattığım bir beyitimi gönderiyorum. Seviniyorum çünkü mektup arkadaşım genç bir bayan. Hüzünlüyüm çünkü kalbimi bu bayanın ayaklarının altına seremeyecek kadar yaşlıyım. Allah'tan sizin için ömür boyu saadetler dileyerek ve düğününüz için özel olarak altı dilde gazel yazma sözü vererek mektubumu bitirmek istiyorum.

Selam ve dua ile

J. Sanua Abu Naddara

Mektup genç bayanın zekâsına ve görgüsüne övgülerle dolu bir şiirle biter.

DOKTOR EUGENE LETORD VE
AUGUSTİN'İN VEDASI

Yakup Sanu ile mektuplaşmalar sürerken abone olduğu gün lük gazetedeki "28 Kasım 1896" tarihli bir ilan dikkatini çeker:

Hafif çılgın askeri doktor. Şimdilik Güney Cezayir'de görevli. Entelektüel yazışmalar için neşeli ve akıllı mektup arkadaşları arıyor. F.R. 102, Poste restante, Konstantin adresine yazınız.

Eugene Letord, Konstantin'in güneyindeki bir kışlada görevlidir ve yaşadığı coğrafyadan memnuniyetsizliğine rağmen İsabelle'yi, Cezayir'e gelme konusunda yüreklendirir. Letord'a "Nadia" mahlası ile mektuplar yazan İsabelle, ilerde seyahat etmeyi düşündüğü bölgelerle ilgili de bilgiler toplar. Ne yazık ki bu yazışmaların büyük bir kısmı kayıptır.

09.12.1896'da Augustin aile dostu olan bir doktoru ziyaret edeceğini söyleyerek evden ayrılır. Uzun süre haber alınamayınca ve evin kasasından 1700 Frank alındığı fark edilince Augustin'in yine evi terk ettiği anlaşılır. Trofimovski, Augustin için artık kılını kıpırdatmamakta kararlıdır. İsabelle ise gücünün tükendiğini hissetmeye başladığı bir sırada, 20 Aralık'ta bir mektup alır. Augustin, Cenevre'ye geleceğini ve İsabelle ile görüşmek istediğini bildirmektedir. Karlı havaya aldırmadan, çok sevgili abisini görmek için mektupta belirtilen yere koşar. Bir zamanlar birlikte ata bindikleri, yanı başındaki çimenli araziye uzanıp gökyüzünü seyrettikleri, hayaller kurdukları, şimdi karla kaplanmış toprak yolda buluşurlar. Augustin o gün bile sarhoştur ve kırık dökük cümlelerle Marsilya'da olduğunu, Marsilyalı bir kızla (Helene Long) nişanlandığını, yakında evleneceğini anlatır. İsabelle'nin cevabını dahi beklemeden ona sıkıca sarılır, kulağına veda sözcükleri fısıldar ve hızla yanından ayrılır. İsabelle'nin "Gitme!" çığlığı fırtınanın sesine dolanıp havanın ayazına teslim olur ve şehrin mavi derinliğinde donar kalır. Augustin ile Cenevre'deki son serüven de böyle sona ermiştir.

Augustin'in vedasını, Marsilyalı sevgilisinin ailesinden alınan şikâyet mektupları takip eder. Aile Augustin'in alkol ve uyuşturucu bağımlılığından, sık sık evi terk etmesinden, serkeşliğinden ve sorumsuzluğundan şikayetçidir. Marsilyalı gelin adayı 2 Şubat tarihli mektupta, Augustin'in kendisine gönderdiği mektuplardaki intihar planlarından bahsederek endişelerini paylaşır. Bu bilgi aileyi dehşete düşürür. Korku, tedirginlik ve çaresizlik 9 Mart'a kadar sürer. 9 Mart'ta kapıda beliren, yabancılar lejyonu, ikinci alayda görevli olduğunu söyleyen bir asker Augustin'den bilgi getirmiştir. Augustin'in, Oran'ın güneyinde kalan Sayda'daki bir kışlada beş yıl süreliğine yeniden görevlendirildiğini öğrenen aile bireyleri derin bir nefes alırlar. Augustin hayattadır ve askerliğe geri dönmüştür.

Rusya Dış işleri Bakanlığında daire başkanlığına atanan, sık sık Vladimir'in ve Trofimovski'nin başını ağırtan Nicolas bu yılın ilk aylarında yeniden ortaya çıkar. Görevinin sağladığı avantajlara güvenerek ve pozisyonu üzerinden gözdağı vererek, 26 Şubat'ta Vladimir'e bir telgraf gönderip üstü kapalı ifadelerle kardeşini tehdit eder:

DERHAL YOLA ÇIK GECİKMEK DELİLİK ACİLEN KAÇMALISIN HERKES SENİ BEKLİYOR DİKKATLİ OL HEMEN GİTMEZSEN KÖTÜ ŞEYLER OLACAK

Nicolas, ruh sağlığının yerinde olmadığı bilinen genç adamı neden Rusya'ya götürmeye çalışıyordu?

Olayların seyrinden anlaşıldığı kadarıyla, ailenin Cezayir'e taşınacağı bilgisini almıştı ve Vladimir'i Rusya'ya gitmek için ikna etmeye çalışıyordu. Nicolas son derece entrikacı ve faydacı bir yapıya sahipti. Hasta kardeşinin baba mirasında payı olduğunu biliyor ve Perez'le sıkı dostluğundan dolayı annesinin kendisini mirastan mahrum bırakacağını düşünüyordu. Vladimir'i Rusya'ya götürerek onun mirastaki payından faydalanmayı planlıyordu. Nitekim yıl boyunca Vladimir'in peşini bırakmayacak ve onun Cezayir'e gitmesini engellemeyi başaracaktır. Nicolas'ın bunu nasıl başardığı bilinmiyor ancak Vladimir'e gönderdiği dehşet dolu satırlar ve uyguladığı psikolojik terörün, aile içinde Ocak ayından beri konuşulan, evi satıp ülkeyi terk etme düşüncesine ivme kazandırdığını söylemek yanlış olmaz. Louis David ile Cecile David, rica üzerine aile dostları için Cezayir'de kendilerine yakın bir ev bulurlar. Ev Fransız işgalcilerin oturduğu bir semttedir. Bu durum İsabelle'nin pek hoşuna gitmez ama başlangıç için başka çareleri yoktur.

İsabelle'nin kara kalem çizimleri; Aures Dağları(Foto; Sandmeere 1, İsabelle Eberhardt, derleyen Christian Bouqueret, Rowohlt yayınları)

ALİ BİN SALİH ABDULVAHAB

Mayıs ayı içinde yapılması planlanan yolculuk için hazırlıklar sürerken, Yakup Sanu'ya yazılan mektuba gelen cevapla birlikte yeni bir dostluğun kapıları aralanacaktır. Yakup Sanu *"manevi evladım"* dediği Ali Abdulvahab ile İsabelle'yi tanıştırırken büyük bir ihtimalle manevi kayınpeder de olmayı umuyordu:

(...) İslam'a karşı beslediğiniz hayranlık dolu duygularınızı benimle paylaştığınız için teşekkür ederim. Mektubunuzu aldığımda, Tunus Mehdiye vilayetinin valisinin genç ve yakışıklı oğlu ziyaretimdeydi. Satırlarınızdan ne kadar etkilendiğimi görünce mektubun sahibini merak etti. Mektubunuzu ve özenle muhafaza ettiğim diğer renkli mektuplarınızı gösterdim. Ne kadar hayran kaldığını anlatmaya muktedir değilim. Yazı kabiliyetinizi ve vizyonunuzu görebilmesi için, Revue Moderne'nin yazınızın yayınlandığı nüshasını da görmesini sağladım. Bana, size bir tebrik mektubu yazıp yazamayacağını sordu. Bunun çok nazik bir hareket olacağını ve hatta sizin bundan onur duyacağınızı söyledim.

İsabelle derhal bir posta kartı yollayarak yeni arkadaşına "Nicolas Podolinsky" mahlası ve Arapça satırlarla Cezayir'deki adresini bildirir:

Allah izin verirse 20 Mayıs itibari ile Annaba'da olacağım. Adresim: M. L. David, Photograph, Maison Carrus, 10 rue Moureau. Cevabınızı sabırsızlıkla bekliyorum. Tunus'ta, yakınlarımızda Müslüman bir dost bulduğum için çok mutluyum. Allah'ın selamı, rahmeti ve bereketi üzerinize olsun.

Nicolas Podolinsky (Yazar) 15.05.1897, Hicri 1314

İsabelle'den bir yaş büyük olan Ali Abdulvahab'ın babası Salih Abdulvahab, Mehdiye valisidir. Tunus'un en eski aristokrat ailelerinden birinden gelen Ali Abdulvahab, misyonerlere ait bir ilkokulda okuma yazmayı söktükten sonra Sadıki Koleji'ne gönderilir. Carnot Lisesi'ni bitirdikten sonra Zeytuniye Üniversitesi'nden mezun olur ve çok genç yaşlarda Dış İşleri Bakanlığında birinci sekreter olarak çalışma hayatına atılır.

İsabelle'nin en uzun mektuplarını yazdığı, ruh ve fikir dünyasını tüm teferruatı ile aktardığı yegâne arkadaşıdır Ali Abdulvahab. Çoğu insana karşı paravanlar ardından seslenmeyi tercih eden genç kadın, ona karşı kısmen de olsa şeffaflığı tercih etmiş ve samimiyetini gizlememiştir. Buna mukabil, Abdulvahab'ın, İsabelle ile nasıl tanıştıklarını anlattığı bu metindeki çelişkiler enteresandır:

1896 yılının sonlarına doğru Paris'teydim. Muhterem insan Yakup Sanu'yu ziyaretim sırasında masasında bulunan genç bir bahriyeli portresi dikkatimi çekti. Merakıma yenik düşerek, çok sayıda üst rütbeli, muteber şahsiyetin; bakanların, paşaların, prenslerin ve Osmanlı İmparatorluğu temsilcilerinin bulunduğu bir ortamda, onların da affına sığınarak bir patavatsızlık yaptım ve kim olduğunu sordum. Yakup Sanu büyük bir nezaketle; 'Bu' dedi, 'Müslüman olduktan sonra Arapçasını ilerletmek maksadıyla Cezayir'e yerleşen genç Rus asıllı bir yazar.'

Bir ay kadar sonra Rus arkadaşımdan "Mahmud" imzalı, İslam'la alakalı anlamakta zorlandığı bazı sorularını cevaplamamı rica ettiği, çok sıcak ve samimi bir mektup aldım. O zamanlar çok yoğun olmama rağmen mektuplarını elimden geldiğince cevapladım. Bundan sonra aramızda düzenli bir mektup trafiği başladı.

Paris'ten Tunus'a gitmek için hazırlanırken bir telgraf geldi ve davetlisi olarak, Tunus'a geçmeden, yol üzeri Annaba'ya gittim ve üç gün kaldım.

Karşılaştığımız zamanki şaşkınlığımı tarif etmekte zorlanıyorum. Mahmud'u beklerken, beni karşılamaya iyi giyimli, genç bir bayan gelmişti. Kendisini derin bir hürmet ve hayretle selamladım. Kafasını hafifçe eğdi, gülümsedi ve imalı bir ses tonuyla: 'Hakkınızda anlattık-

*larınızdan sonra, ön kabullerinizi yıkıp bana saygı göstereceğinizi um-
mazdım.' dedi.*

*Buna rağmen üzerimdeki şoku atmam, bu genç, güzel ve en korku-
suz erkeklerin bile cesaret edemeyeceği bir maceraya atılmak uğruna
cinsiyetinin sağladığı imtiyazlardan vazgeçen bayana alışmam zaman
aldı. Her şey bana o kadar sıra dışı gelmişti ki, otel odama döndükten
sonra kendimi sık sık, kendi kendime konuşurken yakalıyordum.*

*Annaba'dan, İsabelle Eberhardt'ın ailesinin sıcak misafirperverliği-
nin yaşattığı unutulmaz hatıralarla ayrıldım. Şehirde geçirdiğim o kısa
sürede, çok arzu ettiğim halde İsabelle'nin gizemli hayatındaki ayrın-
tıları öğrenememiştim. Bu sırlara daha sonra vakıf olabilecektim ama
daha o zaman, bazı sıkıntıları olduğunu ve acı çektiğini hissediyordum.*

*Hislerimin beni yanıltmadığını daha sonra Tunus'a gönderdiği bir
dizi mektup kanıtlamıştı.*

Abdulvahab görüşme gününe kadar gerçekten İsabelle'nin
cinsiyetinden habersiz miydi yoksa bir genç kızla mektuplaşma-
sının çevresindeki katı dindar tabaka tarafından hoş karşılanma-
yacağını düşünerek masum bir yalana mı başvurmuştu? Bittabi o
çağda toplumun kadına bakışını ve karşılaşılabilecek muhtemel
tepkileri hesaba katarsak; Yakup Sanu'nun, İsabelle'nin cinsel
kimliğinden bahsetmeden onları tanıştırmış olması, İsabelle'nin
de benzer bir hassasiyetle görüşme gününe kadar cinsiyetini giz-
lemiş olması ihtimali hiç düşük değildir.

Her halükarda, Abdulvahab ile arasında başlayan bu dostluk
sayesinde, anarşist eğitim almış ve sonradan Müslüman olmuş,
tüm harici etkilerden uzak, saf ve keskin bir zekânın, geleneksel
İslam anlayışının "İslam'da Kadın" yorumuna getirdiği sert eleş-
tirileri görebiliyoruz. İsabelle felsefi alt yapısı ve derinliği olan
mektuplar yollayarak Abdulvahab ile "İslam'da Kadın" mevzu-
sunda sıcak tartışmalara girmiştir

CEZAYİR'E HİCRET VE FRANSA'NIN RÜYASI

İsabelle, aile dostları Cecille David'le irtibata geçerek Cezayir'de bir ev bulmaları konusunda yardım ister. Cecille David, yerlilerden cüzi rakamlarla alınıp Fransız yerleşimcilere dağıtılan evlerden birini İsabelle ve ailesine kiraya verir. Ev, David çiftinin de oturduğu, Annaba şehrinde Fransız yerleşimcilere ayrılmış bir semttedir. Hazırlıklar hızla tamamlanır ve 21 Mayıs 1897'de İsabelle, Cezayir'e gitmek üzere, acı ve tatlı günleriyle hayatında derin izler bırakan Villa Neue'den ayrılır. Birçok Avrupalı biyografa göre Cezayir'e annesi Nathalie ile birlikte gitmiş, Trofimovski ve Vladimir evde yalnız kalmışlardır ancak İsabelle'nin, Abdulvahab'a yazdığı mektuplardan birinden, Trofimovski'nin iki kadını Cezayir'e yalnız göndermediğini anlıyoruz.

Önce dönemin Cezayir'inde biraz gezinip, ardından Eberhardt ailesinin bu yabancı coğrafyadaki ilk günlerine geri dönelim...

Stratejik ve tarihi özellikleri, yer altı zenginlikleriyle Batı'nın iştahını kabartan İslâm coğrafyasında işgaller dönemi, 1800'lerin başlarında, önce Mısır'ın sonra da Cezayir'in Fransızlar tarafından gasp edilmesiyle başlar. Bundan önce Osmanlı devletine bağlı olan Cezayir, sık sık sorunlar çıkararak padişahın başını ağırtıyor ama "Halifelik" kurumuna hürmeten Osmanlı'nın hâkimiyetine müsamaha ile yaklaşıyordu. 1830 yılına kadar Garp Ocakları adı verilen eyaletlerden biri olarak Osmanlı'ya bağlılığını -iç işlerinde bağımsızlığının tanınması kaydı ile- kabulienen Cezayir, Sırp ve Yunan isyanlarının Osmanlı'yı güçten düşürmesi ile birlikte yeniden Fransa'nın gündemine oturmuştu. Osmanlı donanması Navarin'de yakılmış, Osmanlının yenilgisi ile sonuçlanan Osmanlı-Rus savaşı yeni bitmiş, diğer taraftan Mehmet Ali Paşa isyanı da payitahtı canından bezdirmişti. Uzun süredir Cezayir'i işgal edebilmek için fırsat kollayan Fransa için daha müsait bir zaman ve ortam olamazdı. Odun ve yonga hazırdı ama bir kıvılcım lazımdı...

Fransa hükümeti, Cezayirli iki Yahudi tüccardan aldığı beş milyon frankı ve hububat borcunu uzun bir süre erteler. Yahudi tüccarların şikâyeti üzerine harekete geçen Cezayir dayısı Hüseyin Paşa, Fransa'ya borçların tahsili için ültimatom verir. Paşanın çağrısı karşılık bulmayınca, iki Fransız gemisine el konulur. Konuyu istişare etmek üzere Paşayla görüşmeye gelen Fransız büyükelçisi Pierre Deval ile Hüseyin Paşa arasından kopan fırtına ve Paşanın büyükelçinin suratına yelpazesi ile vurması Cezayir'in işgali için bir gerekçe sayılır.

14 Haziran 1830'da General Bourmont'un, Amiral Duperre komutasındaki gemilerle taşınan 36 bin kişilik kuvveti Sidi Frec'de karaya çıkar. Yoğun çatışmalardan sonra, 5 Temmuz'da Dayı Hüseyin Paşa yenilgiyi kabul ederek teslim olur. Fransızların sevinci kısa sürer, çünkü Maskara Emiri Emîr Abdülkâdir el-Cezâirî komutasındaki gerilla birliği ülkenin Batı'sında, Konstantin Emiri Emir Hacı Ahmet'in komutasındaki gerilla birliği ise Doğu'sunda ayaklanmalar başlatırlar. Zafer çığlıkları atarken kendini yeni bir kaosun ortasında bulan Fransa, 22 Temmuz 1834'te Fransız Kuzey Afrika Genel Valiliği'ni kurar. Amaç, Emîr Abdülkâdir el-Cezâirî ve Emir Hacı Ahmed'in liderliklerinde bağımsızlık savaşı veren gerilla güçleriyle mücadele etmek sureti ile sömürge güçlerini güçlendirmektir. 1847'ye kadar süren gerilla savaşları ile işgal güçlerine büyük kayıplar verdirilir ama tam bağımsızlık kazanılamaz. 15 Ekim 1837'de Konstantin, Fransa'nın eline geçer. 18 Kasım 1839'da Emîr Abdülkâdir el-Cezâirî elli bin kişilik bir orduyu ve Fas'ın desteğini arkasına alarak Fransa'ya yeniden savaş açar. 1843'de Fransa'nın üstünlüğü ele geçirmesi üzerine Fas'a sığınır ama Fas, sultanın kuvvetlerinin

Fransız birliklerine yenilmesi üzerine 23 Aralık 1847'de Fransızlara teslim olur.

1852'e kadar devam eden süreçte Fransa, Cezayir'de sınırlarını genişletir ve ülkeyi parça parça egemenliği altına alır. Devlet politikaları ve teşviklerle Cezayir'e göç özendirilir ve ülkenin belli bölgelerine Fransız göçmenler için yerleşim yerleri kurulur. 1841-1850 yılları arasında yerli ahaliden gasp edilen 115 bin hektar arazi Avrupalı yerleşimcilere bedava dağıtılır. Setif çevresinde bir Cenevre şirketine, 1853'ten başlayarak 20 bin hektar toprak peşkeş çekilir ve böylece emperyalizm ile birlikte kapitalizm de Cezayir'e taşınmış olur.

Emîr Abdülkâdir el-Cezâirî'nin 1860 Temmuz'unda Şam'a yayılan Dürzî isyanına müdahalede bulunarak birçok Hıristiyan'ı katliamdan kurtarışını anlatan bir illüstrasyon. (Foto; Wikipedia)

III. Napoleon, 1852'den 1858'e kadar, II. Cumhurıyet'in sivil yönetimi yerine, askeri bir yönetimi gündeme getirir ve Cezayir'in parlamentodaki temsiliyeti ortadan kaldırılır. 1858'de ise genel valilik kaldırılır ve yerine bir "Cezayir ve Sömürgeler Bakanlığı" kurulur.

Eylül 1860'ta Cezayir'e yaptığı bir yolculuk sırasında yerlilerin asaletinden etkilenen III. Napolyon ve eşi, kolonyal baskılara dur demeye ve "Arap Krallığı" düşüncesini gerçekleştirmeye karar verirler. Buna göre III. Napolyon, Arabistan ve Fransa imparatoru, Araplara hayranlığını her fırsatta dile getiren zevcesi ise imparatoriçesi olacaktır. Arap krallığı sömürülemeyecek ve anavatan Fransa düzeyine yükseltilecektir. 1863'teki senato kararıyla, işgal edilen toprakların Arap kabilelere mülkiyeti geri verilir.

İşgalci yerleşkelerin ordu denetimlerinden rahatsız olmaları, Musevilerin sorunları ve kabiliyetçilik, ordu yönetimini zora sokar ve Avrupalıların daha rahat etmesini sağlamak amacı ile sivil yönetime geçilir. 1870/71 Almanya-Fransa savaşında kaybedilen Elsass ve Lothringen'den yirmi iki bin göçmenin yerleştirilebilmesi için Fransa'nın Cezayir'e her zamankinden daha fazla ihtiyacı vardır. Üstelik Güney Fransa'daki üzüm bağları bir hastalık sonucu tamamen kurumuştur ve buralarda çalıştırılan Arap işçileri istihdam edebilmek için de yeni yerleşim bölgeleri kurulması gerekmektedir. Hepsinden daha önemlisi, Fransa savaşlarda kaybettiği toprakların yerine ikame edebileceği yeni coğrafyaların arayışı içindedir. Fransızlar bu yüzden Cezayir'i, bir sömürgeden ziyade, Fransa'nın bir parçası gibi addetme eğilimi içindedirler. İşgal bölgelerindeki yerleşimcilerin, yerli halka karşı takındıkları kibirli, elitist tavır, dönemin Başbakanı Jules Ferry'i bile çilden çıkarır. İsabelle'nin Cezayir'e adım atmasından sadece beş yıl önce yaptığı bir açıklamada, Avrupalı yerleşimcilerden şöyle şikâyet eder:

Avrupalı göçmenlere şunu anlatamıyoruz: Arap ülkelerinde sizin kanunlarınızdan farklı kanunlar geçerlidir ve yerli halk dibine kadar vergilendirilip sömürülemez.

Ne yazık ki, Ferry gibi birçok kolonyalist siyasetçinin çok da samimi olmadıklarını, çoğu zaman gürlemekle yetindiklerini ama hiç yağmadıklarını görüyoruz.

1870'de Musevilerin, Fransa uyruğuna alınması, Müslüman halka uygulanan baskı ve Cezayir'in, Fransa İçişleri Bakanlığına bağlanması üzerine 1871'de Muhammed el-Mukrani'nin etrafında toplanan iki yüz kadar kabile, ülkenin tamamına yayılan bir ayaklanma başlatır. 1881'de Sidi Şeyh liderliğinde ikinci bir ayaklanma gerçekleştirilir. İşgal devleti ayaklanmaları katliamlarla bastırır. Cezayir kan gölüne döner.

Bu son ayaklanmalar işgalcileri çok öfkelendirir. Yargı mekanizmaları Cezayirlilerin aleyhine yeniden tanzim edilir. "Yerli Kanunu" adı verilen zulüm kanunları uygulamaya geçirilir. 1881 kararnamesi ile Cezayir'deki Avrupalılara, Fransız yasalarının uygulanması kararlaştırılır. 1889'da çıkan bir yasayla Cezayir'de doğan yabancıların tümü, doğrudan Fransız uyruğuna geçirilir. Yerlilere ise yerlilik rejimi uygulanmaya devam edilir. Ülkede Arapça konuşmak yasaktır artık. Yerli halk, yabancılardan daha fazla vergi ödemeye mecbur bırakılır ve mabetler kontrollere tabi tutulur.

Tüm çabalara rağmen siyasal eritme rejimi başarısızlığa uğrar. Ferry, 1892 tarihli raporunda bu siyasetin geçersizliğini ilan edecek ve Cezayir'in, Fransa'nın uzantısı olmadığını, ancak bir sömürge olduğunu yeniden itiraf edecektir ama işgal ve zulüm 1954'te başlayan tam bağımsızlık savaşına kadar devam edecektir.

Jean-Paul Charles Aymard Sartre de 1956 yılında kaleme aldığı ve Cezayir işgalini işlediği "Sömürgecilik Bir Sistemdir" adlı makalesinde Jules Ferry'den alıntı yaparak emperyalist zihniyeti zehir zemberek bir dille yargılar:

Jules Ferry'nin parlamentoda şu açıklamayı yaptığını gördük : 'Nerede politik bir egemenlik varsa, orada ekonomik bir egemenlik de vardır.' Cezayirliler bizim ekonomik egemenliğimiz nedeniyle ölüyorlar (...)

Sömürgecilerin yaptığı tek hayırlı iş, varlığını sürdürebilmek için kendisini eğilmez göstermek zorunda olması ve bu sayede kendi çöküşünü hazırlamasıdır. (...)

Bizim işimiz, sömürgeciliğe ölürken yardımcı olmaktır; sadece Ce-

zayir'de değil, görüldüğü her yerde. Vazgeçmekten söz edenler aptaldır: Hiçbir zaman bizim olmamış bir şeyden vazgeçmemiz olanaksızdır.

İsabelle ve ailesi işte böyle çalkantılar içinde çırpınan bir ülkeye ayak basarlar. Tüm sempatikliğine rağmen Cecille David de, İsabelle'ye yazdığı mektuplardan birinde Araplardan; "Sevgili İsabelle, şu Araplar ne kadar pis bir ırk" diye şikâyet edecek kadar mütekebbir bir Avrupalıdır. İsabelle böyle bir ev sahibi ile uzun vadede anlaşamayacağından emindir ama Cezayir'de tanıdığı tek isimdir Cecille David. Ülkeyi tanıyıp çevre edinene kadar Cecille'ye ve taşındıkları işgalci çevreye tahammül etmek zorunda kalırlar.

FIRTINALI AŞK

Eve yerleşir yerleşmez Trofimovski, İsabelle'ye Arapça öğretecek bir özel öğretmen aramaya başlar. Tesadüfen yolu şehrin mahkeme binasına düşer. Burada düzgün Fransızca konuşabilen ve kendisine yardımcı olabilecek biriyle tanışır. Arapça eğitim verecek birini aradığını söyleyince karşı taraf, mahkeme vekillerinden Seyyid Muhammed El Hoca bin Abdullah Hamidi'yi tavsiye eder. El Hoca, 1870-1871 Almanya-Fransa savaşında babasını kaybetmiş, Fas asıllı ama Setif'te yaşayan yoksul bir ailenin çocuğudur. Fransız kolejini bitirdikten sonra Konstantin'de medrese eğitimi almış, edebiyata ve felsefeye hâkim, hitabet yeteneği ile Fransızların da takdirini kazanmış bu itibarlı şahsiyet, Trofimovski ile birlikte İsabelle'yi de büyüler. Çok geçmeden İsabelle ile Hoca arasında tutkulu ama ümitsiz bir aşk başlar.

Tutkuludur çünkü İsabelle ilk defa entelektüel susuzluğunu dindirebileceği bir memba bulmuştur. Ümitsizdir çünkü İsabelle, Hoca'dan daha çok, "hürriyet"e meftundur. Hoca, Fransız kolejinde yoğrulup Konstantin medreselerinde pişirilmiş dinibütün karakteri ile, bu Slav asıllı güvercine kafes eğitimi vermeye kalkışınca, gerginlikler başlar. İlişkinin yıldırım hızıyla ilerlemesi ve ansızın gelen evlilik teklifi de İsabelle'yi ürkütür. Bu gizemli, melankolik ve maço karaktere karşı beslediği hislerden emindir ama karşı kültürün kadın üzerindeki tahakkümünden ve ataerkil kısıtlamalardan hoşlanmamaktadır. İsabelle iç dünyasını enkaza çeviren tüm bu sarsıntılardan ve çıkmaz sokaklardan yorulmuştur. Abdulvahab onun için sığınılacak güvenli bir liman ve en derin sırlarını tevdi edebileceği sağlam bir şikâyet merciidir.

Bu dönemde İsabelle'nin, Abdulvahab'a yazdığı mektuplar müzmin bir aşığın iç yakarışları ve geleneksel İslam anlayışı ile gerçek İslam arasında savrulan anarşist bir ruhun şikâyetleri ile doludur:

(...) Sevgili Ali, zavallılığımı affedin... Eğer siz de büyülenmiş olsaydınız, nasıl bir şey olduğunu anlardınız. Dün akşam, nedensiz bir şekilde beni kendine hayran bırakan Arapçası ile konuşmaya çalıştığı zaman, ne yazık ki onu hala sevdiğimi yeniden anladım. Yine o baştan çıkaran ve tehlikeli sözlerini tekrar etmeye başladığı zaman, bana çektirdiği onca acıya rağmen, onu dinlemeye devam edecek kadar çılgınca bir sevgiyle üstelik... İlaveten sevgili kardeşim, benim hayatım yalnızca aykırılıklar ve çelişkilerle dolu.(...) (Ağustos, 1897)

Abdulvahab da bu samimi itiraflarla dolu mektuba verdiği kısa cevapta, psikolojik sıkıntıları ile ilgili tecrübelerinden bahseder, nasıl İslam'da huzur bulduğunu anlatır ve Allah'a sığınmayı, dua etmeyi, namaz kılmayı tavsiye eder. Bu cevap İsabelle'yi tatmin etmez, zira o zaten İslam'ın hakikatinden şüphe etmemektedir. İsabelle, Hoca tarafından kendisine dikte edilen dayatmaların, kafasında oluşturduğu sorulara makul cevaplar aramaktadır:

(...) İslam'ı anlayan ve seven yegâne Fransız yazar diyor ki: 'Bana biri İslamiyet'i öğretebilseydi, gözyaşları içinde ve coşkuyla peygamberin yeşil sancağını öperdim!'

Daha yeni Müslüman olmaya başladığım için bu cümleyi tekrar etmek ve değiştirmek zorundayım: 'eksiksiz İslamiyeti'. **Şurası bir gerçek, peçe takmak veya kaftan giymek ve dış dünyadan kendimi tecrit ederek yaşamak zorunda olduğuma inanmıyorum.** *Bunlar Müslüman kadınlara, kendilerini muhtemel tehlikelerden koruyabilmeleri ve iffetlerini muhafaza edebilmeleri için yapılmış tavsiyelerdir. İffeti bizzat yaşamak yeterli değil midir? (...)*

Bana dürüstçe cevap verin: Kıyafetin insanı keşiş yapacağına ve Müslüman olmanın burka veya ferace giymek anlamına geldiğine inan-

mam gerekli midir, değil midir? Siz de zaten Müslüman olmak için Araplar gibi giyinmenin gerekli olmadığını söylememiş miydiniz? İki ayrı ağırlık, iki ayrı ölçü mü var? Benim için İslamiyet, en parlak ışık ve harikulade kolay bir dindir.

(...)

Tanrım! Tanrım! Benim gibi bağımsızlığına düşkün, özgürlüğe âşık birinin, Fas asıllı bir Setifli'nin kölesi olarak kendisini nasıl hissettiğini anlamıyor olabilir misiniz? Kölelik mütemadiyen; "Şunu yapmanı istemiyorum! Eğer gidecek olursan!.. Konuş! Sus! Git! Gel!" gibi komutları duymak zorunda kalmak değil midir? Neden bu tür buyrukları yerine getirmek zorunda kalayım ki? Ne zaman ona karşı çıkmaya kalkışsam korkunç sinir krizleri geçiriyor ve bağırmaya başlıyordu. O anlarda: Neden bana itaat etmiyorsun? Ben senin kocanım, senin efendinim! Eğer başka erkeklere bakarsan seni gırtlaklarım (ki bu noktada gayet haklı) gibi, benim açımdan anlaşılması zor şeyler söylüyordu. Anlamış olacağınız gibi, bana Arap usul ve adaplarına göre nikâhlı karısı gibi muamele etmeye alışmıştı. Ona bunu söylediğim zaman aldığım cevap aynen şöyleydi: Şükret ki, hakkım olduğu halde seni dövmüyorum.

Muhtemelen, nasıl utanmadan, onu "efendim" olarak görmem gerektiğini dikte eden ve benden ona kurban olmamı isteyen bir adamdan uzaklaşamadığımı, çok az kızın kabullenebileceği böyle bir hayata nasıl tahammül edebileceğimi soracaksınız. Bu durum benim gelecekle ilgili planlarımı alt üst edip, yegâne hayranlığım ve hayatımdaki tek tesellim olan edebi uğraşlarımı da engellemez mi? Siz geri döndükten sonra güya aramızda yaptığımız ama aslında hiç vuku bulmayan barış meselesine gelince... Kendime karşı da büyük bir insafsızlık yaparak ifade etmem gerekir ki; Hoca bugün geri dönse ve bana ilk günlerdeki gibi davranacak olsa, kendimde ona "hayır" diyecek gücü bulamayabilirim ve daha itaatkâr ve daha aptalca bir tutum takınabilirim. Onun beni raydan çıkaran ve adeta uyurgezere çeviren füsunlu etkisi üzerimde hüküm sürdüğü sürece, bu obsesyon devam edecek.

(...)

Hoca beni aşağı yukarı on gün sevdi (öyle göründü diyelim). Benim gibi sevilmeye muhtaç, içindeki yalnızlıktan muzdarip birine gösterdiği şefkatle, hayatımın en güzel saatlerini yaşamama vesile oldu ve işte bu yüzden bana, hayatıma giren herkesten daha fazla kötülüğü dokunan bu deliye ömür boyu minnettar kalacağım. Neden beni buldu bilmiyorum. Neden benim gibi çok da güzel sayılmayacak, somurtkan, hiçbir çekiciliği olmayan, erkeksi, her daim mutsuz ve melankolik bir kızı...

Allah biliyor ya, yalnızca o güzel başlangıçtan dolayı, o kötü sonu affedebiliyorum ve sadece bu "gerekçe" yeni bir başlangıcı da kaçınılmaz kılabiliyor. (Annaba, 28 Ağustos 1897)

Bu sarsıcı mektup Abdulvahab'ı nasıl etkilemiştir bilmiyoruz ama İsabelle'nin diğer mektuplarından anladığımız kadarı ile, Abdulvahab, Hoca'dan hoşlanmamaktadır ve İsabelle'ye, Hoca'dan uzak durması için telkinlerde bulunmaktadır. İsabelle, Abdulvahab'a hak vermekle birlikte, her seferinde Hoca'ya karşı zaafına yenik düştüğünü itiraf ederek, Abdulvahab'ın güven veren gölgesine ve hoşgörüsüne sığınmakla yetinecektir.

10 Eylül 1897 tarihli mektupta, Hoca'nın yanı sıra, ev sahibi David çifti ile olan anlaşmazlıklardan usanmış, daha bezgin bir İsabelle vardır. En geç 15 Ekim'e kadar taşınacaklarını da bildirdiği mektubunu Trofimovski adına bir rica ile bitirir. Trofimovski, Abdulvahab'dan bir çift Tunus güvercini istemiştir. Güvercinler Cenevre'ye gönderilir.

23 Eylül 1897 tarihli mektupta Cezayir'e gelir gelmez başladığı romandan (Trimadaur) bahseder. İçeriğini "Hayatım ve Rus asıllı karakterim hakkında her şeyi yazdım" diye özetlediği romanını ne yazık ki hiç bitiremeyecektir. Augustin ise İsabelle'yi zihnen meşgul etmeye devam etmektedir. Abdulvahab'dan, Augustin'e bir mektup yazmasını, ona İslam'ı anlatmasını istirham ederek, iki sevdiği erkeği bir araya getirmeye çalışır. Mektupta taşınma planlarının daha da netleştiğine dair detaylar vardır. Nathalie, Cezayirli bir yetim çocuğu evlatlık edinmiştir ve Arapların yaşadığı bir muhitte kiraladıkları evde bundan sonra üç kişi yaşayacaklardır. Abdulvahab'ı yeni evlerine davet ederken, mektubunu "Bu sefer daha farklı şartlarda yaşıyor olacağımız

için sizi tamamen Arap usul ve erkânına göre ağırlayabileceğiz" müjdesiyle bitirir.

13 Ekim 1897 tarihli mektup, Afrika topraklarında yaygın olan tarikatların içyapısı, toplantıları ve mantaliteleri hakkında mühim ayrıntılarla doludur. İsabelle bu mektupta Kadiri tarikatına ait bir Kur'an kursunun açılış töreninde başından geçenleri anlatır:

(...) Köyün şeyhi Seyyid Tahir Bin Muhammed zengin bir hayvan tüccarı. Ağır başlı ve sessiz bir adam. Sadece Müslümanlardan oluşan, 500'den fazla bir kalabalık tarafından karşılandık. Her zaman yaptığım gibi, hemen üzerimdeki elbiseleri çıkarıp, can sıkıcı Arap kadınların arasından sıyrılmamı ve olağanüstü sükûnetlerini, islamcı zekâlarını bildiğim erkek cemaatinin arasına karışmamı sağlayan bedevi kıyafetlerini giyindim.

150, 200 erkek, soylu bedevi atlarına binip dörtnala, silah ve tekbir sesleri arasında dağa doğru tırmanmaya başladık. Otuz kilometre kadar gittikten sonra, tepeleri bulutlarla kaplı İdo dağının eteklerine serilmiş köylerden genç atlılar da grubumuza katılarak sayımızı artırdılar.

İslam öncesi peygamberlerin Tevrat'da tasvir ettikleri o kervanları hatırlatıyorduk... Haklı veya haksız, İslami hayatta beni büyüleyen şey, bize Batı'da acı çektiren o, boş şeyler için savrulma duygusunu biraz dindiren işte bu zahiri sükûnet ve sonsuzluğa duyulan güven.

Dönüş yolunda bizi adına "diffa" denilen, kadınlar tarafından icra edilen danslar, şarkılar ve Arap eğlencelerinin cümbüşü bekliyordu. Daha sonra akşama kadar Kur'an okuduk ve zikir çektik. (...)

Gecenin ilerleyen saatlerine doğru İslam'ın şanlı geçmişiyle ilgili hatıraları yâd ettik. Sonra eğlence yeniden başladı. Bir öncekinden daha neşeli, daha coşkulu... Gece yarısı olunca ayrıldık. Ev sahibi benim bayan olduğumu bildiği için, ne yazık ki seksen kadının yerlere serdikleri döşeklerde yattıkları odaya geçmek zorunda kaldım. İşte bu hiç umduğum bir şey değildi. Kötü hava, yaygaracı çocuklar, kadınların boş gevezelikleri... Uyuma çabalarım işe yaramayınca, kadınların protestolarına, haydutlar ve köpeklerle ilgili uyarılarına aldırmadan üstümü giyinip kendimi dışarı attım. Afrika'ya özgü gecelerin uçsuz bucaksız tenhalıklarına doğru yürüdüm. Hayvanların su içtikleri yalağın başında bekleyen nöbetçilerin yanlarına yaklaştım. Mantoma sarılarak yere oturdum ve iki saat süren hararetli bir sohbet başladı. Aşiretin genç talebeleri, Arapların eğitimli kadınlara gösterdikleri büyük hürmeti izhar etmek için etrafıma toplandılar ve birlikte Kur'an'dan sureler okuduk. Ara sıra dağın yamacındaki mezarlıklardan gelen çakal sesleri ile onları cevapsız bırakmayan köpek sesleri ıssız gecenin sonsuzluğuna doğru dağılıp yok oluyorlardı. Derken, Seyyid Muhammed Çebi camisinin minarelerinden yükselen ezan sesi ile doğrulduk. Hep birlikte, dünyadaki bütün halkların ibadetlerinden daha muhteşem bir ibadet olan namaz ibadetimizi eda etmek üzere ayaklandık...

Şeyhin oğlu Seyyid Mahmut; 'Sen madem İslam'ı öğreniyorsun, o halde namazını kadınlarla değil de, bizimle kılabilirsin' dedi. Afrika'nın bu huzur dolu bölgesinde geçirdiğim bu özel gecenin ben de bıraktığı o gizemli ve asla unutulmayacak etkisini tarif etmem mümkün değil. (...)

Bir kadın olarak kayıtsız şartsız haklarının ve özgürlüğünün arkasında duran İsabelle'nin kadınlarla arasına ördüğü duvarlar, dönemin Arap kadınlarının entelektüel düzeylerinin düşüklüğünden kaynaklanıyordu. Cinsiyetler arasındaki bu sosyal ve zihinsel eşitsizliğin nedenlerini sorgulamak için henüz çok toy bir yaştaydı ve büyük ihtimalle, sıra dışılığına ve kültürel birikimine binaen erkeklerden gördüğü teveccüh hoşuna gidiyordu. Haddizatında İsabelle, tuttuğu gezi notlarında da Arap kadınları hakkında alaycı bir üslup takınmaktan çekinmeyecektir. O dönemde Afrika topraklarında yaşayan Müslüman ahalinin İsabelle'nin nezdinde "eğitimli kadınlara" karşı gösterdikleri hoşgörü ve ilgi, geleneksel İslam algısının serencamı hakkında önemli ipuçları vermektedir.

Bugün aynı coğrafyada, eğitimi veya statüsü ne olursa olsun, bir kadının tarikat ehli veya sokaktaki ahali tarafından böyle saygı dolu bir muameleye tabi tutulmayacağı muhakkak. Müslüman toplumun Avrupa karşısında duyduğu aşağılık kompleksinin de İsabelle'ye gösterilen müsamahalı yaklaşımda etkili olabileceği gerçeğini göz ardı etmemek gerekiyor. İsabelle'nin iddia ettiği üzere, eğitimli kadınlara hürmet gösteren Arap erkeklerinin yaşadığı coğrafyalarda -günümüzde dahi- kadınların eğitimden uzak tutulduklarını, kız çocuklarının okula gönderilmediklerini görüyoruz (Birleşmiş Milletler İstatistik Bürosu'nun en aktüel verilerine göre Fas'ta kadınların %56'sı, Mısır'da %42'si, Cezayir'de %36'sı okuma yazma bilmiyor). Esasında, İsabelle'ye de bütün Cezayirlilerin temiz duygular beslemediğini, yaralı olarak kurtulacağı suikast girişiminden anlamak mümkün. Rahat hareketleri ve o toplumun alışkanlıklarına ters düşen yaşam tarzıyla İsabelle, kimi cemaatler tarafından fitne olarak algılanıyor ve tehlikeli bulunuyordu.

İsabelle aynı mektubun ilerleyen satırlarında yine Hoca ile ilgili kronik problemlerini ve müzminleşen aşk acısını dile getirerek Abdulvahab'dan yardım ister:

(...) Ne olur bana cevap verin! Siz ki, duygularımı açık bir dille ifade edebildiğim tek insansınız. Beni sevmeyen, bana her zaman çok katı davranan; insafa gelip şikâyetlerimi dinleyecek olsa dahi, derhal "efendi" rolüne soyunacak ve özgürlüğümden vazgeçmemi isteyecek bu adamın kollarına kendimi atacak kadar körleşmeden nasıl şifa bulabilirim? Bana cevap verin sevgili Ali! Bunu başarabilirsem, bir daha asla iraddemi terk ederek ona boyun eğmeyeceğim. Ben Allah'tan başka hiç kimseden korkmamaya ve hiç kimseye itaat etmemeye yemin etmiş ve bugüne kadar hep böyle davranmış biriyim. Siz, gerektiği takdirde, sadece aralarında bir bağ olduğu için kadının, eşinin veya sevdiği erkeğin boyunduruğu altına girmesi gerektiğine inanıyor musunuz? Bunu anlamıyorum ve hiçbir zaman anlamayacağım. Bu noktada hep kâfir kalacağım. Ne yazık ki, acı bir tecrübe sonucu boyunduruk altına girmenin ne anlama geldiğini biliyorum ve benim durumumda olduğu gibi, kadın ve erkeğin kültür düzeyinin eşit olduğu ilişkilerde bu dayatmayı çok daha haksız buluyorum.

Sizi aynı konu etrafında sürekli tekrar eden şikâyetlerimle bunalttığımın farkındayım ama düşüncelerimi başka kiminle paylaşabilirim ki... Annem beni anlamıyor. Bana 'eğer seviyorsan, her konuda ona itaat et. O zaman seni sever' diyor. Hoca'ya ve onun hayat ve etik hakkındaki fikirlerine hayranlık düzeyinde saygı duyan biri için bunu söylemek kolay. (...)

Bütün bu korkunç çelişkiler içinde çırpınırken, ilave bir sıkıntı daha eklenir genç kadının hayatına. Annesi çok hastadır, ayağa kalkamamaktadır. Çok geçmeden Augustin'den gelen bir haber ailenin gündemine oturur. Bir silah arkadaşına (Hyacinthe Delastre) yazdırdığı mektupla İsabelle'den ilaç isteyen Augustin, Tifüs hastalığına yakalanmıştır ve bitkin durumdadır. İlaçlar verilen adrese ulaştırılır. Hyacinthe Delastre'den bir ay sonra gelen mektup daha bedbindir. Augustin, Lazaret'e gitmiştir. Anemi hastalığına yakalanmıştır ve beslenme sorunları vardır. Özellikle midesi kötü durumda olduğu için yalnızca sütle beslenebilmektedir. Augustin'den gelen menfi haberler Nathalie için bardağı taşıran son damlalar olur. 21 Kasım'da akciğer zarı iltihaplanması teşhisi ile yatağa düşen talihsiz kadının acıları, son günlerinde ona bilincini kısmen kaybettirecek kadar artar. İsabelle, Trofimovski'ye bir telgraf yazarak annesinin durumunu bildirir. 28 Kasım, saat 10:00 sularında Trofimovski, Nathalie'nin yanındadır. İki arkadaş bir süre zorla da olsa sohbet ederler ve hayatlarının bu yol ayrımında birbirleri ile helalleşirler. İsabelle'nin, Abdulvahab'a yazdığı mektupta verdiği bilgilere göre, gece 22:45 sularında Nathalie son nefesini verir.

ANNEYE VEDA

Beyaz yastıktaki beyaz yüz, dudak kıvrımlarına yüklediği donuk bir tevekkülle *"Elveda"* der gibidir. Eskiden, küçük elleriyle avuçladığı zaman, iki adet merhamet yumağı olup çocuk kalbine süzülen bu yanaklarda dolanan zayıf ışık hüzmesinin ölüm sarısına boyadığı odadan sendeleyerek çıkar İsabelle. Sırtını duvara yaslayarak ayakta durmaya çalışır ama bedeni mi bir anda külçeye dönmüştür yoksa dizlerinin bağları mı çözülmüştür? Bir bıçak saplanmıştır göğüs kafesine... Yüreği bir avuç kordur sadece ve damarlarında kan değil de lav dolanıyordur sanki...

Sık sık fırtınalara tutulan anarşist ruhunu sığdırabildiği tek güvenli liman artık yoktur. Oksijensiz kaldığında nefes olan, hayallerinin tek ortağı, ömrünün yegâne uysal parçası yoktur. Akciğerleri sökülmüştür İsabelle'nin. Gözleri sökülmüştür ve aklı hallaç pamuğu gibi savrulmuştur başından. Avuçlarında bir sızı hisseder önce. Tırnaklarını gevşetmek ister ama başaramaz. "Anne" diye inler yüreği. "Anne!" diye haykırır. Evin her köşesine yayılan, etrafını sarıp sarmalayan ölüm sarısına karışıp dağılır sesi. Yavaş yavaş, yerin ayaklarının altından çekildiğini hisseder. Dizlerinin üstüne yığılır ve hıçkırıklara boğulur. Uzun uzun ağlar...

Bu yeni dünya düzeninde hiç de alışık olunmayan bir teslimiyet duygusu içinde, uğradığı tüm ağır imtihanları sükûnetle karşılayan, derin trajedilerle dolu bir ömre rağmen zarafetini hep koruyan bir kadındır Nathalie. İsabelle, annesi kadar tevekkül sahibi değildir. İsyan duygularıyla kabarmaktadır yüreği. Yaşama dair ne varsa, tüm değer yargılarına ve kutsallara lanetler yağdırarak sızısını dindirmeye çalışır.

(Foto; Kamel - http://annaba.net.free.fr/html/nathalie.isabelle.eberhardt.htm)

Bazı biyografların verdiği bilgilere göre, sinir krizleri geçiren acılı evladı sakinleştirme çabaları işe yaramaz. En sonunda bu acıya tahammül edemediğini ve ölmek istediğini söyleyince, Trofimovski'nin, hayatın acı cilveleri karşısında her zaman mermerden heykel gibi dimdik durulması gerektiğini savunan anarşist refleksleri harekete geçer. Manevi kızına balkonun kapısını gösterir ve: *"Yapamayacağın şeyleri söyleme. Yapabiliyorsan, git ve at kendini!"* der. Daha sonra annesinin son yolculuğu için hazırlıklar yapması gerektiğini hatırlatır. Natahalie'nin hastalığı süresince tedavisi ile ilgilenen Fransız vatandaşı Arap doktor, Dr. Amor, Müslüman mezarlığında defnedilmesini isteyip istemediklerini sorar. Hiç beklemediği bir anda gelen bu teklif İsabelle için büyük bir teselli olur.

Zaviyeden gelen hafızlarla birlikte cenazenin bulunduğu odada Kur'an okunur, dualar edilir. Ertesi gün doktorun yardımlarıyla resmi işlemler halledilir ve ölüm ilmühaberi hazırlanır. Ayakta durmakta zorluk çektikleri için defin törenine Trofimovski ve İsabelle katılamaz. Seyyid Muhammed El Hoca bin Abdullah Hamidi'nin refakatinde bir grup, cenazeyi mezarlığa taşır ve Nathalie, Annaba Müslüman mezarlığında ebedi istirahatgahına uğurlanır.

TEKRAR CENEVRE VE VLADİMİR'İN TRAVMASI

İsabelle, Nathalie'nin bakımını üstlendiği yetim çocuk Ahmet'i, annesi ile ilgilenen Dr. Amor'a geçici bir süre için emanet ederek Trofimovski ile birlikte Cenevre'ye döner. Görev yeri değişikliğinden dolayı Annaba'yı terk etmek zorunda kalan Dr. Amor, yetim Ahmet'i, El Hoca bin Abdullah Hamidi'ye teslim eder.

Nathalie, vasiyetinde bütün mirasını Rusya'da faaliyet gösteren bir bilim vakfına bağışlamıştır. Vakfın çalışmalarından elde edilen gelir Olga, Vladimir, Augustin ve İsabelle arasında paylaştırılacaktır. Trofimovski ve İsabelle miras işlemlerinin bir an önce hallolması için gereken başvuruları yaparlar ancak İsabelle'nin, Rus pasaportunun olmaması ve Rus bürokrasisinde hatırı sayılır bir etkiye sahip olan Nicolas'ın koyduğu engeller süreci yavaşlatır.

14 Aralık'ta Vladimir, İsviçre yabancılar dairesinden bir tebligat alır. Uzun süredir beklediği oturum izninin nihayet verildiğini düşünerek daireye gider ancak orada kendisini korkunç bir sürpriz beklemektedir. Polis kayıtlarındaki ifadelere göre, Vladimir binada Rus Konsolosu Polonyalı Kont Prozow ve Nicolas'la karşılaşır. Nicolas, uzun süredir Rusya'ya götürmek için ikna edemediği kardeşini zorla kaçırmak üzere İsviçre'ye kadar gelmiştir. İki adam tarafından sorguya tutulan genç adam kaçmaya yeltenir ama engellenir. Saat 12:00'ı gösterirken, derhal bir

şeyler yemediği takdirde kronik hastalığından dolayı baygınlık geçirip başlarına bela olabileceğini söyler. Sonra neler olduğunu hatırlamaz ve kendini Nicolas'la bir kafede karşılıklı otururken bulur. Kapının önünde Rus hükümetinin görevlendirdiği polisleri gösteren Nicolas: *"Annen öldü! Sana mirasını bıraktı ama bana bırakmadı. Şu andan itibaren sen artık bana aitsin! Benimle Rusya'ya geleceksin!"* diye bağırır. Kaybedecek hiçbir şeyi olmadığını anlayan Vladimir, bütün gücünü toplayarak kendini sokağa atar ve hızla koşar. Aile dostları olan bir kitapçıya sığınır. Belediye başkanını araya sokan kitapçı, o gece için Villa Neuve'nın kapısına korumalar gönderilmesini sağlar. Vladimir, böylece biraz daha zaman kazanmış olur ama Nicolas pes etmeyecektir.

Cenevre'den Abdulvahab'a ulaşan ilk mektup 13 Aralık tarihlidir. İsabelle, kısa tuttuğu bu mektubunda Abdulvahab'a, Mısır'a gitme planlarından bahsederek dua ve moral destek ister. Abdulvahab, İsabelle'nin Mısır'a gitmek istemesine içerlemiştir. Cevabi mektubunda "Neden Tunus değil de Mısır? Benim yüzümden mi Tunus'a gelmek istemiyorsun?" diye sitem eder.

1898

Nicolas'ın şikâyetlerinden dolayı ev sık sık polis tarafından aranmakta ve aile bireyleri sorguya çekilmektedir. Hatta bu ziyaretlerden birinde İsabelle'nin, Abdulvahab'a yazdığı mektup mühürlenir. Bir taraftan Nathalie'nin yokluğuna alışmaya çalışan, diğer taraftan da Nicolas'ın entrikaları ile başa çıkmaya çalışan aile 1898'e yorgun girer. 1898 yılında Abdulvahab'ın eline ulaşan ilk mektup 1 Ocak tarihlidir. İsabelle, bedbin ve Abdulvahab'ın siteminden dolayı kırgındır. Yumuşak cümlelerle neden Tunus yerine Mısır'a gitmekten bahsettiğini izah eder:

Size neden Mısır'dan bahsettim? Cevap basit. Müstakbel yerleşme yerimiz hakkında karar verme yetkisi -hayatta olduğu sürece- ebeveynimde[1]. Gidebileceğimiz İslam ülkelerinden bahsettiğimde kendisi sadece Mısırla ilgilendiler.

Mektubun geri kalan kısmında Cenevre'deki son durumları, bürokratik engellere takılan miras işlemleri ve finansal zorluklarından bahsederek Abdulvahab'dan bir iş bulabilmesi için yardım ister:

Borçlarım var ve özel ihtiyaçlarımı gidermeme yetecek kadar dahi param yok. Abone ücretlerini ödeyemediğim için yazabileceğim ve yayınlatabileceğim bir neşriyat da kalmadı. Bu berbat duruma rağmen ebeveynimden para isteyemeyeceğimi biliyorsunuz, zira kendisi Anna-

---

1   İsabelle mektuplarında Trofimovski'den genellikle "ebeveynim" diye bahseder

ba'daki borçlarımızı ve annemin cenaze masraflarını karşıladı. Ayrıca kendi ilaç ve doktor masrafları da var.

9 Ocak tarihli mektupta İsabelle'nin sıkıntısının katlanarak arttığını görüyoruz. Augustin, Maskara'da (Cezayir) bir askeri hastaneye kaldırılmıştır ve durumu kötüdür. Augustin'e çok kızgın olan Trofimovski yardım etmemekte kararlıdır ve İsabelle'nin de yardım etmesine müsaade etmemektedir ancak abisine öteden beri çok düşkün olan İsabelle, bir de annesine ölüm döşeğindeyken her zaman Augustin'in yanında olacağına dair söz vermiştir. Tüm yardım kanalları Trofimovski tarafından kapatılan çaresiz kız kardeşin tek umudu yine Abdulvahab'dır. Mektubunda Abdulvahab'dan, Augustin'i kurtarabilmek için borç para ister ve kurtarma planından bahseder. İş göremez raporu aldırarak Augustin'i erken terhis ettirmeye çalışacaktır ve bunun için de Abdulvahab'ın yardımına ihtiyacı vardır. Abdulvahab, Augustin'e Tunus'ta bir miktar maaş karşılığında bir iş ayarlayacak ve bağlı bulunduğu komutanlığa resmi bir yazıyla bildirecektir. İsabelle, Abdulvahab'a; Fransızca, İngilizce, Almanca ve biraz Arapça bilen kardeşinin kendisi gibi İslam'a yakın olduğu ve Tunus'ta özel dersler vererek geçimini sağlayacağı, kendilerinin de miras işlemleri bitene kadar ek maddi destek sunacakları konusunda teminat verir. Sadık dost Abdulvahab hemen harekete geçer. İsabelle'ye istediği borç parayı gönderen Abdulvahab, Augustin için de Tunus'ta, Seyyid Okba isimli bir dostunun yanında iş ayarlar. Augustin, Fransızca sekreter olarak çalışacak, Seyyid Okba'dan Arapça öğrenecek ve arazi ölçüm asistanı olarak da eğitim görecektir. Abdulvahab, Augustin'i gelişmelerden haberdar etmeyi ve biraz para göndermeyi de ihmal etmemiştir. Augustin'in cevabı şükran doludur:

Sevgili Ali,

(...)

Yardımlarınız ve -Allah nasip ederse- Tunus'ta benim için hazırladığınız ve taahhüt ettiğiniz "güzel günler"e dair dostane destekleriniz için canı gönülden teşekkür ederim.

(...)

Siz bana maddi destekte bulunarak ve iş imkânı sağlayarak bir insana sadece finansal katkı sağlamadınız. Aynı zamanda oryantasyonunu kaybetmiş mutsuz bir ruhu kurtardınız ve devayı yalnızca İslam'da arayan o ruhu, o istikamete doğru sürüklediniz.

Sevgili Ali, hayatım boyunca hiç benimsemediğim ve mesafeli durduğum Batılı hayat tarzını tamamen unutma ve sizin desteğinizle Tunus'ta, mukaddes kadın annemin de ebedi istirahatgahı olan Annaba'ya yakın bir yerde, müminlerin kabristanlarıyla çevrili, benim ve kızkardeşim İsabelle'nin İslam'ı seçtiği o kutsal topraklarda yaşama arzumu biliyorsunuz.

(...)

Allah'ın izni ile o kutlu kavuşma günü gelene kadar sevgili Ali, sizi en dostane duygularla kucaklıyor, şükranlarımı sunuyorum.

Augustin de Moerder

Bu arada Villa Neuve'de de vukuatlar bitip tükenmeden devam etmektedir. Nicolas'ın gayretleri ile polis tarafından sık sık ziyaret edilen ve aranılan evin ahalisi de gerekli gereksiz sorguya çekilmeye alışmışlardır artık.

Tüm bu kargaşa İsabelle'yi yazmaktan alıkoyamaz. Tam bu kaos ortamında, "Seyyid Mahmud el Moskobi" mahlası ile yazdığı "Afrika Siluetleri: Ulema" isimli hikayesinde nasıl Müslüman olduğunu anlatır. *"Uzun zaman önce ben, Annaba'da mukaddes Şeyh Abdurrahman'ın talebesi iken..."* diye başlayan makale Mart ve Temmuz ayları arasında L'Athene'de yayınlanır. Bu onun yayınlanan ilk hikâyesidir... Aynı tarihlerde yazdığı, sembolik bir hikâye ve takma isimler altında annesinin ölümünü anlattığı hikâyesi ise Revue Moderne'de yayınlanacaktır. Hikâyede; Rus asıllı bir delikanlı, "Cenina" isimli Cezayirli bir kıza âşıktır. Kızın ölümünü annesinin vefatı ile özdeşleştiren İsabelle, delikanlının diliyle de acısını kâğıda döker. Bu hikâye enteresan bir şekilde, İsabelle'nin geçmişine dair de ipuçları vermektedir.

24 Ocak ve 5 Şubat tarihli mektuplar İsabelle'nin Tunus'a gitme planları ve gelecekle ilgili hayalleri ile doludur. Tüm eşitlikçi ve özgürlükçü karakterine rağmen Trofimovski, İsabelle gibi genç bir kızın tek başına Tunus'a gitmesine taraftar değildir. İsabelle'nin Tunus'ta bir Kur'an kursu açma fikrine de ilk etapta sıcak yaklaşmış ancak muhtemel zorlukları hesaba katarak, konuyu daha enine boyuna değerlendirmeleri gerektiğine kanaat getirmiştir. İsabelle, Trofimovski'yi ikna edememenin getirdiği acziyet içinde yine Abdulvahab'a sığınır ve ondan bir mektup yazarak; İsabelle'nin, kız kardeşi Ayşe ile birlikte böyle bir işi yürütebilecekleri konusunda manevi ebeveynini ikna etmesini ister. Karşılıklı mektuplaşmalar bir süre bu istikamette devam eder. Mektuplardaki diyaloglardan anlaşıldığı kadarıyla aile, miras işlemleri sonlanır sonlanmaz hep birlikte Tunus'a gitmeyi planlamaktadır. Hatta bu mektuplardan birinde İsabelle, Abdulvahab'a, Vladimir için Tunus'ta ekime uygun bir arazi satın almayı düşündüklerini ve fiyat bilgilerini sorar. 10 Şubat tarihli mektuptaki bir cümle İsabelle'nin neden Cenevre'den bir an önce ayrılmayı istediğini anlamamıza yardımcı olacak kadar vurucudur:

Evin etrafında gizli polisler dolanıyorlar.

Burada hayatımın ne kadar eğlenceli olduğunu anlamışsınızdır. 1 Mart'ta büyük bir ihtimalle abimi (Vladimir) yurtdışı edecekler.

Nicolas, Vladimir'in İsviçre'de oturum izni alamaması ve Rusya'ya gönderilmesi için elindeki bütün imkânları seferber etmiştir ve aile büyük bir baskı altındadır.

Abdulvahab, Şubat ayının ortalarında yazdığı bir mektupta, İsabelle'nin özel bir öğretmen tutarak kendisini biraz daha ilerletme ve Tunus'ta bir kurs açma konusundaki planlarını cevaplar:

Benden size özel öğretmen bulmamı istiyor ve -arzu ettiğiniz ilgiyi ve ihtimamı göstermesi kaydı ile- böyle bir öğretmenin ücreti neyse ödeyeceğinizi söylüyorsunuz. Bunu yapmadım çünkü kız kardeşim Ayşe'nin gittiği kursa gitmenizi istiyorum. Bu kurs için hiçbir şey ödemek zorunda değilsiniz. Belki de Ayşe'yi kısa süre içinde geride bırakacaksınız, çünkü ondan daha çok şey biliyorsunuz ama biraz iyi niyetle onu da kendi seviyenize çıkarabilirsiniz. Öğretmenlerimiz bu konuda her türlü donanıma sahipler.

Abdulvahab, bu mektubuna alkolün kötülükleri ile ilgili bir yazısını da iliştirerek İsabelle'nin fikrini sorar. Yazısında Paris'te yaşadığı ilginç bir tecrübesine dayanarak Batılıların Müslümanları ne kadar az tanıdıklarından şikâyet etmekte ve kronik önyargılarını tenkit etmektedir:

Bir davette bana içki ikram eden ev sahibini dini gerekçelerle geri çevirdiğimde bana 'oysa ben Müslümanların iyi içiciler olduklarını duymuştum' demişti.

Abdulvahab'ın bir sonraki mektubunda yer alan makalesi ise "Hac" konuludur. İsabelle'nin, Abdulvahab'ın yazısını yorumlarken kurduğu cümleler, yeni Müslüman olmuş anarşist bir ruhun İslam'a bakışı hakkında fikir verebilecek niteliktedir:

Hac hakkındaki yazınız, yaşanan bir hadisenin vurgulanış şekli ile, bende şu önemli düşüncelerin oluşmasını sağladı:

İslam âleminin ruhsal birlikteliği ile; keyfi siyasi sınırlar –Sünniler ile Sünni olmayan mezhepler arasındaki sınırlar daha belirgindir- bilahare etnik kökenler ve farklı diller gibi engeller aşılarak, kutsal bir yolculuk vesilesi ile tüm bu milletler ve mezhepler aynı seviyede, kutsal bir çatı altında korunabiliyorlar.

Bir Hanefi ile Maliki, bir Katolik ile Protestan'dan daha çok birbirine yakındırlar ve birbirlerine karşı daha az düşmanca hisler beslerler.

Eğer özetle şunu derseniz: İslam tutucu dogmalardan öte, birçok ahlaki kurallarla çerçevelenmiştir. "Tevekkül" örneğin... Çilekeş bir zihniyetten uzak; müsamaha, merhamet, acıma duygusu, diğerkamlılık, dürüstlük, samimiyet... Eğer İslam'ın kesinlikle küresel bir ahlaka sahip olduğuna vurgu yaparsanız... Yani İslam'ın fıtri kabiliyetler ve güçlerle ahenk içinde, ferahlatıcı "tevekkül" duygusu ile birleşen, kolaylık ve şeffaflığın sağladığı o olağanüstü zenginliği ile, bir destek noktası olduğunu ve bu yüzden yaygınlaştığını anlatırsanız... Bunlar onun güzelliği ve gücü... Bu fikirlerimi benimsiyorsanız bu şekilde formüle edebilirsiniz. Benimsemiyorsanız, onu da anlarım...

Abdulvahab ve İsabelle arasında süren mektuplaşmaların büyük kısmında esas mevzu Augustin'dir. Trofimovski'nin gıyabında gerçekleştirilen bu iletişimlerde İsabelle, kardeşinin erken terhis alabilmesi için gereken prosedürleri Abdulvahab'la birlikte tamamlamaya çalışırken, diğer taraftan da Abdulvahab'a, Augustin'e karşı takınması gereken sert ve tavizsiz tutum hakkında telkinlerde bulunmaktadır. Mart ayı başlarında Hoca'dan ulaşan bir mektupta Augustin ile ilgili müjdeli haberler vardır:

(...) Augustin Tunus'u geçerken Annaba'ya uğradı. Birlikte annenizin mezarını ziyaret ettik, ardından bir şehir turu yaptık... Size ne kadar çok benziyor...

17 Mart'ta Trofimovski tarafından Abdulvahab'a yazılan mektuptan, ailenin Tunus'a yerleşme konusunda kesin bir karara vardığı anlaşılıyor. Bu mektubu Abdulvahab'ın mektubu takip eder:

Beklenen gün geldi... Size Tino'dan (İsabelle'nin Augustin için kullandığı lakap) bahsetmeden önce biraz beklemek, onu daha yakından izlemek istedim. Gözlemlerime gelince...

Kötü anılarla dolu geçmişiyle ilişkisini tamamen kopardığına kanaat getirdim. Kesinlikle uyması gereken kuralımıza da uydu, Alkol ve uyuşturucuyla ilişkisini sonlandırdı.

Çok içine kapanık ancak çok sevgi dolu ve yaşlılara hürmette kusur etmiyor.

Zamanını çalışarak ve kendini eğiterek geçiriyor. Çevremizdeki herkesin üzerinde çok iyi izlenim bıraktı ve babamın rızasını kazandı.

Gereksiz harcamalar yapmıyor ve hiç borcu yok. Eski halinden eser kalmadı ve sizi temin ederim ki, bu istikrar ve kararlılıkla, onurlu ve verimli bir hayata kavuşmaması için hiçbir engel yok.

Mektup İsabelle'yi sevince boğar. 28 Mart tarihli mektup mutlu cıvıltılar, Abdulvahab'a teşekkürler ve dualarla doludur. Mektup İsabelle'nin Rusçadan çevirdiği bir şiirle biter:

Demirhane

Taşı kuma çeviren kuvvet, öyle kudretli

Bir darbeden daha kudretli

Açılan yarıklardan kıvılcımlar püskürür

Parlayan harlar

Gözlerin ışığını söndürür

Tüm gücüyle göğsüme iner kalkar

Ah defnedilmiş acılarıma hapsettiğim sızılar

Beni taşlaştırır ve alevli yangınlarla

Öğütür

VLADİMİR'İN İNTİHARI

İsabelle'nin, "Son günlerdeki psikolojimi en iyi anlatan şiir" diye tarif ettiği şiirdeki melankolik ruh halinin nedenlerini anlamak zor olmamalı. Ne yazık ki 13 Nisan'da Vladimir'in ölümü ile aile bir kez daha derinden sarsılacaktır. Vladimir, gaz ocağından zehirlenmiş halde ölü bulunur. Polis raporlarına göre gazdan zehirlenmiştir ve olay bir intihar vakasıdır. Vladimir'in niçin intihar etmiş olabileceğine dair tek bilgiyi Trofimovski'nin, Moskovalı bir bankere yazdığı mektupta buluyoruz. Trofimovski mektubunda Nicolas ve Rus konsolos hakkında şunları yazmaktadır:

14 Aralık 1897'de onu kaçırdılar ve işkence ettiler. Zavallı çocuk eşkıyaların elinden kaçarak kurtulmayı başardı ama ruh sağlığını kaybetti. Halüsinasyonlar görüyordu ve nihayet 13 Nisan'da gaz ocağına kafasını sokarak intihar etti. (...)

Çocuklar içinde kalbi en çok Vladimir için atan Trofimovski'nin acısı büyüktür. Yakın dostu olan botanikçi Cassons'a gönderdiği kısacık telgraftan sızısını hissetmek mümkündür:

Kaktofilim öldü. Hemen gelebilir misiniz?

Vladimir, Vernier'de küçük bir mezarlıkta toprağa verilir. J. Sanua Abu Naddara'nın, İsabelle'ye yazdığı baş sağlığı mektubu teselli doludur:

(...)

Sevgili abinizin (Allah onu rahmeti ve merhameti ile kuşatsın) acılarını öyle duygulu ifadelerle anlatmışsınız ki, yaşlı gözlerle ölümün onun için bir kurtuluş olabileceğini düşündüm. Psalmist David derki: 'Ölenler için ağlamayın, dünyada kalanlar için ağlayın.'

(...)

Siz yetim değilsiniz. Bana her zaman kendisinden sitayişle bahsettiğiniz, faziletlerini ve olağanüstü manevi erdemlerini çok takdir ettiğim sevgi dolu bir babanız var. Geride iki abiniz daha var. Biri benim manevi oğlum Ali. Ve ben... Kalbimde beslediğim sınırsız baba şefkatine rağmen sizin için bir şey yapamamanın acziyeti içinde, "ben" varım. Evsizlerin evi olan bu mütevazı evin kapıları size sonuna kadar açıktır. Çocuklarımız sizi bir abla gibi bağırlarına basacaklardır. Bizim bir bilgemiz şöyle der:

Kaderin sillesini sabırla karşıla ve Allah'ın merhametine güven. Kötü talih peşini bırakmasa da umutsuzluğa kapılma. Unutma ki, Allah'ın rahmeti sonsuzdur ve yalnızca o acılarına son verebilir.

Metin ol sevgili kızım. Sıkıntılar karşısında güçlü ol ve Allah'ın takdirine rıza göster.

J. Sanua Abu Naddara

Abu Naddara'nın yanı sıra, eski mektup arkadaşlarından Askeri doktor Eugene Letord'dan da ulaşan sıcak teselli mektupları İsabelle'ye bu zor günlerinde moral olur. Nicolas'ın, Rusya'ya geri dönmesi de ailenin bir nebze nefes almasını sağlamıştır ama sıkıntılar sona ermemiştir. Vladimir'in intiharını gurbette öğrenen Augustin, ısrarla Cenevre'ye gitmeyi, ailesinin yanında bulunmayı istemektedir ancak İsabelle sert ikazlarla buna engel olmaya çalışır. İsabelle gerek Abdulvahab'a, gerek Augustin'e yazdığı mektuplarda kardeşini bu talebinden vazgeçirmeye çalışırken, ailenin geçmişi ile ilgili ilginç hatırlatmalarda bulunarak bazı sır perdelerini de aralar:

(...) Augustin'in geri dönmesi ile ilgili konunun üzerinde düşünmeye bile değmez. O olduğu yerde kalmalı, çalışmaya devam etmeli ve *asla bulunduğu yeri ve ülkeyi terk etmeye kalkışmamalı. Nedenlerine gelince:*

1. Sanıyorum benim de burada daha fazla kalmam mümkün olmayacak çünkü zavallı Volodia'ı[2] öldürenler benim de peşimi bırakmıyorlar. On gün içindeki gelişmelere bağlı olarak inşallah iki veya üç hafta içinde ben de yanınızda olacağım ve bir daha ayrılmayacağım. İnşallah...

2. Bizim mevcut yaşam şartlarımız altında Augustin'in burada yirmi dört saat bile durabilmesi mümkün değil. Onun mazisi burada asla tolere edilmeyecek, çünkü burada istenilmiyoruz. Böylece o hayvan herifin[3] Trofimovski'nin ailesinden kovalayabileceği kimse kalmayacak.

3. Fransa'dan oturum izni alıp buraya gelmeye çalışmak çocukluk. Özetle: Onun buradaki varlığı çalışmalarımızın selameti için değil sadece, kendisi için de çok tehlikeli.

4. Trofimovski zayıf, bitkin ve perişan bir durumda değil. Tam tersi, gayet cesur, kararlı ve mücadeleye hazır.

Şu sıralar bir karar anındayız ve savaştan zaferle ayrılacağımızı düşünüyoruz, zira hiç beklenmedik bir şekilde zavallı Vladimir'in öldürüldüğüne dair delil sayılabilecek belgelere ulaştık.

Ebeveynimin bu işleri sonuçlandırabilmesi için zamana ve huzura ihtiyacı var. İşte bu yüzden de benim bir zaruret durumunda burayı terk etmem onun için bir kayıp olmayacak. Bilakis daha rahat hareket edebilecek. Ben olmadığım takdirde burada onun açısından bir tehlike söz konusu değil.

Lütfen Augustin'e başımıza gelen tüm bu belaların sebebinin Vava'nın[4] nasihatlerine kulak asmamak olduğunu hatırlatın. Hayatını kurtarmak ve onu eski güçlü günlerine döndürmek istiyorsak, aklımıza estiği gibi hareket etmekten vazgeçip, direktiflerine harfiyen uymanın vaktidir...

(...)

---

2   Vladimir'in lakabı
3   Nicolas kastediliyor
4   Trofimovski'nin lakabı. Dede anlamına geliyor

Mektuplarda kullanılan dil ve kurulan cümlelerden anladığımız kadarıyla Augustin, Cenevre'ye dönme konusunda ısrarlıdır. Alkolle arasına mesafe koymaya devam etse dahi zaaflarına yenik düşmüştür ve işinden ayrılmıştır. Augustin'in istikrarsızlıklarından bıkan Abdulvahab da, bir taraftan onu Cenevre'ye geri postalamanın yollarını ararken, diğer taraftan da İsabelle'yi, Trofimovski'yi yalnız bırakarak Tunus'a gelmemesi konusunda uyarır. İsabelle'nin 22 Nisan tarihli mektubundan, Trofimovski'nin hayatına bir kadının girdiğini öğreniyoruz:

(...) Tunus'a gelerek kötü bir şey yapmış olacağımı söylemeyin ne olur. Ebeveynim çok cesur, güçlü ve kararlı. Onu, ümitlerimizin tükendiği bir anda karşımıza çıkan; çok dayanıklı, korkusuz, becerikli ve ona çok düşkün bir kadınla yalnız bırakıyorum. (...)

23 Nisan tarihli mektupta İsabelle evin tüllerini biraz daha aralar ve Abdulvahab'ın nezdinde Augustin'in hafızasını tazelemeye devam eder. Miras meselesine açıklık getirirken, generalin mirasından Nathalie'nin çocukları dışında, iki kişinin daha (büyük ihtimalle generalin eski eşinden olan iki kızı) payı olduğunu ve Trofimovski'nin hayatına giren kadınla ilgili bilgiler verirken, kadının bir kızı olduğunu ve birlikte Tunus'a gitmeyi planladıklarını öğreniyoruz:

(...) Augustin'den size her şeyi anlatmasını isteyin. Onu, ortak abimiz Nicolas'ın nasıl biri olduğunu ve bizim hayatımızda ne tür karışıklıklara yol açtığını anlatmaya çağırıyorum. Annemiz; bana, Augustin'e, ablamıza ve ölen abimize, sermayesi vasiyetle devlete devredilmiş ancak yıllık her birimize 1702 Frank gelir getirecek bir miras bıraktı. Abimiz Nicolas ve iki diğer kız kardeşimiz mirastan men edildikleri için tüm güçleri ile vasiyeti lağvetmeye çalışıyorlar. Diğer taraftan ben Şubat'ın 17'inde yirmi bir yaşına girdim ve mirastan hakkım olan payı alabilmem için mevcut kanunlara göre Rus pasaportu almam gerekiyor. Uzun zaman önce başvurumu yaptım ancak Nicolas engel olduğu için bana cevap bile verilmiyor. Rus konsolosu tam bir madrabaz ve Nicolas'la işbirliği içinde. Arkasında kendisi için bir kefen parası dahi bırakmayan annemin vefatından sonra, dünyanın en muhteşem insanı olan ebeveynimin cebinden yaşıyorum. O, Nicolas'dan başlayarak he-

pimizi eğitti ama hakarete ve iftiraya uğradı, çamura bulandı ve bekası için uğraştığı aile tarafından cinayetle suçlandı. Oysa o annemizin geride kalan servetini kurtarmıştı. On altı yıl boyunca Augustin'in aileye yaşattığı bitmek tükenmek bilmeyen sıkıntılara şahit oldu. Yetmiş bir yaşına ulaşmış bu insanın artık hiçbirimize (bana dahi güvenmiyor çünkü beni çok çılgın buluyor) güvenmemeye başlaması normal değil mi? Rusya'da devam eden işlemlerimizin sonuçlanması ve -mirastan payımı alana kadar- geçimimin sağlanması ona bağlı. O olmadan düşmanlarımızın çevirdikleri dolapların ayrıntılarını bilebilmemiz mümkün değil. (...)

Benimle birlikte gelecek olan kadına gelince... Anlaşılan Augustin, bu kadının benim için taşıdığı anlamı tam kavrayamamış. O bana sadece yol arkadaşlığı yapacak ve ev işlerimle ilgilenecek. Muzisi göründüğünden çok daha temiz... Eşinin adı (resmi bir evlilik cüzdanı var) "Nicolas Akhlebinine" ve söylediği gibi, gerçekten de Rus. Vicdansız bir adam tarafından terk edilmiş zavallı bir kadın. Bize gelmeyi o istemedi. Teklif Trofimovski'den gitti. Augustin görmeyeli, kız çok düzeldi. Kız annesinin gözetimi altında onunla kalacak. Ben Augustinle oturacağıma göre, yetim Ahmet'in benimle kalması neden dedikodulara yol açsın? Annem onu evlatlık edinmişti. Çok zeki, uysal, uyumlu bir çocuk. Annemin son arzusunu yerine getirmek, ona ilerde hayatını kazanabileceği düzeyde bir eğitim fırsatı sunmak istiyorum. Ebeveynim Ahmet'in giderlerini karşılayacak. Şimdilik ben oraya gelene kadar Hoca'nın yanında kalacak. (...)

Bu mektup dahi Augustin'in ve Abdulvahab'ın endişelerini gidermeye yetmez. 27 Nisan tarihli mektupta Abdulvahab'dan önemli bir konuda rica vardır:

(...) Değerli dost, arkadaşınız G. D.'de ile benim için konuşur ve zavallı Rachel'im için iltica talebinde bulunabilir misiniz? Rachel'in son derece sıyasetten uzak bir çalışma olduğunu, Cezayir'in geleneksel hayat tarzına sadık kalınarak yazılmış otantik bir roman olduğunu, asla kışkırtıcı olmadığını ve Yahudi cemaati ile ilgili menfi veya müspet öğeler bulundurmadığını söyleyebilirsiniz. (...)

Rachel, daha sonra Rakhil adını alır. Romandan kalan tek

parça olan "Büyücü", İsabelle'nin selden kurtulan öykülerinin derlenmesiyle oluşturulup, 1990 yılında "Unutuşu Arayanlar" adı altında yayınlanan kitapta yerini alır.

İsabelle Eberhartd anaokulu, Cenevre, 26 Nisan 2016

İLK EVLİLİK TEŞEBBÜSÜ: AHMET REŞİD BEY

"(...) Augustin size, kısa bir süre sonra bir Türk'le evleneceğimi söylemiş olmalı. Asil bir insan ve duygularımı paylaşabiliyor. Böylece malumunuz olan tüm pürüzler ortadan kalkacak. Ahmet tatil izni alır almaz yanınıza veya siz nerede olursanız, oraya geleceğiz. Benim için ne büyük mutluluk olacağını ve size ne çok anlatacak konum olduğunu tahmin ediyorsunuzdur. (...)"

Abdulvahab, bu ani sürprizin şokunu üzerinden atamaz ve mektuplar kesilir. İsabelle aylarca kendisinden haber alamaz. Tunus'tan haberler artık yalnızca Augustin üzerinden Cenevre'ye ulaşıyordur. İsabelle de ansızın hayatına giren bu yeni insanı tanımanın heyecanı içinde, eskisi kadar düzenli yazamıyordur. Genç çift evlilik planları yapmaya başlamışlardır...

Ahmet Reşid Bey'in Villa Neuve'ye gelip giden Şarklı misafirlerden biri olması ihtimali yok denecek kadar az. Dolayısı ile, Batılı biyografların iddia ettikleri gibi, İsabelle ile bu ziyaretler sırasında tanışmış olmaları da mümkün değildir. Eğer öyle olsaydı, bu genç Osmanlı'yı Trofimovski'nin de tanıması gerekirdi. Ancak hikâyenin devamından anlayacağımız gibi, Trofimovski, Ahmet Reşid'i, İsabelle vasıtası ile tanır. İsabelle'nin hayatındaki birçok nokta gibi, Ahmet Reşid Bey'le tanışma tarihi ve vesilesi de meçhul...

Ahmet Reşid Bey, Osmanlı İmparatorluğunun Paris'teki hariciye nazırlığında, hariciye nazırının ikinci sekreteri olarak görev yapan genç bir diplomattır ve iddialara göre Jön Türkler'dendir. Bir diplomat olarak Jön Türklerden olması veya uzun süre böyle bir görevde kalabilmesi imkânsız olduğu için bu iddiayı da ciddiye almamak gerekir.

Nisan ayının sonları, Mayıs ayının başları gibi başlayan ilişki, İsabelle'nin bir an önce Cenevre'den kaçma ve kurtulma arzusunun baskısı altında çok hızlı gelişir. Ahmet Reşid de oldukça sabırsızdır ve en kısa sürede sevdiği kıza kavuşmak için elinden geleni yapar. Cenevre'ye giden gece trenleri ile sık sık soluğu Meyrin'de alır ancak bu görüşmelerin birçoğu İsabelle'nin takip edilme endişeleri yüzünden gerçekleşmez. Bütün güçlüklere rağmen Ahmet Reşid, aşkının rehavetini korumaya ve romantik mektuplarla duygularını anlatmaya devam eder:

(...) Benim tatlı İsabellem,

(...) kalbim bomboştu ama artık her şey değişti. Seni bulmak, sevmek ve sevilmekten dolayı mutluyum. Sen benim hayatımı kurtardın ve bu yüzden sana teşekkür borçluyum. (...)

Genç çiftlerin gelecek hayalleri Ahmet Reşid'in muhtemel bir Tunus tayini üzerine kuruludur. Beklenen tayin bir türlü yapılmaz ve İsabelle zaman geçtikçe sabırsızlanmaktadır. 3 Haziran tarihli mektupta Ahmet Reşid, sevgilisinden biraz daha sabır talep eder:

(...) Eğer yeterince sabredebilirsek bütün hayallerimiz gerçekleşecek. İkimiz de daha güzel bir kaderi hak ediyoruz. (...)

Tıpkı İsabelle gibi onun da hayali Afrika güneşinin altında İsabelle ile birlikte mutlu bir hayat sürmektir ancak beklenen olmaz. Genç adamın tayini Hollanda Den Haag'a çıkmıştır. İsabelle'yi üzeceğini bildiği bu haberi 16 Haziran tarihli mektubunda, olayın iyi yönlerini göstermeye çalışan iyimser bir dille aktarır:

(...) Daha önce Hollanda'da yaşamış birçok insanla konuştum. Hepsi güzel şeyler söylediler. Tamam, Avrupa'da hayat çok da hoş değil, haddizatında Doğu'nun güneşini özleyeceğiz ama eğer diğer hayalleri-

miz gerçekleşecekse, ben bunu göze alabilirim. Başka İslam ülkelerine yerleşme imkânlarını araştırmaya devam edebiliriz. Mısır'a örneğin... Firavunların ülkesine ki, eminim sen de orayı görmeyi çok istiyorsundur. Seni mutlu görmek benim tek arzum ancak her zaman olduğu gibi yine pesimistsin. (...)

İsabelle bu haberle yine melankoliye boğulmuştur ama diğer taraftan Ahmet Reşid onun yazarlık kariyeri ile dahi ilgilenecek kadar ruhuna yakın, zarif ve eğitimli bir insandır. Paris'teki gazetelere, özellikle de meşhur feminist Severine'nin dergisi La Fronde'ye, İsabelle'nin yazılarını göndererek yayınlanmalarını sağlar. Haziran ortalarında yazdığı mektupta bir kez daha İsabelle'ye aşkını ilan eder:

(...) Seninle Hollanda ormanlarında yürüyüşe çıktığımızı hayal ediyorum. Sahillere vuran dalgaların sesini dinliyoruz ve senin, beni sevdiğini söyleyen yumuşak ses tonunu duyuyorum. Ne muhteşem bir hayal! Gerçekleşecek mi? Ben inanıyorum, çünkü gerçekleşmemesi için hiçbir neden yok. Böyle düşünmek iyi geliyor, çok iyi geliyor. Gelecek bize ne getirecek sevgilim? Ben senin kısa bir zaman içinde iyi bir yazar olarak isim yapacağına inanıyorum. Şu an duygularımı izah edebilmekten acizim. Sana kalbimin neler söylediğini anlatabilmek için ömrümden on yılımı verebilirim. Kalbimin, yani kalbinin... Sana, yalnızca sana ait olan ve olacak olan bir kalbin... (...)

Ahmet Reşid, Den Haag'a yalnız gitmek istemiyordur ancak İsabelle için "Hollanda" hayallerinden çok uzak bir coğrafyadır. Biraz daha zamana ihtiyacı vardır ama genç adamın fazla vakti yoktur ve 22 Haziran'da Trofimovski'ye bir mektup yazarak İsabelle ile evlenmeyi düşündüğünü, bunun için kendisini ziyaret ederek iznini almak ve baba-oğul gibi kucaklaşmak istediğini yazar. Trofimovski manevi baba olarak harekete geçer ve Abu Naddara'ya müracaat eder. Müstakbel damat adayı hakkında Paris Osmanlı Hariciye Nazırlığı'nda gerekli araştırmalar yapılır ve onay alınır. Delikanlı "herkes tarafından sevilen" biridir. İyi hal raporu Trofimovski'yi rahatlatmıştır ama gıyabındaki teftişleri duyan Ahmet Reşid durumdan çok rahatsız olmuştur. Akl-ı selim galip gelir ve mektuplar üzerinden sürdürülen gergin diyaloglara son verip yeniden gelecek hayalleri kurmaya başlarlar. Ahmet Reşid, 5 Temmuz'da yazdığı mektupta Cenevre'ye gelip İsabelle'yi Paris'e götürmek ve artık evlenmek istediğini yazar. Mektuptaki buyurgan üslubun yanı sıra, son satırlara düşülen ilginç not hiç şüphesiz özgürlüğüne sık sıkıya bağlı anarşist bir kızı mutlu edecek incelikte değildir:

(...) Senden bir ricam var: lütfen benim sakalımı uzattığım gibi, sen de saçlarını uzat. Bunu yaparsan beni çok mutlu etmiş olacaksın.

Büyük ihtimalle İsabelle asla Hollanda'ya gitmek istemediği için Ahmet'in Cenevre'ye gelmesi engellenir ve nikâh ertelenir. Ahmet Reşid buna rağmen Den Haag'a gitmeden önce İsabelle'yi görebilme umuduyla Cenevre'ye uğrar ancak genç kız yine "takip ediliyorum" gerekçesi ile görüşmeye gelmez. Yeni bir hayal kırıklığıyla Hollanda'daki görevine başlayan Osmanlı diplomatının kalbi kırıktır. İsabelle'nin, 29 Temmuz'da Abdulvahab'a yazdığı mektuptan ise umutlarını kaybetmediğini anlıyoruz:

(...) Evlilik için biraz daha sabretmemiz gerekiyor. Ahmet çok uzak bir ülkeye gitti. Kısa süre içinde Tunus'a yerleşecek ve evlenip huzura ereceğiz inşallah (...)

Bu mektubu takiben, 4 Ağustos'ta yazılan diğer bir mektup ise İsabelle'nin ruh sağlığı ve Ahmet Reşid'le devam eden ilişkisinin sıhhati hakkında soru işaretleri ile doludur:

Cenevre, 4 Ağustos 1898

Sevgili kardeşim,

Uzun zamandır süren sessizliğinizden dolayı beni unuttuğunuzu düşünmeye başladım. Bu mektubu size acınılacak bir durumdayken yazıyorum, zira derdimi kime anlatabileceğimi bilmiyorum. Talihsiz arkadaşım Ahmet de feci bir durumda. Mektupları çaresiz bir ruhun haykırışlarıyla dolu. Morali oldukça bozuk... Özel nedenler ve mektupta anlatılmayacak kadar karışık konulardan dolayı düğünümüzü meçhul bir tarihe tehir etmek zorunda kaldık. Burada hayat dayanılacak gibi değil. Var olan az sayıdaki arkadaşım da yaz tatili için şehirden ayrıldı. Mektuplar bile ulaşmıyor. Ebeveynim iyice mızmızlaştı. Hiçbir yenilik yok. Bu hayattan kurtuluş için iki çıkış yolu var: çıldırmak ya da intihar...

Şimdilik yalnızca Ahmet'le birlikte Tunus'ta geçireceğimiz mutlu saatleri düşünerek teselli bulabiliyorum.

Ebeveynim bazen rıza gösteriyor ama birden bire kararından vazgeçiyor...

Bir kez daha yük olma pahasına, merhametinize sığınıyorum. Bana acıyor musunuz sevgili Ali? Uçurumun eşiğinde hissediyorum kendimi ve ne yapacağımı bilemez vaziyetteyim. Kurtuluşum belki de size bağlı. Ebeveynime kısa bir mektup yazıp, beni beklediğinizi ve Ayşe'nin (Abdulvahab'ın kız kardeşi) bir arkadaşa ihtiyacı olduğunu belirtmeniz yeterli olabilir.

Odamda kendimi, kendi kendime konuşup voltalar atarken buluyorum. Tarifi zor bir acı, dipsiz bir agoni. Günlerdir karanlık hücremi terk etmedim.

Bana merhamet edin!

Augustin'in sessizliği beni korkutuyor.

Bana eğer bir cevap yazacak olursanız, kolay okunabilir bir Arapça ile yazmanızı rica ediyorum.[5]

Yeniden görebilme umuduyla, en kalbi selamlarımı iletiyorum.

Not: "Sürüklenme"yi ilerletemedim, çünkü ruh halim adeta sürünüyor...[6]

N. Podolinsky[7]

---

5   Büyük bir ihtimalle İsabelle Trofimovski'den çekindiği için mektupların Arapça yazılmasını istiyordu...

6   "Sürüklenme" İsabelle'nin farklı metinlerini tek bir başlık altında topladığı ilk kitap çalışmasıdır. Ölümünden sonra yayınlanan "Trimardeur" (serseri) isimli romanının bir eskizi de diyebiliriz.

7   İsabelle'nin mektuplarında kullandığı mahlaslardan biri

İsabelle'nin çığlıkları uzun süre Abdulvahab'ın kayalıklarında yankı bulmaz. Büyük bir ihtimalle İsabelle'nin, Trofimovski'yi yalnız bırakarak Tunus'a gelmesini etik bulmuyor, böyle bir sorumluluğu almaktan çekiniyordu. Diğer taraftan, Augustin de Cenevre'ye dönme düşüncesinden tamamen vazgeçmiş değildi ve Abdulvahab da bunun doğru olacağına inanıyordu.

Tunus'a yerleşme planlarının bürokratik engellere takılması, evliliği Doğu'ya gitmek için bir araç olarak gören İsabelle'nin, Ahmet Reşid'ten soğumasına yol açıyordu. Öte yandan, ilişkilerinde son derece açık yürekli ve rahat olduğu için, mektuplaştığı diğer arkadaşları -Eugene Letord gibi- ile diyaloglarını müstakbel eşi ile paylaşmakta bir beis görmüyordu. Bir Osmanlı filintası olan Ahmet Reşid ise hiç şüphesiz bu mektuplaşmalardan huzursuz oluyor ve İsabelle'nin önüne kırmızı çizgiler çekmeye çalışıyordu. Eugene Letord'un bu kısıtlamalardan çekindiğini, mektuplarından birindeki imalı ifadeden anlamak mümkün:

(...) Sizin mutlu olduğunuzu hissettiğim de, ben de sizinle birlikte mutlu olmaya başladım. Bu gelişme ile size hayatta bir yoldaş hediye edilmiş olacak ve o, sizi tek başına yürüdüğünüz bu yoldaki kederli ahvalinizden çekip çıkaracaktı. Mektubunuzda arkadaşlığımızın sonlanmayacağını okuduğumda ise sevinç içinde oturduğum koltuktan zıpladım. (...)

Ahmet Reşid'in kıskançlık vurgusu yaptığı sitem yüklü mektubu ise bu talihsiz ilişkinin yüreklerdeki değerini hızla kaybettiğine dair izler taşıyor:

(...) Eğer benim olmak, tamamen bana ait olmak istemiyorsan, bunu şimdi söyle! Seninle birleşememek beni hiç şüphesiz mutsuz edecektir ama böylece kendi hayatını da, benim hayatımı da mahvetmemiş olursun. Bir kadın bir erkeği perişan etmek isterse, bunu her zaman yapabilir. Ben kıskanç bir erkeğim! Anlıyor musun? Bu belki de bir hata ama ben bunu değiştiremem ve senin de bunu bilmeni istiyorum. (...)

Eylül ortalarına doğru biten bu ilişki İsabelle'nin erkeklere karşı hırpalanmış güvenini tamamen ortadan kaldıracaktır ancak bu sergüzeşt ruh aynı zamanda güçlü bir diplomatik zekâya sahiptir. Hitabet yeteneği ve ikna kabiliyeti ile en tatsız hatıralarla dolu dostluklarını dahi tamamen bitirmek yerine, araya mesafe koyarak devam ettirmeyi başarır. Ahmet Reşid'le duygusal ilişkisini bitirmiş olsa bile, arkadaşlığı uzun süre devam edecektir.

AUGUSTİN'İN DÖNÜŞÜ VE TROFİMOVSKİ'NİN VEFATI

İsabelle bir taraftan biten bir aşkın içinde yarattığı enkazı kaldırmaya çalışırken, diğer taraftan da Augustin'in Tunus'ta yarattığı sıkıntılara hal çareleri aramaktadır. Abdulvahab'a yazdığı 2 Ekim tarihli mektupta belli şartlar dâhilinde Augustin'in, Cenevre'ye dönmesine yeşil ışık yakar:

(...) Augustin'le ilgili izlenimleriniz değişmedi ise -ancak ve ancak bu şartla- onu buraya getirmek için mücadele edebilirim.

Eğer düşünceleriniz değişti ise, yani Augustin yeniden haytalığa ve alkole başladı ise, bu durumda orada kalmaya devam etmesi için ya da en azından Marsilya'ya gitmesi için uğraşmak zorunda kalacağım. (...)

Abdulvahab'ın bu mektuba cevabı gecikmez. Augustin karakter olarak eskisi gibidir ancak istikrarsızdır ve son iş yerinden de ayrılmıştır. Abdulvahab artık ona uygun bir iş bulmakta sıkıntı yaşamaktadır. Ayrıca, aklı Cenevre'de, sevgili kız kardeşindedir. Ebeveyninin gırtlak kanseri teşhisi ile yatağa düştüğünü öğrendiğinden beri huzursuzluğu daha da artmıştır. En azından böyle zor bir dönemde ebeveyninin yanında olarak ona şükran borcunu ödemey ve kendini affettirmeyi arzu etmektedir.

Bu sözler İsabelle'yi yumuşatır ve genç adam Kasım ayı başlarında baba evine geri döner. Ömür törpüsü bu haşarıyla yeniden karşılaşmak Trofimovski'yi hiç mutlu etmez ancak İsabelle'nin hatırı vardır ve uslu durmak şartıyla evde kalmasına izin verir.

Trofimovski'nin hastalığı ilerlemiştir. İsabelle, Abdulvahab'a gönderdiği 17 Ocak tarihli yılın ilk mektubunda evdeki son durumu anlatır:

"Avrupa'nın nemli ve sisli kış günlerinde, üç tarafı, zirveleri karlarla kaplı dağlarla çevrili geniş bir vadiyi gözünüzün önüne getirin. Vadinin ortasında, kokulu çamlarla ve farklı ağaçlarla bezeli bir bahçe... Muhteşem bir manzara ama ıssız ve kalbi sızlatan, can sıkıcı hatıralarla dolu.

Orada, ıhlamurların altında bir bank durur. Annemle (Allah mekânını cennet etsin) yaz günleri, öğleden sonraları o bankta otururduk. Biraz aşağıda zavallı kardeşim Vladimir'in ekip biçtiği sera bahçeleri sıralanırdı.

Daha uzağımızda komşular, İsviçreli çiftçiler; kaba, görgüsüz, sarhoş itler...

Bahçenin ortasında pencereleri kapalı gri bir ev vardır. Birinci katta İskender[8] hasta yatağında yatar. Durumu son zamanlarda biraz düzeldi gibi. İlkbahara kadar dayanacağını umuyorum. Birinci katta iki ayrı oda daha vardır. Biri benim, diğeri Augustin'in. Geceleri uyanık geçiriyoruz. Biri hasta yatağında, diğeri ise ben, korkunç diş ağrılarıyla kıvranarak. Uzun süredir, en küçük alarmda derhal hazır ol vaziyetine geçebilmek için elbiselerimizle yatıyoruz.

Bu talihsiz günlerimizde bize refakat eden bir başka sadık dostumuz daha var; annemin yumuşak huylu, masum, siyah çoban köpeği.

Giriş katındaki mutfak bizim merkez büromuz. Şu an size oradan yazıyorum. Beni ve Augustin'i iş elbiseleri içinde hayal edin. Keten ceketler, ağır çizmelerle ev işlerini yapıyoruz. Yemek pişiriyoruz, hastamıza bakıyoruz, sobaları yakıyoruz, yerleri süpürüp siliyoruz, her yağmurda dolup taşan bodrum katındaki suları pompalıyoruz ve güvercinlerle ilgileniyoruz (sizin gönderdiğiniz beyaz güvercinler de buradalar ve sağlıkları gayet iyi). Ayrıca, bol bol resmi yerlere mektuplar yazıyoruz. Vasiyet mahkemeye intikal etti. İşlemlerin bitmesi için sadece Annaba'dan gelecek bir evrak bekleniyor. Augustin kendisine 10 bin Frank kredi verebilecek bir banka buldu. (...)

---

8   İsabelle'nin Trofimovski için kullandığı başka bir lakap

Finansal durumumuz düzene girer girmez Augustin evlenecek[9]. Düğünden sonra ısrarla onlarla birlikte oturmamı istiyor. Bir türlü evcilleşmeyen karakterimden dolayı bana çok zor geliyor ama düşüneceğim. (...)

Augustin evdeki bu yorucu tempoya en fazla üç ay dayanır. 13 Nisan'da müzmin alışkanlıkları depreşir ve yine evin kasasını boşaltarak sırra kadem basar. Sık sık tekrarladığı vukuatlarından dolayı polis tarafından iyi tanındığı için izi çabuk bulunur. Geceyi, Cenevreli bir hayat kadınının yanında geçirmiştir. Hikâyenin bundan sonrası ile ilgili bilgi İsabelle'ye, Annaba'dan ulaşır. Augustin, Annaba'ya gitmiş, Hoca ile birlikte annesinin mezarını ziyaret etmiş, mezarın başında uzun uzun ağlamıştır. Hoca'nın imzasını taşıyan mektup samimi bir uyarı ile bitirilir:

Augustin hakkında endişeleniyorum. Sözlerinden anladığım kadarıyla hayatla olan tüm bağlarını koparmış.

Augustin -belki vicdan azabına dayanamadığı için, belki de parası bittiği için- Mayıs ayının başlarında Villa Neuve'e geri döner.

15 Mayıs 1899... Talihsiz Rus filozof gözlerini dünyaya kapar. Ölüm şekli hakkında Batılı biyograflar tarafından ortaya atılan iddialar uzun yıllar tartışılacaktır. Birine göre İsabelle ve Augustin zımni bir anlaşmayla, hastaya aşırı dozda kloralhidrat enjekte ederek ölümünü hızlandırmışlardır. Gördüğü halüsinasyonlardan dolayı çığlıkları dinmeyen eğitmenlerinin çektiği acılara son vermek istemişlerdir. Bir diğer iddiaya göre ise Trofimovski suizid yapmıştır. Ömrü boyunca insan iradesinin bağımsızlığını savunan anarşist ruh, ölümüne de kendi özgür iradesi ile karar vermek istemiş ve yanındakileri zorlamıştır. Bütün bu iddiaları aydınlatabilecek bir adli tıp raporu bulunmadığı için kesin bir şey söylemek mümkün değil. Polisi şüpheye sevk edecek herhangi bir işaret bulunmadığına göre Trofimovski'nin ölümü pekâlâ doğal bir ölüm de olabilir. Gizemli nihilist çok sevdiği ve "manevi oğlum" dediği Vladimir'in yanına gömülür.

---

9   Augustin Marsilyalı Helene Long'la nişanlıdır. Genç kız Marsilya'dadır ve sabırla Augustin'le evleneceği günü beklemektedir.

CENEVRE'YE VEDA

Trofimovski'nin vefatının hemen akabinde İsabelle ve Augustin'in, Cenevre'den ayrılma kararı almaları, miras işlemlerinin tamamlandığını ve paylarına düşen parayı aldıklarını gösteriyor. Evin satış işlemleri ile ilgilenebilmesi için bir arkadaşlarına vekâlet verdikten sonra Augustin, Marsilya'daki nişanlısının yanına, İsabelle ise Annaba'ya doğru yola çıkar.

İsabelle 17 Mayıs'da Abdulvahab'a yazdığı kısa notta yolculuk planını anlatır:

(...) Birkaç gün sonra yola çıkacağız. Yakında Tunus'ta olacağım. Augustin, Marsilya'ya gidecek. Benim hedefim Annaba. İki, üç ay orada kaldıktan sonra Batna üzerinden Tunus'a geçeceğim. (...)

Seyahat planı 4 Haziran'a sarkar. 5 Mayıs'da Abdulvahab'a çekilen telgrafa göre İsabelle ilk önce Marsilya'ya gider:

Bazı işlerden dolayı Marsilya'dayım. Augustin ve Samuel daha sonra gelecekler.

Bu tarihten sonra mektuplar kesilir ancak hangi tarihte nerede olduğu, yaptığı yolculuklar boyunca aldığı notlar ve karakalem çizimlerden anlaşılabilmektedir.

6 Mayıs'da, Rus konsolosluğunda vize başvurusunda bulunur. 7 Mayıs'da, Toulon'dadır. Öğleden sonra denizci kıyafetleri içinde, Saint Mandrier'deki limandan Admiral Duperre gemisi-

ne biner ve Marsilya'ya döner. 12 Haziran'da Augustin'le birlikte kırk iki saatlik bir yolculuktan sonra Tunus'a gelirler. İki kardeş sadık dostları Abdulvahab tarafından karşılanır ve ağırlanırlar. Augustin, Marsilya'ya geri döndükten sonra İsabelle, Tunus'un Bab Menara sokağında, eski ama gösterişli bir ev kiralar. Bu güzel evi Abdulvahab'ın kendisi için ayarladığı Faslı bir hizmetçi olan Hatice ve Dedale adını verdiği köpeği ile paylaşır. Hayallerini süsleyen o medeniyetten uzak, Şark'ın kucağındaki otantik hayata yeniden kavuşmuştur. Burada Tunus'la ilgili izlenimlerini yazdığı, o çağın ve coğrafyanın insanlarının gündelik hayatlarına dair gözlemlerinin yer aldığı "Tunus Saatleri"[10] isimli hikâyesini yazmaya başlar. Cenevre'de yazmaya başladığı ve yine annesinin ölümüyle özdeşleştirdiği hikâyesi "Ümmü Sahar"ı da burada tamamlar. Aynı şekilde Cenevre'de başladığı "Doktora sınavı"[11] da -yüksek ihtimalle- Tunus'ta son halini alır.

"Tunus Saatleri" dört yıl sonra Paris'in ünlü dergilerinden Revue Blanche'de yayınlanır. İsabelle'nin ölümünden sonra ise "İslam'ın Sıcak Gölgesinde" başlığı altında basılan kitaba dercedilir. İlk sayfadan kısa bir kesit:

Bir aydır burada, Tunus'un en huzurlu bölgesinde bulunan güzel bir evde gönüllü inzivaya çekildim. Günlerim endişeden uzak, sessiz ve sakin geçiyor.

Evimi ve ailemi kaybettikten sonra geride kalan yegâne dostlarım; yetmiş beş yaşında, sağır, beli bükülmüş Fas asıllı Hatice ve kirpi tüylü, sadık köpeğim Dedalus. Ne Hatice ne de Dedalus beni rüyalarımdan uyandırıyor.

Gün boyu, saatlerce divanda oturuyor ve düşüncelere dalıp gidiyorum. Yerleri ve duvarları muhteşem arabesk işlemelerle süslü dört köşeli odamın tavanını altın renkli, oymalı ornamentlerle dantel gibi işlenmiş bir kubbe örtüyor. Büyük salondaki üç pencere, yarı kapalı

---

10 Annelerini kaybeden iki kız kardeşin dramının anlatıldığı öykü "Unutuşu Arayanlar" başlığı altında toplanıp basılan hikâyeler arasında yer alır.

11 İsabelle'nin "Doktora sınavı" hikâyesi, okumak isteyenler için "Unutuşu Arayanlar" isimli kitapta mevcuttur.

jalûzileriyle ortama esrarlı, buğulu bir atmosfer yayıyor. Oda derin bir sessizliğin hâkim olduğu dar ama çok temiz bir sokağa bakıyor. Burada dükkânlar, kahveler yok. Sokağı kesen, yosunlarla kaplı eski kemerli köprü, evimle birbirlerine yaslanmış gibi duruyorlar. Bu ülkede evler basit yapılardır ama yüz yıllarca ayakta kalabilirler.

Ara sıra sırtındaki güğümü ve bardaklarıyla su satıcısı evin önünde volta atıyor. Suyun sesi ve güneyli şivesi ile seslenişi odaya doluyor. Adımları yavaş yavaş azalarak yok oluyor. Odanın bu tarafı yeniden o mezar sessizliğine gömülüyor.

Hatice seccadesinin üzerinde gözleri kapalı dua ediyor. Parmaklarının arasından tesbih tanelerini yuvarlıyor. Tespih 100 boncuktan oluşur. Her boncuk tanesi Allah'ın bir ismini temsil eder; rahman, rahim, adil, afüv, ahir... 99 ismin ardından tüm isimler tek bir isim altında birleşir: Allah!

Hatice elini uzatıyor ve kavanozdaki kokulu kurabiyelerden birini alıp, üzerindeki tencereyi fokurdatan ateşe atıyor. Mavi renkli hafif bir alev odaya esrik bir koku dağıtarak sönüyor.

Dedalus yatağımın yanına uzanmış, uyur gibi yapıyor ama göz ucuyla odadaki sineği takip ediyor. Öğlen saatlerinde ve öğleden sonraları saat dört sularında odadaki sessizliği tuhaf bir müzik, melankoliyi yok eden yumuşak bir melodi bölüyor. O ses adeta evreni sarsmak istercesine yavaş yavaş yükseliyor.

Müminleri namaza çağıran o ses Seyyid Bağdadi Camii'nin müezzinine ait... (...)

İsabelle 14 Haziran'dan, 7 Temmuz'a kadar bu evde güzel saatler geçirir. Arap erkeği kıyafetleri içinde çevrede gezintiye çıktığı ve sık sık köpeği ile birlikte görüldüğü için Araplar ona "köpekli genç adam" derler.

CEZAYİR'E YOLCULUK

7 Temmuz sabahı bir Arap arkadaşıyla birlikte yürüyerek La Goulette'ye gelirler. Ertesi gün sabah sekizde trenle Cezayir'e hareket ederler. Gece geç saatlerde Al Khroub'a (Konstantin) ulaşırlar. Geceyi tren istasyonuna yakın bir otelde geçirip sabah Batna'ya geçerler. İsabelle, bir Fransız subayı ile bedevi bir kız arasındaki ümitsiz aşkı anlattığı "Yasmina" isimli öyküsünü Batna'da kaldığı "Continental" isimli otelde tamamlar. 11 Temmuz'da atlarla, Salah isimli bir rehberin refakatinde Timgad'a doğru yola çıkarlar. Gece Tazoult-Lambese'de bir zaviyede konaklarlar. 12 Temmuz'da Timgad'a ulaşırlar. Burada yemek ve uyku molası verirler. 13 Temmuz'da Biskra'ya hareket ederler. 14 Temmuz'da Biskra'ya ve ardından Sidi Okba'ya ulaşırlar.

İsabelle, 15 Temmuz sabahı, güneye doğru seyahatine devam edebilmek için resmi izin almak üzere Arap bürosu müdürü Yarbay Friedel'i ziyaret eder. Yarbay, bu eşine az rastlanır çılgın karakterden şüphelenir ve sorular sorar. İsabelle bu karşılaşmasını yolculuk notlarında şöyle anlatır:

Biskra'daki Arap bürosu müdürü Yarbay Friedel bana Metodist olup olmadığımı sordu. Ona bir Rus Müslüman olduğumu söyleyince çok şaşırdı. Gönüllü olarak buralara gelmeyenler, birinin kendi isteği ile, üstelik sezon dışı bir zamanda böyle bir yolculuğa çıkabileceğini düşünemiyorlar. Sanırım böyle bir bakış açısı altında Eugene Fromentin "Sahra'da Bir Yaz"ı asla yazamazdı. Ben bir Fromentin değilim belki ama bir ucundan başlamak lazım. Bir de, yerliler gibi giyinmemi nahoş buluyorlar...

Yarbay Friedel, İsabelle'den hayli etkilenmiş olmalı ki, onu Hotel de l'Oasis'de vereceği ziyafete davet eder. İsabelle ziyafette Yüzbaşı Adolphe-Roger de Susbielle ile tanışır. Yüzbaşı yakında Touggourt'daki garnizonluğa döneceğini söyleyerek, konvoylarına katılma teklifinde bulunur. Daha güvenli bir yolculuk umudu ile bu teklifi geri çevirmeyen İsabelle, yerlilerle yaptığı istişarelerde Yüzbaşı Susbielle hakkında iyi şeyler duymaz ve konvoya katılmaktan vazgeçer. Kendisini almaya gelen Susbielle'yi, görüşmek istediği bazı insanlar olduğunu ve yolculuğunu birkaç gün erteleyeceğini söyleyerek geri çevirir. Susbielle ise yol güzergâhında olan "Chegga"da kendisini bekleyeceğini bildirerek yanından ayrılır.

18 Temmuz'da iki yol arkadaşı ile birlikte Touggourt'a doğru yola çıkar. Yolda bir kafede oyalandıkları için 19 Temmuz sabahı Bordj de Saada'da dinlenme molası verirler. Kalenin yakınlarında çadırlarını kurmuş olan bir berber kafilesi ile tanışırlar. Sohbet sırasında İsabelle için yeni bir kimlik belirlenir. İsabelle bundan sonra kimliğini soranlara kendisini Güney'deki bir zaviyeye gitmek için yola çıkmış Tunuslu bir öğrenci olarak tanıtacaktır.

Ertesi sabah saat on bir sularında Bir Djedi'ye gelirler. Akreplerin istilası altındaki bir handa dinlenirler. Gece yarısından sonra yeniden yola revan olurlar. Yolda kendilerini "Les Joyeux" (Şen Kardeşler) olarak tanıtan ve Batna'daki generali şikâyet etmek için yola çıkmış bir bölükle karşılaşırlar. Birlikte kahve içip sohbet ederler. 20 Temmuz'da, gece geç saatlerde Bir Sthil'e gelirler. Temiz su bulurlar ancak yiyecek yoktur. Sabah dokuzda yola çıkarlar. Yolda Barika'dan Ouargla'ya giden bir berber kafilesi ile karşılaşırlar. Kafilenin lideri Şeyh Abdulkadir Bin Ali, İsabelle'ye kafilelerine katılmayı teklif eder.

Gece yarısından sonra yürüyüşe geçerek sabah saatlerinde El Merayer'e gelirler. Biraz dinlendikten sonra, sabah dokuzda yeniden yollara düşerler. Yolda, boşanmak için mensubu oldukları tarikatın şeyhine danışmak üzere yola çıkmış, erkeklerden ve kadınlardan oluşan enteresan bir grupla karşılaşırlar. Yolun geri kalan kısmına, Ourelal'a doğru giden bu mutsuz evli çiftlerle birlikte devam ederler. Gece 22:00'da bir çeşmenin yanında gecelerler. Sabah beşte yola çıkar ve saat dokuza doğru Ourelal'a yakın bir vahanın yanında mola verirler. Konaklamak için kaleyi ararlar. Burada İsabelle'ye Susbielle'nin ikazı iletilir. Susbielle nöbetçileri, İsabelle'nin yirmi dört saatten fazla bölgede kalmasına izin vermemeleri konusunda uyarmıştır.

Güneş batmak üzereyken kafile hareket eder. Moggar'a uzanan yolda kibrit ışığıyla su kaynağı ararlar. Zor da olsa bulurlar ve atlarını sulayıp kırbalarını suyla doldururlar. Gece yarısına doğru Touggourt sınırına varırlar. Mide bulantısı ve baş dönmesinden dolayı mola vermek zorunda kalırlar. Geceyi çölde, kumlar üzerinde geçirirler. Uyanır uyanmaz hayvanları toparlarlar. Bou Saada'dan aralarına katılan adam silahıyla sigarasını yakmaya kalkışır. Neyse ki bir facia yaşanmaz ve 23 Temmuz'da, gece dört sularında Moggar'a ulaşırlar. Bir Arap misafirhanesinde kahve içerler, dinlenirler. Moggar'ı sabah altı gibi terk ederler.

Sabah 11:00'da Touggourt'a gelirler. Bütün gün uyurlar. İsabelle gecenin ilerleyen saatlerinde Halifa Abdulaziz ve Dayira Süleyman isimli iki şahıs tarafından Susbielle'nin ofisine götürülür. Susbielle ile iki saat süren diyalog önce sert başlar ama sonra yumuşar. Susbielle tatlı-sert bir üslupla yol arkadaşlarına seyahat izni veremeyeceğini iletir. İsabelle kendisine başka mihmandarlar aramak zorundadır. 25 Temmuz'da Arap bürosuna giderek kendisine bir rehber verilmesini ister. Talep kabul edilir ancak yerine getirilmesi üç gün sürer. 28 Temmuz'da atlarla Temassine'ye doğru yola çıkılır. 29 Temmuz'da El Oued'e doğru hareket ederler. Yüksek ateş ve bulantıdan dolayı yola devam edemezler.

31 Temmuz, gece yarısından sonra yeniden yola çıkarlar. Sabah dokuz gibi Fercen'e gelirler. 1 Ağustos gecesi Ormes'e doğru hareket ederler. Mouiet-el-Caid'de mola verirler. Sabah yedi sularında Ormes'e varırlar. Günü şeyhin evinde geçirirler. İsabelle'nin rehberleri ile şeyhin oğlu arasında bir sürtüşme yaşanır. Gece kalenin önünden El Oued'e doğru yola çıkarlar. Kouinine'de su içmek için mola verip güneşin batışını izlerler. 3

Ağustos sabahında, güzelliği ile İsabelle'yi büyüleyen El Oued'e varırlar.

İsabelle, El Oued'den çok etkilenmesine rağmen üç gün sonra -ilerde geri dönmek üzere- ayrılır. Batna'ya geri dönen Fransız subaylarının rehberliğindeki bir kafileye katılır. On üç gün süren yolculuk sırasında, yüksek ateş, bulantı ve baş dönmesi gibi semptomlarla yoklayan hastalıklara bir de su sıkıntısı eklenince, ruh halleri tamamen bozulan yol arkadaşları arasında sık sık kavgalar çıkar, tartışmalar bitmez. Diğer taraftan, subaylardan birinin devesini güneş çarpar. Bir ara, kendilerine "*Fransızların kuklaları*" diye hakaret eden yerlileri linç etmeye kalkan süvarileri İsabelle sakinleştirir. Uzun ve oldukça yorucu seyahatten sonra 17 Ağustos'ta Biskra'ya, 19 Ağustos'ta Batna'ya ulaşırlar. İsabelle burada ilk defa mektup arkadaşı Eugene Letord ile vicahen tanışır. 25 Ağustos'ta, Ras Jebel'de Şeyh Süleyman'ı ziyaret eder. 26 Ağustos'ta, Touggourt dağlarına tırmanır. Gece, Zedern ormanlarında gezintiye çıkar. 27 Ağustos'ta Barika'ya uğrar. Akşam Kençela'ya geçer. Geceyi otelde geçirir ve 28 Ağustos'ta Batna'ya geri döner.

Batna'da onu önemli bir telgraf beklemektedir. Augustin, 10 Ağustos'ta Helene Long'la hayatını birleştirmiştir. 30 Ağustos'ta annelerinin mezarını ziyaret etmek için Annaba'ya geleceklerini haber veren genç çift, İsabelle'yi de oraya bekliyorlardır. İsabelle hemen trene atlar ve Annaba'ya geçer. Ertesi gün Augustin ve Helene ile buluşurlar. Annelerinin mezarını birlikte ziyaret ederler.

İsabelle'nin, Annaba'dan Tunus'a dönüşü ile ilgili notlarında ilginç bir ayrıntı vardır:

"*2 Eylül 1899. Saat 11:30. Tunus'a vardım. Geceyi Hotel Paris'te geçirdim. Sabah saat sekiz'de Ali ile buluştuk ve barıştık...*"

Ali Abdulvahab ile aralarındaki gerginliğin nedeni, bu tarihten beş gün sonra Villa Neuve'nin satış işlemlerini görüşmek üzere Marsilya'ya gitmeden önce Abdulvahab'a yazdığı mektuptan ve 29 Eylül tarihli başka bir mektuptan biraz anlaşılabilmektedir. İsabelle'nin, Abdulvahab'ın kuzeni olan Seyyid Raşid ile aralarında bir sorun vardır ve Abdulvahab, Raşid'in arkasında durmaktadır:

(...) Kabul ediyorum, kuzeniniz Seyyid Raşid ile ilgili hiçbir neza-ketsizliğe izin vermeyeceksiniz... Ama benim bunu kabulleniyor olma-mın size ne faydası var?

Bana gelince, tüm cesaretimi yitirmiş durumdayım.

Ne düşüneceğimi veya ne yapacağımı bilemiyorum. (...)

İki gün Marsilya'da kaldıktan sonra, sonbaharı geçirmek üzere yeniden Tunus'a dönen İsabelle, Abdulvahab'ın ailesini ziyaret etmek ister ancak Abdulvahab'ın üvey annesi tarafından ağır hakaretlere uğrayarak evden kovulur. 29 Eylül tarihli ve Seyyid Muhammed isimli birine gönderilen mektupta yazılanlar olayın ciddiyeti hakkında ipuçları vermektedir:

(...) Size böyle bir mektup yazmak zorunda kalmak çok zoruma gi-diyor ama Tunus'u terk etmeden önce size bazı mühim gerçekleri söy-lemek zorundayım.

Abdulvahab'a sizinle birlikte İstanbul'a gidebilmesi için beş bin frank borç verdiğimi, size de aynı amaçla, aynı miktarda parayı borç olarak vereceğime dair söz verdiğimi biliyorsunuz.

Siz, ben ve Abdulvahab dışında başka hiç kimsenin bu borç olayın-dan haberi yoktu.

Kısa bir süre önce Fransa'dan döndüm ve Seyyid Salah'ı (Abdulva-hab'ın babası) ve ailesini ziyaret etmek için evlerine gittim. Abdulva-hab'ın üvey annesi öfkeyle üzerime yürüyüp; haklarında dedikodular ürettiğimi, ailenin adına leke sürdüğümü, bir daha o eve adım atma-mam gerektiğini, kendilerinin beni bir daha görmek istemediklerini söy-leyince neye uğradığımı şaşırdım.

Ertesi sabah Ali Abdulvahab yanıma geldi ve kendisinde paramın kalmasını artık istemediğini, bütün Tunus'ta sevgilimi tolere etmesi için ona para verdiğime dair dedikodular üretildiğini söyledi. Tüm iti-razlarıma rağmen verdiğim borç paranın tamamını geri iade etti.

(...) Benden, Tunus'u terk etmemi ve böyle aptalca lakırdıların ortalıklarda dolaşmaması için bir daha asla geri dönmememi rica etti.

Seyyid Muhammed, lütfen sormama müsaade edin: Ali Abdulvahab'a borç para verdiğimi kim ifşa etmiş olabilir?

(...)

Ali Abdulvahab, Tunus'ta kalmak zorunda madem, siz de burada kalın... Bu sizin suçunuz. Bu toplumda sevdiğim yegâne adam tarafından dışlandığım için ben de Tunus'ta kalmayı artık düşünmüyorum ve bir daha geri dönmeyeceğim. Beni burada boş yere aramayın çünkü yarın güneş batar batmaz çok uzaklara gitmek üzere şehri terk edeceğim.

İsabelle, 2 Eylül'den 29 Eylül'e kadar geçen sürede Tunus'un çevre köylerine seyahatler yapar ve izlenimlerini "Tunus Sahilleri" başlığı altında toplar. Trenle önce Sousse'ye, oradan da Monastir'a geçer. Seyahat notlarında aldığı bu ani kararı şu cümlelerle anlatır:

Hiç kimseyi tanımadığım bir yere, hiçbir hedefim olmadan, hiç acele etmeden ve hepsinden önemlisi, hiç plan yapmadan gidiyordum. Çok huzurluydum ve yeni bir coğrafyaya adım atarken oranın tattıracağı olağanüstü duygulara hazırdım.

EMPERYALİSTLERİN ZULMÜ: HARAÇ

Aslında İsabelle'nin kendisini karşılayacak birine ihtiyacı da yoktur. Diyaloga açık, girişken karakterinden dolayı bulunduğu hiçbir yerde arkadaşsız kalmaz. Monastir'da çekingen, çelimsiz bir adamla tanışır: Seyyid Larbi Chable (Seyyid L'Arbi Şabet veya Elarhby. İsabelle bazı yerlerde ondan El Agreby diye de söz eder.)

Fransa'nın işgalinden sonra Cezayir'in Ayn Sefra, Gardaya, Vargla ve Touggurt çevrelerine bölünen güney toprakları ile Tunus'un bir kısmı, yerli işlerine bağlı subaylar tarafından yönetiliyordu. Fransız hükümeti bu subayların emrine 1891'den başlayarak, çöl polisliği yapan sahra birlikleri vermişti. Bu birliklerin bir görevi de köylülerden haraç toplamaktı. Larbi Chable de haraç (Maçba) toplamakla görevli çöl polislerinden biriydi. Fransız hükümeti için çalışan çöl polislerinin bir diğer görevi de kriminal olayları aydınlatmak, suçluları tutuklamaktı. "Varlık Vergisi" de denen haraç miktarını biriktiremeyen yoksul köylüler çöl polisleri tarafından tutuklanıyor ve çalışma kamplarında, ağır şartlar altında yıllarca çalışmak zorunda bırakılıyorlardı.

Emperyalistlerin yerli halka yaptıkları zulümleri iyi bilen ama, tüm bu muamelelere daha yakından şahit olmak, yazacağı yazılar için de malzeme toplamak isteyen İsabelle, mükemmel bir fırsat yakaladığını düşünür ve hemen Larbi'nin bölüğüne katılır. 20 Kasım'a kadar süren bu maceralı yolculuklarda yaşadığı yürek parçalayıcı hayat hikâyelerini de "Tunus Sahilleri" adı altında topladığı izlenimlerinin ve anılarının arasına derceder. Bu çalışmalar daha sonra "Gezi Notları" adıyla kitaplaştırılır.

İsabelle'nin, Tunuslu köylülerden vergi toplayan çöl polisleriyle birlikte yaptığı seyahatleri anlattığı "Maçba" (Haraç) isimli hatırasından bir parça:

Hala yürürlükte olan ve Tunuslu yerli halktan toplanan, adına "varlık vergisi" de denen, "haraç kesme" işiyle görevli Monastir'ın genç halifesi Seyyid L'Arbi Şabet'in ekibinde ben de yer aldım.

Bana "Mahmud kardeş" diye seslenen Seyyid L'Arbi kadın olduğumu hiç fark etmedi ve ben onun iki ay süren yolculuklarına eşlik ederek yaptığı işe ortak oldum.

Gittiğimiz her yerde karanlıklar içinde, yoksul ve isyankâr ahali tarafından öfkeyle karşılanıyorduk. Aramızdan yalnızca kırmızı burnuslu (kapüşonlu bedevi paltosu) suvariler ve Dayiralı mavi burnuslular bu aç ve perişan insanları bir nebze olsun ürkütebiliyorlardı. Seyyid L'Arbi'nin yumuşak kalbi kanıyor, -o görevi icabı, ben ise sadece meraktanyaptığımız işten dolayı, adeta bir suç işler gibi utanıyorduk. (...)

Elimdeki listeden isimleri sırayla çağırıyordum:

- Muhammed bin Muhammed ben Dou

- Enam! (buradayım)

- Ne kadar borcun var?

- 40 Frank

- Neden ödemiyorsun?

- Canımdan başka bir şeyim yok!

- Evin yok mu, bahçen yok mu?

(Bedevi, soylu bir tevekkülle ellerini yukarı kaldırarak)

- Allah böyle istedi.

- Sol tarafa geç

Genellikle metanetle, boyunlarını eğerek uzaklaşırlar. Süvariler onları bir zincir halinde sıraya sokarlar. Ertesi gün kırmızı atlı süvarilerden biri onları Moknine'ye, oradan da borçlarını ödeyene kadar zorla çalıştırılacakları Monastir'deki kampa götürür...

Birkaç parça mülkünü; kırık dökük kulübesini, devesini veya koyununu ibraz edenler serbest bırakılırlar. Halife bu mütevazı servete el koyar ve satarak paraya çevirir. Gözyaşları içinde bir kadın elindeki son keçisini, son koyununu teslim edip hüzün dolu bir vedayla ondan ayrıldığında bizim yüreklerimiz iki kat fazla parçalanır. (...)

Seyyid L'Arbi, süvari Ahmet ve ben güneş batarken köyün içinde gezintiye çıkıyoruz. Dikenli incir toplayan genç bir kadınla karşılaşıyoruz.

Ahmet kadına asılarak:

- Bize de versene dişi kedi! Dikenlerini temizle ki batmasınlar güzelim!

(Güzel bedevi kız ciddileşiyor. İri siyah gözleri ile bizi nefretle süzüyor.)

- Allah'ın laneti üzerinize olsun! Varımızı yoğumuzu almak için buraya geliyorsunuz!

(Elindeki sepetin içindekileri üzerimize fırlatarak hızla uzaklaşıyor.)

Pişkin pişkin sırıtan kırmızı süvariyi, kızın kalçasını ellemek için elini uzatırken engelliyoruz. Seyyid L'Arbi:

- Yaşlılarını tutukladığımız yeter! Bari kızlarını rahat bırakalım" diyor.

Süvari sırnaşarak:

- Özür dilerim Seyyid! Kötü bir niyetim yoktu!

Bu üniformalı adamlar da aslında aynı halka mensuplar ve kardeşlerinin dramlarını bizzat yaşamış oldukları için çok daha iyi biliyorlar ama bir süvari artık bedevi değildir ve sadece asker olduğu için kardeşlerinden üstün olduğunu düşünür.

SARDİNYA'YA SEYAHAT

Gezi notlarından anlaşıldığına göre bu yolculuklar 20 Kasım'a kadar sürer:

"20 Kasım, Pazar... Hotel Partis'e geldim. Saat dokuz buçuk."

"6 Aralık... Kaldığım oteli değiştirdim. Yeni yerim: Hotel Cardinal-Lemoine"

"14 Aralık... Bourguiba'ya geçtim. Gece Hotel Dacia'da kaldım."

"15 Aralık... Ali ile buluşma..."

"16 Aralık... Ali ile dostluğumuzda kesin son."

Sadık dost Ali Abdulvahab'la yaşanan gerginlikler artık tahammülü zor noktalara ulaşmıştır. İsabelle, Ali ile vedalaşırken duyduğu acıyı iki yıl sonra satırlarına şöyle dökecektir:

İki yıl önceki Eylül akşamını hatırlıyorum... (...) Etrafımdaki ve içimdeki her şeyin tuz buz olduğunu hissettiğim ve ölümün tek çıkış yolu olduğunu düşündüğüm o anı...

Ne yazık ki Abdulvahab'la ilgili yazdığı her satır olumlu ve sevgi dolu olmayacaktır. Hayatında derin izler bırakan bu dostundan bazen hasretle, kimi zaman da öfkeyle bahsedecektir.

Tunus'un ücra köylerinde, adeta rüya âleminde geçirilen bir sonbahardan sonra, eski mekânına dönen genç kadın, yüzünü hayatının rahatsız edici cephelerine çevirmek zorunda kalır. Elindeki nakit para suyunu çekmiştir ve Villa Neuve'nin satış işlemleri için vekâlet verdikleri komşuları Samuel, villanın kapısına kilit vurarak Bern'e taşınmıştır. Uzun süre kapı ve pencereleri kapalı kalan mekânın sahipsiz olduğunu fark eden hırsızlar evi soymuşlardır. Augustin ve İsabelle'yi taşınma planlarından haberdar ederek eve bir bekçi koymayı teklif eden ancak karşı taraftan olumlu veya olumsuz hiçbir cevap alamayan Samuel, olanlardan dolayı asla sorumluluk üstlenmemektedir.

Finansal durum kötüdür ve haddizatında Tunus'ta kalmak için artık bir gerekçe de kalmamıştır. Augustin'le görüşmek için Marsilya'ya geçer. Marsilya'da kaldığı süre boyunca miras işlemlerini hızlandırmak için aklına gelen tüm resmi kurumlara mektuplar yazar. Buradan Paris'e uzanır ve Abu Naddara ile görüşür. 29 Aralık'ta, Genua'dadır. 30 Aralık akşamı "Persia" vapuru ile Livorno'ya geçer. 31 Aralık'ta defterine şöyle bir not düşer:

"Sardinya beni kendisine çekiyor. Cagliari'ye giden gemideyim"

1900

1900 yılının ilk günü, İsabelle'nin hayatı ile ilgili en önemli referanslardan biri sayılan günlüklerini tutmaya başladığı ilk gündür. Cagliari'de yazmaya başladığı bu günlüklerde İsabelle iç dünyasıyla yüzleşir, çocukluğuyla hesaplaşır, savunduğu ideoloji ve değerlerle ilgili ipuçları verir. Kısmen ketumluğunu muhafaza ederek verdiği dolaylı ayrıntılardan Cagliari'ye niçin geldiğini kestirmek az çok mümkündür. İsabelle'yi, Cagliari'ye ismini zikretmekten çekindiği bir adam sürüklemiştir.[12]

Günlükteki muğlâk ifadelerden, bu adamla olan ilişkinin mahiyeti ve serencamı hakkında bir fikir yürütmek gerekirse, yine hüsranla sonuçlanan bir aşk ilişkisinden bahsedilebilir. Daha önce yaşadığı ilişkilerin bilinçaltına yüklediği sağlam önyargılardan İsabelle bile şikâyetçidir ancak bu farkındalık ilişkinin seyrini değiştirmez, zira günlükteki diğer ifadelerden anlaşıldığı kadarıyla bu meçhul dost evlenme niyeti taşımamaktadır. O, kendisini İslam davasına vakfetmiş bir idealisttir.[13]

---

12 (...) Buraya, yıkılmış ve toza toprağa bulanmış üç yıllık bir geçmişin enkazını kaldırmak için geldim. Ve evet buraya beni dostane duygular beslediğim bir adam sürükledi. Yine bir krizin eşiğindeyken kaderin tevafuken ve tam da doğru zamanda karşıma çıkardığı bir adam (...) (Jurnal, 18 Ocak 1900, Cagliari)

13 (...) Neden bu arkadaşa güvenemiyorum? Neden gözlerimle şahit olmadığım şeylerle yargılıyorum onu ve hepsinden önemlisi, neden ona izdivaç ve ev işleri ile ilgili hiç benimsemediğim fikirler isnad ediyorum? (...) (Jurnal, 18 Ocak 1900, Cagliari)

Acaba İsabelle'nin duyguları karşılık mı bulmamıştır?

Avrupalı biyograflara göre bu kişi "Abdulaziz Osman" isimli genç bir Tunusludur. Siyasi görüşlerinden dolayı Tunus'tan sürgün edilen Abdulaziz de, İsabelle gibi samimi bir Müslüman, sergüzeşt ve anarşist ruhludur. Abdulaziz gibi isyancılar emperyalistleri tedirgin ettikleri için, İsabelle günlüğünde ve mektuplarında onun ismini anmaz. Abdulaziz, İsabelle'ye evlilik teklif etmiştir ancak İsabelle onu bir dost olarak yanında görmeyi tercih etmiş ve teklifi geri çevirmiştir. Oysa günlüklerde dile getirilen ifadelere bakılırsa, Abdulaziz evlenme niyeti taşımayan bir gençtir.[14]

Abdulaziz, Abdulvahab'dan çok daha fazla İsabelle'nin hayatında iz bırakmış bir isimdir. Cagliari'ye gelişi kadar, buradan ayrılışı; Fransa'ya ve Cenevre'ye uğradıktan sonra Tunus'a, ardından da Cezayir'e yaptığı yolculukların tamamı Abdulaziz'in kurduğu aracılıklar ve yönlendirmelerle olmuştur.

Konunun daha iyi anlaşılabilmesi için burada bir parantez açarak Fransız gazetesi "La Libre Parole" (Özgür Söz)'den, meşhur Dreyfus davasından ve İsabelle'nin bu konularla alakasından bahsetmek gerekiyor.

---

14 O her zaman ideallerin en soylusu için savaşacak. Nasıl ve nerede olursa olsun hep İslam'ın kutsal davasına hizmet edecek ve bozguna uğratılan yurttaşlarının cesetlerinin ortasında sağlam bir kaya gibi dimdik duracak. Hayır o asla evlenmeyecek. (...) (Jurnal, 18 Ocak 1900, Cagliari)

ABDULAZİZ OSMAN VE DREYFUS DAVASI

"La Libre Parole"nin adına, İsabelle'nin bir başka mektup arkadaşı olan Rus seyyah ve yazar Lydia Paschkoff'un yazdığı bir mektupta rastlıyoruz. Dönemin feminist yazarlarından Lydia Paschkoff da, İsabelle gibi Doğu'ya âşıktır. Buna rağmen mektuplarında, Mısır'a ve Türkiye'ye yaptığı seyahatler için harcadığı servetten bahsederek İsabelle'ye bir süre daha Fransa'da kalmayı ve emin olmadan yola çıkmamayı tavsiye eder. 1900 yılının ilkbahar ve yaz ayları boyunca süren yazışmalar iki kadının ortak tutkuları etrafında döner. Paschkoff, İsabelle'den yaşça daha büyük ve tecrübelidir. "La Libre Parole" ile ilgili Paschkoff'un, İsabelle'ye yaptığı nasihat oldukça ilginçtir:

La Libre Parole gibi vebalardan uzak durun. İsraillilerle iyi ilişkiler içinde olmak önemlidir, çünkü zeki insanlardır.

Paschkoff'un ifadelerinden de anlaşıldığı üzere; "La Libre Parole", "Fransa Fransızlara Aittir" parolası ile çıkan antisemitist bir Fransız gazetesidir. Gazete adını Dreyfus davası sürecinde yaptığı provokasyonlarla duyurur. "La France Juive" kitabı ile Fransa genelinde antisemitist bir furyanın kopmasına neden olan Edouard-Adolphe Drumont tarafından, Dreyfus davasından iki yıl önce kurulan gazete, Dreyfus davasında propaganda aracı olarak kullanılır. Jules Delahaye bu gazetenin yazarlarından biridir ve Abdulaziz Osman'ın arkadaşıdır. Delahaye, Dreyfus davasında sık sık adı geçen, öyle ki, Emile Zola'nın dönemin cumhurbaşkanı Felix Faure'a yazdığı, "İtham Ediyorum" başlıklı meşhur mektupta dahi adından bahsedilen, Montemaggiore markisi Mores (asıl adı Antoine de Vollambrosa)'in öldürüldüğü suikastla ilgileniyordur. Abdulaziz, İsabelle'ye Delahaye'nin araştırmalarından bahsederek, Cezayir'de yaşanan bu cinayetin izini sürmeyi teklif eder.

Fransa tarihinde önemli bir yer tutan Montemaggiore markisi Mores suikasti hakkında biraz bilgi vererek, İsabelle'nin de "ajan" olarak anılmasına yol açan bu hadiseye göz atmış olalım.

MONTEMAGGİORE MARKİSİ MORES SUİKASTI

Montemaggiore markisi Mores (asıl adı Antoine de Vollambrosa) 1896 yılının ilkbaharında, Orta Atrika'da Çad gölüne kadar uzanacak bir kervan yolu açma fikri ile yola çıkar. Mores, Monarşist ve katı bir Fransız milliyetçisidir ve 1871'de Prusya krallığı ile yapılan savaşın yenilgi ile sonuçlanması, 1882 yılındaki Arabi Paşa ayaklanması ile Fransa'nın Mısır'daki etkinliğini İngilizlere kaptırması Fransız sömürgecileri hayal kırıklığına uğratmıştı. Fransa'nın yeni bir zafere ihtiyacı olduğunu düşünüyorlardı. Mores, böyle bir zaferin kahramanı olma hayaline kapılmış müzmin bir maceraperestti. Fransız-İspanyol karışımı aristokrat bir ailenin çocuğu olan Mores, Amerika'daki et ve mezbahana sektörünün büyük bir yüzdesini elinde bulunduruyordu. Amerika'da öldürdüğü boz ayı, Hindistan'da öldürdüğü kaplanlar ve farklı kıtalarda giriştiği düellolarda öldürdüğü insanlar hazretin karanlık geçmişini anlatıyordu. Alnındaki yara izini ve hangi kavgada kaybettiği bilinmeyen tek gözünü görenlerin de zaten sağlıklı bir insanla muhatap olmadıklarını fark etmeleri uzun sürmüyordu.

Ona inanan ve güvenen Abdulaziz gibi samimi Müslümanlar ne yazık ki az değillerdi. Bir monarşist olarak Mores de, diğer Fransız monarşistler gibi ülke içinde kaybedilen itibarın dışarıda kazanılacak zaferlerle tanzim edileceğine inanıyordu. Cezayir'den başlayarak Sudan'a kadar uzanacak bir ticaret yolu üzerinden Sudan'daki Arap zamklarını ve Hint yağlarını Fransa'ya taşımanın yollarını arıyorlardı. Mores gibi Fransız sömürgeciler, Fransa'nın sınırlarını Batı'dan Doğu'ya, Senegal'den Kızıl denize kadar genişletmenin tutkusuyla her türlü deliliği yapmaya hazırdılar.

Kahramanlık hayalleri ile Çad gölüne doğru yola çıkan Mores'in planlarından haberdar olan Fransa hükümeti, Cezayir'deki Fransız subayları aracılığı ile çılgın maceraperesti fikrinden vazgeçirmeye çalışırlar. Berberilerin saldırısına uğramak veya kaybolmak gibi tehlikeler konusunda uyarılan Mores'in Fransız komutana mektupla verdiği cevap son derece alaycıdır:

Berberiler mi dediniz! Harika insanlardır.

Mores, 1896 yılında zengin Amerikalı eşini de yanına alarak Tunus'a gelir. İki bin kişilik bir topluluğa seslenirken, Mısırlı Müslümanları ayaklanmaya, Hindistanlıları ise İngiltere'ye karşı isyana davet eder. Mores, bu nutkunda ayrıca:

"Kiliselerin çan kulelerinden, Nil nehrinin kıyısındaki vadilere kadar tüm askerler 'Fransa ve özgürlük' çağrısını takip edecekler."

diyerek, İngiltere krallığına savaş ilan ettiğini duyurur. Bu şovdan sonra, 23 Nisan'a kadar Mores'den haber alınmaz. Bu tarihte Fransa istihbaratının eline Mores'in seyahat planını değiştirdiğine dair bilgiler ulaşır. Askeri ateşe Rebillet'e, Mores'i yakında takip etme ve Fransa'ya geri gönderme talimatı verilir. Rebillet'in tüm girişimleri sonuçsuz kalır. Mores hafif delidir ve tılsımlı bir muskanın kendisini sahra çölünden sapasağlam geçireceğine inanmaktadır. Rebillet'i terslemekle kalmaz, aynı zamanda üstü örtülü tehdit ederek, otuz bin kişilik güçlü bir topluluğun üyesi olduğunu ve kendisine zarar verecek olanlardan intikam alınacağını ileri sürer. Rebillet'in yazılı raporlarında geçtiğine göre Mores:

"Şundan emin olun, benim uğruma Rothschild'in ve Galler Prensi'nin kafaları kopartılabilir"

diyecek kadar kendisinden emindir. İkna çabaları işe yaramayınca Fransız memurlar yukarıdan gelen bir emirle Mores ile ilgili uyarılırlar. Ancak sorumluluk almayarak, Mores'i göz ucuyla takip etmekle yetinecek ve tarafsız hareket edeceklerdir.

Mores, Mayıs ayı içinde Gabes'e gelir. Tunus'un Kebili ilçesine bağlı Nefzava bölgesinin kadısı, bölgenin tanınmış bir eşkıyasını Mores'e mihmandar yapar. Bazı güçlü tezlere göre kadı, Mores'i ortadan kaldırmak isteyen Fransız hükümeti tarafından satın alınmıştır. Mores, Avrupa'dan getirilen ve haramilerin iştahını kabartacak cinsten yiyecek, içecek ve envai cins malzemelerle donatılan; yirmi silahlı adam, yirmi deve ve bir tercümandan oluşan devasa karavanıyla Cezayir sınırına doğru harekete geçer. Yalnızca kendisine ait büyük bir çadırın yanı sıra, önemli hükümet erkânını karşıladığı gösterişli bir çadırı daha vardır. Bu maceralı yolculuk için tüm detaylar düşünülmüştür.

Tunus-Cezayir sınırında, yoğun olarak Berberilerin yaşadığı bir bölgede mola verirler. Berberiler büyük bir misafirperverlikle ağırladıkları Mores'e, beraberinde getirdiği develerden daha iyilerini vaad ederler. Mores, bu sıcak ilgiye karşılık, Berberilerin reisine Winchester marka tüfeğini hediye ederek teşekkür eder ve adamlarıyla birlikte develerini de geri gönderir. Parasını peşin ödediği halde develerin gelmesi gecikir. Berberiler tarafından aldatıldığını düşünen Mores, kabile reisine, develer derhal getirilmediği takdirde Tunus'a geri döneceğini söyler. Ertesi gün hayvanları kapısında bulur ancak sürü oldukça yorgun ve besisizdir. Mores, buna rağmen yola çıkmaktan vazgeçmez. Reddetmesine rağmen peşine takılan yirmi sekiz adamı zorla geri gönderir ancak içlerinden üç tanesi aşırı ısrarcıdır. Kendisini sadece kısa bir mesafe takip etmek istediklerini söyleyen bu üç adam Mores'e biraz refakat ettikten sonra vedalaşmak için develerinden inerler ve tokalaşmak için yaklaşırlar. Mores, adamlarla tokalaşmak için eğildiği sırada alnına inen kılıç darbesiyle yere devrilir. Silahını ateşler ancak arbededen dolayı kendi devesini hedef alır. Silahın üzerine yığılan hayvan Mores'in yegâne umudunu yok eder. Mores ve tercümanı oracıkta öldürülür.

Bu olay Fransız tarihine "Mores Suikastı" olarak geçer. Jules Delahaye, Mores'in dul eşi tarafından bu suikastın detaylarını araştırmak üzere görevlendirilmiştir. İsabelle'nin, Tunus'a gitmek için fırsat kolladığını bilen Abdulaziz, konuyu İsabelle'ye açar ve bu suikastla ilgili çok şey bildiklerine inandıkları Nefta şeyhi Seyyid Muhammed Tayyib'in babası ile bir röportaj yapmak üzere Tunus'a gitmesini teklif eder. Yolculuğun masrafları Mores'in dul eşi tarafından karşılanacaktır ve röportaj Delahaye'nin de yazdığı La Libre Parole'de yayınlanacaktır.

İsabelle bu teklifi ana hatlarıyla görüşebilmek için 29 Ocak'ta Cagliari'yi terk ederek Paris'e geçer. Kışı Paris'te geçirir. Günlüğündeki "2 Mayıs 1900" tarihli nottan Marsilya'ya ne zaman hareket ettiği anlaşılmaktadır:

> Son gecemi geçireceğim bu odaya son kez geri döndüm. Bu benim Paris'teki son akşamım. Paris! Çok acı çektiğim ve çok ümitler beslediğim, yavaş yavaş sevmeye başladığım bu şehri bir daha görüp göremeyeceğimi yalnızca Allah biliyor.

Marsilya'daki ilk günlerinde günlüğüne düştüğü cümlelere göre, İsabelle buraya birkaç gün sonra Cezayir'e gitme planlarıyla gelmiştir ancak Abdulaziz'den gelen mektup tüm planlarını değiştirir. Abdulaziz mektupta arkadaşının bir suikasta kurban gittiğini haber verdikten sonra şöyle devam eder:

> Eğer o hayatta olsaydı Kadiriye tarikatının bütün üyeleri seni ona ulaştırmayı görev bileceklerdi ama o öldüğüne göre bu yolculuğun güvenliğini kim sağlayacak? Böyle yapayalnız ve parasız... Çölde perişan olmandan korkarım.

Abdulaziz, mektubunun devamında İsabelle'ye, Nefta şeyhi Seyyid Muhammed Tayyib'den bir haber ulaşana kadar beklemesini tavsiye ederken, bir de uyarıda bulunur. İsabelle'ye yardımcı olmak amacıyla, yapacağı yolculuk hakkında bir Paris gazetesine mektup yazmış ve bu ilginç seyahatle ilgilenmelerini istemiştir ancak mektubu yolladıktan sonra ilgili gazetenin Millet taraftarı olduğunu öğrenir. Mektubunda bu hatasından dolayı özür diler ve Fransız hükümetinin Mores olayı ile ilgili konulara karşı takındığı korkunç şüpheci tavrı hatırlatarak, yolculuğunun resmi kurumlar tarafından konulacak bürokratik uygulamalarla engellenebileceğini yazar.

CENEVRE VE MARSİLYA

İsabelle, bu okuduklarından dolayı huzursuz olmuştur. Son derece temiz duygularla yapmak istediği bu yolculuğun böyle siyasi entrikalarla gölgelenmesini istememektedir ama paraya ihtiyacı vardır. 20 Mayıs'ta, Cenevre'ye geçerek evin miras işlemlerini hızlandırmaya çalışır. Rue de l'arquebuse sokağında bir evde arkadaşlarıyla kalır.

Günlüğünün 27 Mayıs tarihli sayfasındaki ağlayan satırlarda, bir an önce bu şehirden kurtulmak için Allah'a yalvaran bir İsabelle vardır. İsabelle mutlu değildir ama yalnız da sayılmaz. Onu ıssızlığa terk etmeyen insanlar vardır çevresinde. Defterinde en sık Ermeni asıllı dostu Arşavir Gaspariyan ve Rus asıllı arkadaşı Vera'nın isimleri geçer. Özellikle Arşavir ile yaptığı felsefi sohbetlerden İsabelle'nin zihin dünyasının berraklığını görmek mümkündür. Arşavir, fiziksel ve ruhsal enerjiyi artırabilmek için, hayattan beklentilerin de orantılı olarak artırılması gerektiğini savunur. İsabelle ise hayal kırıklıklarını engellemek için, fani beklentilerin vasatın altında tutulması gerektiğine inanmaktadır. Cenevre'deki günler, dostlarla yaşanan bu hoş diyaloglar dışında oldukça renksizdir. Bununla birlikte, günlükte dile getirilen kimi şikâyetlerden, sürtüşmelerin de yaşandığı anlaşılır. Öyle görünüyor ki, bu münazaralar bazen münakaşalarla sonuçlanabiliyorlardı...

İsabelle'nin Cenevre'de üç ay geçirdiği evin bulunduğu caddenin günümüzdeki hali

8 Temmuz'da gelen bir telgraf İsabelle'nin mağarasına bir ışık hüzmesi gibi dağılır. Helene, bir kız bebek dünyaya getirmiştir. Karar almak için ilahi bir işarete ihtiyacı vardır ve İsabelle bu haberi beklediği mukaddes işaret sayar. Allah ona yola çıkması için izin vermiştir. Yeğenini görmek için Marsilya'ya gitmesi gerekiyordur zaten. Marsilya'dan da Cezayir'e doğru dümeni kırmaması için hiçbir engel yoktur ve bunun için şaibeli kaynaklardan para beklemek zorunda değildir. İhtiyaçlarını -alışık olduğu üzere- hep minimumda tuttuğu sürece, elindeki para onu makul bir süre idare edebilecektir. 14 Temmuz'da Cenevre'den ayrılır.

"14 Temmuz 1900, Cenevre'ye veda, saat 19.30

Grı, gok gürültülü, hüzünlü bir hava... İçimde Platnouchku'dan ve Chouchinka'dan ayrılıyor olmanın sonsuz hüznü. Nereye gidiyorum? Kader nereye götürürse... Ve Arşavir, ah Arşavir, seni bir daha görebilecek miyim? Dün gece Rue de l'arquebuse sokağında, bir daha geri dönmeyeceğim o beyaz evin önünde, şaşkın ve kararsız bir gölge gibi titriyordum."(Kum Denizi 1, Jurnal)

İsabelle, 15 Temmuz'da Marsilya'dadır.

YİNE VE YENİDEN CEZAYİR

İsabelle, 22 Temmuz'da, Marsilya limanından Cezayir'e doğru hareket eden Eugene Pereire gemisinin güvertesinde, gemici kıyafetleri içinde o meşhur gemici şapkasını sallayarak Augustin'e ve Marsilya'ya veda edecektir. Rotası Annaba'dır. Uzun ve yorucu bir yolculuktan sonra yeniden Şark topraklarına ayak basar ve bu vuslatı defterine şu cümlelerle kaydeder:

Bir kere daha yeniden dünyaya geldim...

Rabbim bizi doğru yola ilet. Merhamet ettiklerinin yoluna...

Bir an önce çevresini keşfetmek ve insanların arasına karışmak için sabırsızlanmaktadır. 23 Temmuz sabahı Eugene Letord'un kısa süren hoş geldin ziyaretinden sonra dışarı çıkar ancak biraz sonra odasına geri döner. Başındaki denizci şapkasını çıkarıp fes takar, biraz aynada yeni aksesuarını süzer ve hizmetçisi Ahmet'in refakatinde El Kebir camisine gider. Bir köşede dizüstü oturur vaziyette önündeki rahledeki deftere bir şeyler yazan yaşlı cami imamını selamlarlar. İsabelle, burada Marsilya'dan gelirken eşyalarını evine kadar taşıyan hamal Muhammed ile karşılaşır. Muhammed onu Abdulkadir Geylani zaviyesine götürür. Zaviye'nin kalın halılarla döşenmiş serinliğinde dinlenir, pencerenin önündeki yasemin kokulu sudan içer, muhteşem bahçesindeki çiçek kokularını içine çeker. Akşam yemeğini bir şehir lokantasında yedikten sonra, yatsı namazı için Cedid camisine giderler. İsabelle'yi, Avrupa'nın göbeğinden alıp

Afrika'nın çöllerine sürükleyen o güçlü içgüdüye en çok yaptığı ibadetleri anlattığı satırlarda rastlanır:

Şehrin zehirli gürültüsünden uzak, ıssız bir caminin halısına secde etmek. Gözleri kapatıp bakışları ruhunun derinliklerindeki gök kubbeye çevirmek ve sonsuza kadar İslam'ın melodisine kulak kesilmek...

Gece geç saatlerde eve dönerken, bir dükkânın önünde oturan adam dikkatini çeker. İsabelle tecrübelerine dayanarak, adamın sarhoşluğundan kif*[15] içtiğini anlar. Dönemin en yaygın uyuşturucularından olan kif, İsabelle'nin de favori içeceğidir. Dükkâna girerek kendisine küçük bir pipo ve biraz kif alır.

27 Temmuz sabahı, Fransızlar'ın yerli halkı boğaz tokluğuna çalıştırarak yaptırdıkları trenle Konstantin üzerinden Tuggurt'a doğru hareket eder. 31 Temmuz'da Tuggurt'a gelir. 1 Ağustos'ta başlayan uzun bir deve yolculuğunun ardından, 2 Ağustos'ta kalacağı son durağa, El-Vadi'ye ulaşır. Burada kendisine bir ev ayarlayana kadar, Habib isimli bir Arap aile reisinin evine misafir olur. İsabelle'nin, Habib'in evi ve evin hanımı ile ilgili yaptığı betimlemeler o çağın Arap kadınlarının giyim alışkanlıklarına ışık tutuyor:

Bir köşede boynuna muska takılmış kahverengi bir keçi. Bir diğer köşede yeni yavrulamış küçük bir köpek. Habib'in sayılarını kestiremediğim kardeşleri eve girip çıkıyorlar. Evin hanımı iri yapılı ve zayıf bir kadın. Uzun beyaz kumaşlara dolanıyor ve başında adeta süslü bir kubbe taşıyor. Kırmızı püsküllerle süslenmiş iki siyah saç örgüsü ve kulaklarda ağır demir halkalar... Evden çıkarken bütün bunları mavi bir çarşafla kapatıyor. Tuhaf, güneşte yanmış kahverengi bir siluet (...)

Bu insanlarla ve onların işleri güçleri ile ilgilenmezsem daha iyi olacak...

İsabelle, El Oued'de bir ev bulmuş, şehirdeki resmi kurumlara mektuplar yazarak geldiğini bildirmiş ve buraya yerleşmek için yaptığı başvurunun kabulünü istirham etmiştir. Hiç şüphe-

---

15 Kuzey Afrika'da, hintkeneviri yapraklarından elde edilen ve tütüne karıştırılarak esrar gibi içilen sarhoşluk verici toz.

siz, bölgenin güvenliğinden sorumlu Yüzbaşı Gaston Cauvet'in amirlerine yazdığı istihbarat içerikli mektuplardan haberi yoktur. Cauvet, bu mektuplarda İsabelle'den şöyle bahsetmektedir:

Marjinal karakterini ve kıyafetlerini –sahrada doğmuş genç bir yerli gibi giyiniyor- bir kenara bırakırsak, söyledikleri ve yaptıkları tamamen gerçekleri yansıtmıyor. Duyduklarımdan ve gördüklerimden yola çıkarak şunu söyleyebilirim ki, Bayan İsabelle çok ileri görüşlü biri ve çağdaş bir feminist. Sosyalist hareketlerle bir bağlantısı var.

Cauvet'in verdiği detaylı bilgilere bakılırsa, İsabelle, Fransızlar'ın göz hapsindedir...

SON BÜYÜK AŞK

İsabelle'nin hayatını değiştiren büyük aşkı Süleyman Ehni'nin adına ilk kez, günlüğün El Oued'de kaleme alınan 9 Ağustos tarihli sayfalarında rastlıyoruz:

Birkaç gün önce bütün bir geceyi El Oued'in batısında bulunan geniş bir bahçede Süleyman'la birlikte geçirdim.

Devasa kum tepelerinin ortasında uzun, inanılmaz derin bir vaha. Vahanın etrafı kum fırtınalarını engellemek için çitlerle, kuru ağaç saplarıyla çevrilmiş.

Palmiyelerin nemli gölgesinde bizden başka insan ruhu yoktu. Önce bir su kuyusunun kıyısına oturduk. Altı çizilmiş bir keçi derisinden ibriğin yardımı ile kuyudan su çıkarmaya çalıştım ama başarılı olamadım. İkimizin de ruhunu kemiren düşüncelerin derin teessürü içinde, bir süre orada öyle, oturduk. Çevredeki söylentilerin yol açtığı zorlukların bu moralsizlikle yakından ilgisi vardı.

(...)

Bir saat sonra, önümüzde duran korkunç ihtimallerle ilgili sohbetten dolayı, dolan gözlerimizi silerek oturduğumuz yerden kalktık, feracelerimizi altımıza serip, başlıklarımızı kumla doldurarak yastık yaptık ve palmiyelerin altında uykuya daldık. Gece iki buçuk gibi uyandım. Gecenin serinliğinde, güneş doğarken, kum tepelerini tırmanarak eve geri döndük.

Süleyman Ehni ile Tuggurt'ta tanışmışlar, birlikte El Oued'e gelmişlerdi. İlişkilerinden dolayı şehirde dolaşan ve kulaklarına ulaşan dedikodular, iki genci gelecekleri ile ilgili endişeye sevk ediyordu. İsabelle, Süleyman Ehni ile aynı evi paylaşıyordu ve tüm zorluklara rağmen onunla bir gelecek tasarlıyordu. Peki, İsabelle'nin bir anda aklını başından alan bu genç delikanlı kimdi?

Süleyman Ehni (Foto; Wikipedia)

Süleyman Ehni; koyu tenli, düzgün yüz hatlarına sahip, parlak bal rengi gözleri olan, yakışıklı bir Arap genciydi. İsabelle ile tanıştığında yirmi dört yaşındaydı ve Fransa'nın Afrika ordusundaki sipahi birliğinde levazım subaylığına kadar yükselmişti. Süleyman'ın babası Ali Bin Muhammed Bin Ehni de Fransız Sipahi birliğinde kariyer yaptıktan sonra, Annaba'daki polis birliğinde tercüman olarak görev yapmış ve polis şefliğine kadar yükselmiş bir subaydı. Amcalarının da Fransız ordusu için savaşmış ve ödüller kazanmış askerler oldukları göz önüne alınırsa, Süleyman'ın daha on yedi yaşında iken Afrika ordusuna katılarak bu kadar kısa sürede rütbe kazanmasına şaşırmamak lazım.

İsabelle, Süleyman'ı üç kelimede özetliyordu: "Hayatımın büyük aşkı". Mektuplarında ona bal rengi gözlerinden esinlenerek "Amber gözlüm, azizim" diye seslenirken, Süleyman da İsabelle'ye "Azizem" diye karşılık veriyordu.

El Oued'de yeni başlayan bu tutkulu aşkın tatlı heyecanı iki genci biraz fazla şımartmış olmalı ki, kısa bir süre için gece hayatına takılırlar ve içmeye başlarlar.

Kasım ayı başlarında taşındıkları yeni evin bulunduğu bölgede gece kulüplerinin olması, böyle olumsuz bir değişime yol açmış olabilir. Sahipleri tarafından terk edilmiş harabe evlerden oluşan bir bölgede bulunan evin Yahudi tavernalarına yakın olması; genel ev kadınları ve evsiz barksız ayyaşlar dışında kimsenin uğramadığı ücra bir kuytuda bulunması, ateşli çiftimizi dışarı çıkmaya teşvik etmiş olmalı. Durumu öyle abartırlar ki, eve zil zurna sarhoş döndükleri bir gece, İsabelle güç kontrolünü de kaybedip kapıyı kırar. Evin sadık hizmetçisi Halifa kapıyı tamir eder. Sabah uyandıklarında gördükleri manzara karşısında ikisi de çok utanırlar ve hayatlarını değiştirmeye karar verirler. O günden sonra, eski sakin hayatlarına geri dönerler.

Ev belki eskidir ama o bölgedeki alışılmış evlerden daha konforludur. Arap evlerinin tabanları kumlu bırakılırken, bu evin taban dâhil, her tarafı sıvalıdır. Eşya açısından mütevazıdır... Bütün eşya; İsabelle'nin tüm yolculuklarında yanında taşıdığı sandık, sallanan bir masa, bir sandalye, mavi bir yün döşek, çadır kumaşından bir örtü ve Afrika yününden yapılmış bir yastıktan ibarettir. Yatak odasının bir duvarında Trofimovski'nin ve Helene'nin resimleri; diğerinde İsabelle'nin, yakaları altın renkli işlemelerle süslenmiş kırmızı cübbesi, bir diğerinde ise tüfekler asılmaktadır. İsabelle, Süleyman ve hizmetçi Halifa ile birlikte bu evi, "keçiye benzer yaratık" dediği ve iblis adını verdiği bir keçi ile de paylaşmakta ve bundan büyük bir haz almaktadır. Evde bunlar dışında; tavuklar, güvercinler ve tavşanlardan oluşan başka aile bireyleri de vardır. Bütün maddi imkânsızlıklara rağmen eksikliğini hissettiği tek şey bir attır. Augustin'den ulaşan bir miktar parayla kısa süre içinde onu da telafi eder. Souf (Arapça'da ırmak) adını verdiği bu güzel hayvanı Augustin'e yazdığı mektupta attan ziyade köpeğe benzetir:

Beni peşimden takip ediyor, güzel ve zeki kafasını zorla okşatıyor ve elimizden besleniyor.

Souf, İsabelle'nin en yakın arkadaşı olacak, yapacağı uzun yolculuklarda ona refakat edecektir. Süleyman ve Souf'un dışında üçüncü bir arkadaşı daha vardır; "dürüst ve sessiz bir kif içicisi" olan hizmetçisi Halifa. Bu genç ailenin görüştükleri insanların sayısı da sınırlıdır: El Oued'e geldiğinde yalnızca onlara misafir olan Guemar'daki Kadiri tarikatı şeyhi, doğuştan müderris olan Abdulkadir bin Said ve kendilerine babalık yapan, İsabelle'nin Kadiri tarikatına girebilmesi için referans olan, yaşlı âlim Seyyid El Hüseyin bin İbrahim. İsabelle'nin Kadiri tarikatına intisabını sağlayan diğer bir güçlü referans da bir tarikat üyesi olan eşi Süleyman Ehni'dir.

KADİRİ TARİKATINA GİRİŞ

Abdulaziz Osman, Kadiri tarikatına bağlı iki şeyhe İsabelle'den bahsetmiş ve Cezayir'e geldiğinde kendisi ile ilgilenmelerini istirham etmiştir. Bu iki Kadiri şeyhleri, Osman'ın arkadaşı olan ve bir suikasta kurban giden Şeyh Muhammed Taib bin İbrahim'in kardeşleridirler. Babaları da bir Kadiri şeyhi olan şeyh kardeşler, babalarının talimatı ile yeni zaviyeler kurmak üzere Ceyazir'e gelmişlerdir. On bir kardeşin en büyüğü olan Şeyh Seyyid Hüseyin bin İbrahim, El Oued'un kuzeyinde bulunan Guemar bölgesinde, Seyyid el Haşemi ise Amiche'nin güneyinde birer zaviye kurmuşlardır. İsabelle bu güçlü referansların yardımı ile tarikata intisap eder. Kendisine tarikat adabına uygun olarak siyah tespih verilir ve zikirlere katılması sağlanır. İsabelle böylece İslami bir tarikatın üyesi olan ilk Avrupalı kadın unvanının da sahibi olur.

İsabelle İslam'ın "Allah'tan başka otorite tanımama" ilkesine, aldığı anarşist eğitimden dolayı çok da yabancı sayılmazdı. Diğer taraftan, işgalcilere karşı örgütlü bir mücadelenin gerekli olduğunu düşünüyor ve o bölgedeki yegâne örgütlü birlikteliklerin tarikatlarda mevcut olduğunu görüyordu.

Sağlam bir anarşistti İsabelle ve son derece duru bir akılla okumuştu Kur'an'ı. Okuduğu kitabın, özgürlüğüne sıkı sıkıya bağlı isyankâr ruhunu besleyen bir tarafı vardı. Tasavvuf felsefesi ise, hararetli karakterini bir miktar soğutuyor, daha dengeli bir insan olmasını sağlıyordu. Teslimiyet, sabır ve itaat gibi sufi telkinlerin, güçlü bir "ölüm ve ötesi" inancıyla pekiştirilme-si, kısa hayatına defalarca ölüm tecrübesini sığdırmış genç bir yüreği haliyle cezb ediyordu. Sufizm'deki bu manevi derinliğin yanı sıra, aidiyet duygusu ve asabiyet de İsabelle'yi günden güne Cezayir'e bağlıyordu. Aralık ayında Augustin'e yazdığı mektup-ta Kadiri şeyhi Seyyid El Haşemi'yi karşılama törenini ve yaşa-nan coşkuyu heyecanlı cümlelerle anlatacak, bir benzerine ancak 1001 Gece Masallarında rastlanabilecek böyle bir seremonide en ön sıralarda yer almaktan dolayı kendisini nasıl ayrıcalıklı his-settiğinden bahsedecektir:

Sudanlı bir grubu da arasına katan, yüzlerce kişiden oluşan, her adımda sayısı biraz daha katlanan kafilemiz, şafak atarken, def sesleri ve düdükler eşliğinde yola revan oldu. Şarkılar, silah sesleri ve zılgıt-lar arasında, doğan güneşin etkisiyle altın rengine bürünen kumların derinlerine doğru yavaş yavaş yol almaya başladık. Birden çölün doğu ufkunda; kırmızı, yeşil ve sarı bayraklarla Müslüman kardeşlerin, bir insan denizi halinde bize doğru dalgalandıklarını gördük. Bunlar Şeyh Muhammed El imam'ın komutasında, tamamı Bağdat emirine bağlı Rahmaniya, Taibiya ve Aziziye tarikatlarıydı. Büyük bir heyecan fırtı-nası koptu. Topuklarına kadar yeşil elbiselere bürünmüş, hiç altın tak-mamış, başında ehli beyti temsil eden yeşil bir türban taşıyan El Ou-ed'lu âlimin kardeşi, siyah bir dişi kısrağın sırtında, silah seslerinden dolayı ürküp şaha kalkan kısraklarımızın arasından salına salına süzü-lerek geçiyordu ve onu gören müminler kendilerini yerlere atıyorlardı.

(...)

Bu büyüleyici törende, kaçakçı kayıtlarına göre ortalama 500-600 kurşun sıkılmış. Üzerinden günler geçmesine rağmen kulağımdaki sa-ğırlık ve uğultu geçmiş değil.

GİZEMLİ İHBAR MEKTUBU

İsabelle ne kadar uzaklara, ne kadar sarı sıcak kumulların ipeksi mahremine karışıp kaybolmaya çalışsa da, Avrupa'daki geçmişi peşini bırakmaz... El Oued'e geldikten bir ay sonra Batna'daki Fransız ordusuna bağlı askeri şube komutanı Dechizelle'e gelen anonim bir mektup, İsabelle'yi yeniden eski buhranlı günlerine sürükleyecektir:

(...)

Sayın General, size bu satırları yazan dostunuz, nasıl bir kadınla muhatap olduğunuz konusunda sizi bilgilendirmek istemektedir. El Oued'deki aktivitelerini araştırdığınız takdirde yeterli delile de ulaşacaksınız. Bu kadın Fransa'ya karşı derin bir nefret beslemektedir ve sömürgelerinin Fransa'ya karşı ayaklanması dışında hiçbir şey onu daha fazla memnun edemeyecektir. Müslümanların güvenini kazanmak için kendisini Müslüman gibi lanse eden bu kadın, aslında Müslüman da değildir.

İddialar dışında hiçbir delil ihtiva etmeyen bu anonim mektup Fransız komutan tarafından ihbar kabul edilir ve Batna'da görev yapan General Larrivet'ten, İsabelle hakkında detaylı bilgi talep edilir. Larrivet mektubu Tuggurt'taki alay komutanı General Pujat'a iletir. General Pujat, El Oued'deki Fransız bürosunda görevli General Cauvets'i mektuptan haberdar eder. İsabelle'yi bizzat tanıyan ve bir önceki ziyaretin-

den itibaren dikkatle takip eden Cauvets, Dechizelle'ye iletil-
mek üzere, İsabelle hakkındaki düşüncelerini anlatan uzun
bir mektup kaleme alır:

(...)

*Bayan Eberhardt geçtiğimiz yıl da turist olarak burada bulunmuş-
tu. Gizlice takip edilmesi gerektiğini düşündüğüm için, o tarihten iti-
baren gerekeni yaptım ancak şimdiye kadar mezkûr anonim mektuptaki
endişeleri haklı çıkaracak bir işarete rastlamadım.*

*El Oued'e ayak basar basmaz kendisi, ekte tarafınıza gönderdiğim
mektupları ileterek karşılanma, bir süre sonra da at kiralama talebinde
bulundu. Kendisini büroya çağırmak yerine ben bizzat kiraladığı eve
gittim ve iyi eğitim almış, orduya karşı herhangi bir şekilde düşmanlık
beslemeyen biriyle karşılaştım.*

*Sıra dışı yaşam tarzı ve giyim alışkanlıkları (kendisi yerli erkekler
gibi başına fes takıyor, Fransız pantolonu, cepken giyiyor ve tespih ta-
şıyor) dışında, doğru sayılmayacak herhangi bir eylemi veya faaliyeti
hakkında duyum almadım. Bütün bunların yanı sıra Bayan Eberhar-
dt, Sosyalist ve Feminist ideolojilere yakın duran, son derece ilerici
fikirlere sahip, fiziki açıdan bakılırsa, hayli gergin ve yıpranmış bir
insan ve bana kalırsa Araplara karşı beslediği ve toplumda rahatsızlık
uyandırabilecek eğilim ve insiyakları onu El Oued'e getirmiş olabilir.
Burada, az sayıda Avrupalının bulunduğu bir ülkede özgürce yaşa-
mak istiyor.*

(...)

*Size ulaştırılan mektupta, şüpheli bir ihtimal olarak yaklaşabile-
ceğim tek bilgi, Montemaggiore markisi Mores'in ailesinden buraya
gelebilmek için finansal destek aldığı ve Mores cinayeti ile ilgili bil-
gi toplayarak dedikoduları doğrulatmak için görevlendirildiği iddiası
olabilir.*

(...)

*Tam da bu iddianın, Bayan Eberhardt'ın rahat bırakılması için ge-
çerli ve yeterli bir neden olduğunu düşünüyorum. Böylece rahatsız*

edilmeden araştırmalarını yapabilecek ve Seyyid Arousi[16] hakkındaki suçlamaların yanlış olduğunu görecektir.

General Pujat, Cauvet'in mektubunu Dechizelle'ye iletir ancak General Dechizelle'nin Pujat ve Cauvet kadar çöl tecrübesi yoktur ve bu konudaki düşünceleri Parisli meslektaşlarına daha yakındır. Cezayir vali yardımcısı M. Celestin Jonnart, Dechizelle'den gelen:

Bayan Eberhardt'ın El Oued'dan Tuggurt'a sürülmesini, Süleyman Ehni'nin de El Oued'deki askeri şubeyle ilişkisinin bitirilmesini ve Batna'ya sevkini uygun görüyorum.

şeklindeki teklifi, İsabelle Eberhardt hakkında bir dosya açılması kaydı ile kabul eder. Bu görev Cauvet'e verilir.

---

16 Guamar'daki Ticani şeyhi. Ticanilik H. 1200 M. 1785 yıllarında Afrika'nın kuzey batısında ortaya çıkan bir tarîkattır. Kurucusu; Ebu'l-Abbas Ahmed b. Muhammed el-Ticanî'dir. Ticaniler Fransız işgaline karşı direnen büyük Cezayir kahramanı Emir Abdulkadir'e karşı Fransayla ittifak halindedirler.

9. yüzyıl Afrika kıtası, sömürgeci güçlere kabuslar gösteren bir sürü irili ufaklı direnişe şahit olmuş ve İslam toprakları çeşitli tarikatlar öncülüğünde düşman sultasına karşı şiddetle savunulmuştur. Özellikle Kuzey Afrika'daki bu "Sufi direniş" çeşitli liderler öncülüğünde yaklaşık 150 sene kadar devam etmiştir. Bunlar arasında; Sokoto'da Osman Bin Fodyo, Libya'da Muhammed Senusi, Somali'de Muhammed bin Abdullah bin Hasan, Fas'ta Emir Abdülkerim, Sudan Mehdisi Muhammed bin Abdullah ve Cezayir'de Emir Abdülkadir ilk akla gelenlerdir.

Basiretli ve şuurlu bir lider olan Abdulkadir 200 bin kişilik seyyar bir başkent kurarak Fransızlarla olan mücadelesini buradan sürdürdü. Abdülkadir'in isyanını kolay kolay bastıramayacaklarını anlayan Fransızlar, Emir'e karşı ikinci bir cephe açmakta fazla zorlanmadılar. Bu konuda Ticaniler'i kullandılar. Sahte din anlayışının yılmaz bekçileri olan bu insanlar da Abdulkadir'e karşı kullanmak üzere Fransızlar'dan silah alıp, karşılığında öşür ve zekât vermeyi kabul ettiler. Cauvet'in mektubunda geçen Seyyid Arousi de dönemin önde gelen Ticani şeyhlerinden biridir.

SÜRGÜN HABERİ VE KARANLIK YIL: 1901

23 Ocak 1901 akşamı ulaşan sürgün haberi genç âşıkların yüreğine bir ateş topu gibi yuvarlanır. El Oued'de bir düzen kurmuşlardır ve bu düzenin bozulacak olması yeterince üzücüdür ama onları asıl düşündüren şey ayrı düşme korkusudur. Yeniden ev bulmak ve taşınmak için gereken paraları olmadığı gibi, bir de 100 Frank borçları vardır. Geceyi aç ve uykusuz, kif ve içki içerek geçirirler.

İsabelle için "tarikat" bedevi Arap toplumunu içerden tanımasını sağlayan bir kapıydı. Bir parçası olduğunu hissettiği bu derviş tekkeleri aynı zamanda, fırtınaya tutulduğu zaman sığınabileceği birer liman, birer yuvaydı. Ne zaman maddi-manevi sıkıntıya düşse, ne zaman çıkmaz bir sokağa saptığını fark etse, o tekkelerden birinde aldı soluğu. Diz çöktü, yalvardı, ağladı ve hiç eli boş geri çevrilmedi.

Bu sefer de öyle oldu. Karanlık gecenin sabahında şafak atarken atına atlayıp, dörtnala çölün uçsuz bucaksız kumullarına karışan genç kadının tek dileği vardı; borcunu ödemek ve sevdiği adamla birlikte Batna'ya gidebilmek. Bu konuda ona yardımcı olabilecek tek kişi vardır: Amiche'deki zaviyenin şeyhi Seyyid el Haşemi. El Haşemi'nin yanına geldiğinde, onu çevresi müridlerle çevrili bir halde, Nefta'ya doğru yola çıkmak üzere bulur. Bir saati aşkın bir süre havadan sudan konuşurlar ve İsabelle biraz sınırlarını zorlayarak, ertesi gün akşam namazından sonra yalnız görüşmek üzere randevu koparmayı başarır. Şeyhin yanından ayrılıp evine dönerken yolda Süleyman Ehni ile karşılaşır. Genç adam ne yapacağını bilmez bir haldedir. Onun bu perişan hali İsabelle'nin acısını daha fazla depreştirir. Akşama doğru Amiche'e doğru yola çıktıklarında, Süleyman'ın yoğun endişe ve yorgunluktan dolayı bayılıp attan düşmesinden endişe eder. İki saatlik bu huzursuz yolculuktan sonra Amiche'ye varırlar. Zaviyeye geldiklerinde müridler ve hizmetçiler tarafından karşılanırlar. Uzun bir hoş geldiniz seremonisinden sonra nihayet şeyhin huzuruna çıkarlar.

Zaviyenin en büyük salonuna göğüslerinde ağır bir kalp ağrısı ve kafalarında soru işaretleri ile girerler. Şeyh onlara kalp gözü ile bakacak mıdır? Acılarını hissedecek, yüklerini hafifletecek midir?

İsabelle ve -İsabelle'nin günlüğünde o akşamı anlattığı satırlarında "Ruhum" diye andığı- Süleyman, şeyhin odasına alınırlar. Tek bir mum ışığı ile zar zor aydınlatılan geniş salonun ortasındaki büyük kırmızı halıya diz çökerek otururlar. Havada mistik bir koku; düşünceleri bile duyurabilecek derinlikte, manevi bir sessizlik ve kalplerin tozunu silen ilahi bir atmosfer. El Haşemi, İsabelle ve Süleyman'ın titreyen bedenlerini yumuşak bakışlarla süzdükten sonra, sıkıntılarını anlatmalarını ister. İsabelle sesinin en kısık tonuyla başlarından geçenleri ve düştükleri durumu anlatır. Bir ara göz göze gelirler. Şeyh bir süre sessizliği dinledikten sonra, ağır ağır ayağa kalkarak odadan çıkar. Biraz sonra geriye döner ve "Geri kalanını Allah versin" diyerek 170 Frank'ı Süleyman'ın önüne bırakır. Biraz önce gözyaşları içinde bayılmanın eşiğinde olan Süleyman kısık hıçkırıklarla gülmeye başlar. İsabelle'nin ve şeyhin şaşkın bakışları arasında sevinç çığlıkları atar. Onun bu hali İsabelle'yi daha da hüzünlendirir. Kendini zaviyenin bahçesine atar ve sırtını duvara yaslayıp bakışlarını yıldızlara çivileyerek şükreder.

SUİKAST GİRİŞİMİ

İsabelle ve Süleyman o gece mahcup, mahzun ama daha hafiflemiş bir ruh hali ile evlerine dönerler. 27 Ocak'ta, İsabelle şeyhin Nefta'ya doğru hareket edeceğini duyar. Ona gitmeden önce yeniden görünmek, teşekkürlerini sunmak ve refakat edebilmek için 29 Ocak'ta yola çıkar. Kervan geceyi Behima'da geçirmek üzere mola verir. Bölgenin ileri gelenlerinden Seyyid İbrahim bin Larbi'nin evine misafir olurlar. Birlikte geldikleri dervişler namaz kılmak üzere yan odaya geçerler ancak İsabelle, o yörede tanınan bir Arap iş adamının ricası üzerine, bir belgeyi çevirmek için kalır. Onların dışında geniş salonda beş-altı Arap daha vardır. Odanın dış kapısının önü yük eşyaları ile doludur ve dış kapının hemen kenarında hizmetçi Ali atlarla ilgilenmektedir. İsabelle, ev sahibi ile, belgesini çevireceği Arap iş adamının arasında duran bir sandığa oturur ve kağıttaki silik yazıyı okuyabilmek için başını tamamen önüne indirir. Bu arada cübbesinin kapüşonunun da öne sarkarak görüşünü kapattığının farkında değildir. Ta ki başında o şiddetli darbeyi hissedene kadar. Kafasını kaldırdığında karşısında öfkeden gözleri dönmüş bir mahlûk görür ama kim olduğunu ve elinde ne tuttuğunu kestiremez. Baltaya benzeyen alet ikinci defa havalanır ve sol koluna iner. Son bir hamleyle karşı duvara atılarak duvarda asılı kılıcı almaya yeltenir ama acıdan baygınlık geçirerek yere düşer. O an duyabildiği tek şey sol kolundaki şiddetli acı ve hatırlayabildiği son şey saldırganın son sözleridir:

Gidip silah bulacağım ve bu sefer işini bitireceğim!

Gözlerini araladığında önüne düşen son görüntü ise, odada bulunanlardan birinin *"köpek herif bununla seni öldürmek istedi"* diyerek yüzüne doğru uzattığı kanlı bir baltadır.

Saldırgan yakalanıp etkisiz hale getirilir ancak kaçmayı başarır. Gürültüye gelen dervişler soruşturma başlatırlar. Yörede kimlerin hangi tarikata üye olduğunu bilen dervişler, saldırganın adını öğrenir öğrenmez harekete geçerler. Saldırgan; Abdullah Muhammed Bin Lakdar, Ticani tarikatına bağlıdır. Behima'daki Ticani şeyhi durumdan haberdar edilir ve hemen olay yerine gelmesi istenir. Şeyh iddiaları kabul etmez ve Abdullah'ın seyyid olduğunu öne sürerek, peygamberin soyundan gelenlerin tutuklanamayacaklarını iddia eder. Dervişler, Ticani şeyhine, eğer olayla ilgili bir zabıt gönderilip tutanak tutulmaz, Abdullah teslim edilmez ve hemen bir doktor gönderilmezse suç ortağı olarak Arap bürosuna onun adının verileceğini söylerler. Şeyh biraz tereddüt ettikten sonra istenilenleri kabul eder. Olaydan tam altı saat sonra elleri kelepçeli halde Abdullah, zabıt ve doktor kapıda görünürler.

İsabelle'ye ilk müdahaleler yapılır. Koldaki ve kafadaki yaralar ciddi değildir. İlk hamle tavanda gerili çamaşır ipine takılmış, ip darbenin şiddetini azaltarak İsabelle'yi mutlak bir ölümden korumuştur. İkinci hamle kola isabet etmiş, kaslarda ve kemikte yarılmaya yol açmıştır ama hayati tehlike yoktur. Behima'da cerrahi operasyon için gerekli ekipman yoktur. Hastanın El Oued'e götürülmesi gerekmektedir ancak kan kaybından dolayı İsabelle kendini çok halsiz hissettiği için ertesi gün yola çıkma kararı alınır.

Daha sonra saldırgan odaya alınır. İsabelle ile yüzleştirilir. İsabelle şahsı tanımadığına, daha önce hiç görmediğine emindir. Adam önce delice hareketler yaparak "akıl sağlığı bozuk" şüphesi uyandırmaya çalışır ama dervişler kendisini tanıdıklarını, gayet uysal, sağlıklı biri olduğunu bildiklerini söyleyince aslına döner ama bu sefer de İsabelle'yi öldürmek üzere Allah tarafından görevlendirildiğini söyler. İsabelle canına kasteden adamı yalnız sorguya çekmek ister. Aralarında ilginç bir diyalog yaşanır:

İsabelle: Seni tanımıyorum. Sen beni tanıyor musun?

Abdullah: Seni tanımıyorum. Seni daha önce hiç görmedim ama seni öldürmek için geldim ve eğer serbest kalırsam yine yaparım.

İsabelle: Neden benden nefret ediyorsun?

Abdullah: Senden nefret etmiyorum. Sen bana hiçbir şey yapmadın ama seni öldürmek zorundayım.

Dervişlerden biri araya girerek İsabelle'nin Müslüman olduğunu bilip bilmediğini sorar. Abdullah "Evet" der, "Biliyorum".

İsabelle ertesi gün bir sedyeyle El Oued askeri hastanesine ulaştırılır. Üç hafta süren tedavi sürecinde günlüğüne düştüğü ıslak satırlarda; ailesinden, sevgilisinden ve dostlarından uzak, sefil bir hastane odasında gün sayan yaralı kuşun çığlıkları duyulmaktadır:

Bu sabah (3 şubat 1901) hüzün dolu melankolik bir anımda boğuk salonun kapısının önünde çöl kumları gibi gri tüyleri, benekli göğsü, siyah boynu ve incecik zarif bacaklarıyla cıvıldayarak zıplayan minik, harika bir serçe gördüm. Hafızamda sürgün edildiğim ülkedeki hatıralar canlandı... Onun böyle sevimli bir surete bürünerek beni bu cehennemde teselli etmeye gelen annemin ruhu olabileceğini düşündüm. Bu beni büyüleyen, içimi ısıtan ama aynı zamanda da ürperten bir duyguydu (...)

Olayın şoku atlatıldıkça fiziksel acılar daha çok su yüzüne çıkar. İsabelle uzun bir süre, ancak sağlam olan kolunun yardımıyla yaralı kolunu hareket ettirebilir ve ateşler içinde yanan başını dayayabilecek bir omuz arayışı içinde bu çileli günlerinin bir an önce bitmesi için Allah'a dua eder. Bu zor günlerde mahkûm edildiği yalnızlık ona daha çok acı verir. Çünkü Batna'ya sürülen Süleyman Ehni izin alamadığı için ziyaretine gelemez:

Sığındığım liman, nerdesin?

Sevdiğim bakış, nerdesin?

Yaslandığım omuz, nerdesin?

İsabelle hastanede geçirdiği günlerde de, hep yaptığı gibi, ız-dırabını yine kâğıda döker:

Şubat 1901, El Oued askeri hastanesi,

Kapının üstündeki pencereden silik ay ışığının zar zor aydınlattığı komşu binayı seyrediyorum. Üzerinde dezenfeksiyon kutularının sıralandığı otopsi masasını görüyorum. Kim bilir, belki de kısa bir zaman sonra onun üzerine benim bedenimi yatıracaklar... Ölüm beni korkutmuyor. Ben sadece acı çekmekten, bitmek tükenmek bilmeyen sancılara maruz kalmaktan ve anlamsız sızılardan korkuyorum.

Duvarda asılı duran ve hastane kurallarını anlatan listeyi okumaya çalışır birgün ama yorgun gözlerinden dolayı başaramaz ve yaşlar yanaklarından süzülmeye başlar. Bir başka gün Süleyman'ın ansızın kapıda belirdiğini hayal eder:

Kapıda parlak turuncu bir üniformalı belirecek. Kahverengi gözlerinden yayılan yumuşak, pırıltılı ışık kederli odamdaki bütün kasveti dağıtacak... Tok, derin, hafif titrek bir ses, Kuzeylilere özgü melodisi ile duvarlarda çınlayacak...

Ve benim ruhum dirilecek ve kalbim yeniden atmaya başlayacak...

Ne yazık ki İsabelle'nin üç hafta süren hastane serüveni boyunca bu hayal hiç gerçekleşmez. Dokuz Şubat'ta, Abdullah Muhammed tutuklanarak cezaevine konulur. İsabelle hastane odasının penceresinden onun hapishaneye getirilişini izler. Gardiyanlar tarafından üstü aranırken başını öne eğen bu zavallı varlığa karşı içinde hiç nefret kırıntısı bulamamasına şaşırır. Abdullah kime hizmet ettiklerini bilmediği ve bilemeyeceği karanlık güç odaklarının maşasıdır sadece. O sadece bir kurbandır...

Hastanede geçirilen üç haftayı çekilir kılan tek kişi tedavisi ile ilgilenen Dr. Leon Taste'dir. İsabelle'den altı yaş büyük olan Fransız doktor kısa bir süre önce Cezayir'e gelmiştir ve rutin iş hayatına renk katan bu çılgın karakterden hayli etkilenmiştir. İsabelle defterinde ondan şöyle bahseder:

Bazen neşeli, bazen huysuz ve kaba. İyi bir gözlemci ve düşünür. Muammaları çözen bir hakikat arayışçısı, bir kardeş, hayret verici ve agresif; özellikle dini mevzular söz konusu olduğunda. Dr. Taste çok geçmeden benim yakın arkadaşım oldu. Tutkulu biriydi ve bana sık sık kalbini açtı. Sevdiği insanlardan bahsetti; fikirlerini, maceralarını ve hayallerini anlattı. Daha çok erotik konular ilgisini çekiyordu. Saf bedensel hazlar yaşayabileceği arkadaşlar, yeni heyecanlar arıyor, benim yakın geçmişimi irdelemeye çalışıyordu. (...)

Taste, beni önce tamamen yanlış anladı, sonra romantik ve erotik taraflarımı keşfedebilmek için Süleyman'ın romantik ve erotik taraflarını tanımaya çalıştı. Bu tavrın nedenini toplumda, daha ziyade ise cemiyette ve etnik kökenlerle ilgili önyargılarda aramak lazım. Fransızlar Arapları "içgüdüleri ile hareket eden hayvani bir halk" olarak tahayyül ediyor, onların karşı cinse, duyguları bulaştırmadan, sadece kaba bir fiziki tatmin için yaklaştıklarına inanıyorlar.

SUİKASTIN PERDE ARKASI

30 Ocak'ta General Dechizelle, General de la Roque'ye bir telgrafla suikast girişimini bildirir. Onu, 2 Şubat tarihli ve olayla ilgili detaylı bilgileri içeren bir mektup takip eder:

"Radikal dinci bir saldırı olduğu konusunda şüphemiz yok. Saldırgan yerli halk tarafından derhal yakalanmış. Soruşturma başlatıldı."

Aynı gün General Roque tarafından ulaştırılan cevabi mektuptaki söylentiler üzücüdür:

"Aldığım bilgilere göre Bayan Eberhardt, Kadiri tarikatı üyesiymiş. Bu tarikatın üyesi olmasının ve tarikat lideri ile arasında olan yakın ilişkinin böyle bir olaya yol açmış olması kuvvetle muhtemeldir."

Dechizelle bu iddiaları onaylayan bir cevap yazarak İsabelle hakkındaki şüpheleri körükler:

"Tuggurt'da bulunan komutana göre 'Bayan Eberhardt' Kadiri tarikatının ileri gelenlerinden biri. Bölgedeki yaygın dedikodulara göre, bu bayan tarikattaki dervişlerle de fazla sıkı fıkı. Komutan, bir yıldır devam eden bu ilişkilerin kötü olaylara yol açmasından endişe ediyor."

Tarikat lideri ve dervişlerle bir yıldır süren ilişki(!) Oysa İsabelle Cezayir'e geleli daha altı ay olmuştur...

İki generalin arasında geçen diplomatik mektuplarda yer alan yanlış beyanlar, abartılı ifadeler dikkate alındığında, Fransızlar'ın yerli müttefikleri olan Ticani tarikatının liderlerini ve müntesiplerini kullanarak İsabelle'yi bölgeden uzaklaştırmak için böyle bir yola başvurdukları ihtimali hiç uzak görünmüyor. Burada "kâğıda düşen hiçbir sır artık sır değildir" kuralını da hatırlatmakta fayda var...

İsabelle, Fransız ordusunun kendisini bölgeden uzaklaştırmak için Ticanileri kullandığına emindir. 20 Şubat'ta Süleyman'ın abisi Molud'a yazdığı mektupta ilk defa şüphelerini ifşa eder:

İsabelle'nin Süleyman'a yazdığı mektuplardan biri (Foto; Briefe an drei Männer, Isabelle Eberhardt, derleyen: Marie - Odile Delacour ve Jean-René Huleu, Rowohlt yayınları)

Bu Fransız politikacılardan oluşan köpek sürüsünden vebalıdan kaçar gibi kaçın. Arsızca Müslümanlarla oynuyorlar ve bizi günah keçisi rolüne iterek yüz üstü bıraktılar. Bütün suçluları cezalandırma-

dan, bizim gayet iyi tanıdığımız Muhammed Tayyib, Seyyid Haşemi ve diğerlerine, hepimiz için bedel ödeyen Süleyman'a çamur atamazlar. 'Gelecek günler' bize çok kötü kullanıldığımızı gösterecek. Bu adamlara sırtınızı dönmeyi bir onursuzluk addetmeyin. Onlara ihanet edin veya başkalarından yardım talep edin demiyorum. Hayır... Olduğunuz gibi, yani iyi bir Müslüman ve sadık bir Kadiri tarikatı müridi olarak kalın ama tarikatımız ve şeyhimiz hakkında iyi şeyler murad etmeyen, sizi de kasten kaosun içine çekmeye çalışan insanları desteklemekten vazgeçin. Buradan gider gitmez olan biten her şeyi Seyyid Haşemi'ye anlatacağım. Bu tavsiyem size vasiyetim olsun... Size yaptığım bu tavsiye kendim için de geçerlidir. Ben Batna'ya gidiyorum ve artık bu adamlarla ilgili hiçbir şey duymak istiyorum.

İsabelle neden kullanıldıklarını düşünüyordu? Neye alet edilmişlerdi? Bu sorular cevaplandırıldığında, emperyalistlerin İslam ülkelerinde çevirdikleri entrikalara da bir nebze cevap bulunmuş olacak.

BATNA'YA HAREKET

İsabelle, üç haftanın ardından ilk defa 19 Şubat'ta hastaneden dışarı adımını atar. Doktor Taste ile Amiche sokaklarında yaptıkları bu atlı yürüyüş onu daha çok hüzünlendirir:

Bu ülkenin büyük cazibesi, büyülü ufukları ve ışıklarıdır... Souf vadisi ıssız, telafi edilemez bir şekilde ve ebediyete kadar tenha...

20 Şubat'ta Doktor Taste ile birlikte Guemar'daki Şeyh Seyyid El Hüseyin'in zaviyesine gelir. Bir gün önceki melankoli yerini geleceğe dair tatlı umutlara bırakmıştır.

Hayır, doğru değil... Souf vadisi tenha değil ve Sahra'nın güneşi sönmedi...

Tenha ve karanlıklarda olan benim kalbimdi. Çevredeki ihtişama duyarsız kalan ruhumdu.

21 Şubat'ta El Vadi'deki evindedir. Evin kapısından içeri adımını atarken yine aklında Süleyman vardır:

Bugün eve geldim ve devasa bir boşluk sardı ruhumu. Kapıdan içeri girerken dehşetle ruhumun (Süleyman'ın) bir daha asla bu eşikten adımını atamayacağını düşünerek ürperdim.

25 Şubat'ta Doktor Taste'nin refakatinde Taghzout'a kadar gelir. Buradan Guemar'daki Şeyh Seyyid El Hüseyin'in zaviyesine geçer. 26 Şubat'ta, Lakdar isminde bir bedevi ile birlikte on kişilik bir kafileye katılırlar. Atlarla ve develerle çıkılan zorlu

yolculuk yedi gün sürer. Süleyman Biskra'dan Chegga'ya doğru uzanan güzergâhta onları karşılar. Bir Mart akşamı Chegga'ya gelirler.

İki gün ve iki geceyi burada dinlenerek geçirirler. Kurbağaların seslerini dinleyerek geçirdikleri son gecenin sabahında Batna'ya doğru yola çıkarlar.

TAKİBAT, YOKSULLUK VE SÜRGÜN

El Vadi'deki zaviyede dini nikâhlarını kıymışlardır ama resmi nikâhları olmadığı için resmi kurumlarla yaşanan bürokratik sıkıntılar bitmemektedir. Batna'ya döndükten sonra Süleyman'ı yanına çağıran kışla kumandanı, kötü haberi üzüntüyle iletir. Açıklanamayacak bir nedenden dolayı İsabelle ile evlenmesi mümkün değildir. 18 Nisan'da Paris'teki sömürge bakanlığına bir mektup yazarak evlilik işlemleri konusunda çıkarılan zorlukları anlatır ve sebebini sorar. Gelen cevap konjonktüre uygun ve yüreklendiricidir:

Mektubunuzu dikkatle okudum. Özel hayatınızın her türlü şüpheden münezzeh olduğu konusunda sizi temin ederim. Bu kararın tamamen politik nedenlerden dolayı alındığını düşünüyorum. Kararın alınmasına kadar geçen sürenin uzunluğu, bu süre zarfında size karşı takınılan tutum ve tarz benim bu düşüncemi destekler nitelikteler.
Bu şartlar altında, alınacak son kararla ilgili yetki askeri makamlarda olduğu için, ne yazık ki benim konuya resmi açıdan müdahil olmam mümkün değil ancak tutarlılığınız, dürüstlüğünüz ve samimi hisleriniz sayesinde bütün engelleri aşacağınıza inanıyorum.

İsabelle'nin Batna'daki iskânını geçici bir süre için tolere eden Fransız güçleri, çiftlerin görüşmesine engel olmaya devam ederler. Aşklarının en yakın şahidi kışla ile ev arasında getirip götürdüğü mektuplarla iletişimlerini sağlayan Kahya Halife'dir.

Aşk nağmeleri, göz ve çiçek resimleriyle süslenmiş mektuplarında İsabelle, Süleyman'a Fransızcada "sevimli beyaz kedi" anlamına gelen "Zizou" lakabıyla, Süleyman ise İsabelle'ye "Ziza"(Azize) diye seslenir.

Süleyman kışladan ayrılamadığı ve nikahları meçhul nedenlerle engellendiği için, Batna'daki günler ve geceler büyük bir yalnızlık, maddi manevi yoksulluk içinde geçer. 7 Mart'ta Augustin'e yazılan mektup adeta bir yardım çığlığıdır. Kardeşine çektiği acıları anlatan İsabelle, resmi nikâh için gereken eksik evraklarla birlikte biraz da borç para ister. Augustin'in kayıtsızlığını bildiği için sert bir yönteme başvurur ve Vladimir'i hatırlatarak, mektubunun cevapsız bırakılması halinde aynı yoldan giderek, canına kıymaktan çekinmeyeceğinin altını çizer. Augustin'i bu ihtar bile etkilemez. Eksik evrakları gönderir ama mektup yazmaz ve para göndermez.

17 Mart'ta Behima'daki suikast girişimi ile ilgili mahkemeye katılmak üzere Konstantin'e gider ancak mahkeme Haziran ayına ertelenir. Ertesi akşam yeniden Batna'ya döner. Günlüğün 26 Mart tarihli sayfasına düşülen not çok trajiktir:

Tamamen yoksulum... Ekmek yok, para yok, yakacak odun yok... Hiçbir şeyim yok

Tam bir ay sonra, 26 Nisan'da kaleme alınan satırlardan İsabelle'nin hayatında müspet manada çok şeyin değişmediğini anlıyoruz. Sadece küçük bir değişiklik yaşanmış ve Augustin, İsabelle'ye geri dönmüştür. Süleyman'ın Augustin'e, İsabelle'ye destek olması için yaptığı rica etkili olmuş, Augustin, İsabelle'ye sevgi ve teselli dolu bir mektup yazarak moral vermiştir. Bu minik güzelliğin dışında, İsabelle'nin Batna'daki hayatı polislerin ve ajanların gizli takibi altında, korku ve melankoli ile doludur. Diğer taraftan, sosyal ilişkilerdeki girişken ve son derece başarılı karakteri sayesinde bürokratik engelleri tamamen çözmekte muvaffak olamasa da, ertelemeyi başarır. Aynı "sosyal zekâ" başka alanlarda da imdadına yetişir. Dışarıda bulunduğu zamanlarda çevresinden ayrılmayan polislerle zamanla arkadaş olur ve yaptığı sohbetlerde suikastla ilgili ipuçları toplar. Öyle ki, bu polislerden birisi suikastın Fransız istihbaratının işi olduğunu adeta itiraf eder:

Akşam, düşmanlarım tarafından beni takip etmekle görevlendirilen polis memurlarının yanındaydım. Benim ölümümü isteyen kişinin P... ([17]) olduğunu ve katilin cezalandırılmayacağını itiraf eden ilk kişiydi. Bu çok doğruydu ve ben o akşam söylediğim her şeyi, nasıl olursa olsun, herkesin önünde tekrarlayacağım. Eğer bu doğruysa, bu ülkede kalabileceğimiz tek toprak parçası olan güney bölgelerinin neresine yerleşirsek yerleşelim, er veya geç infaz edileceğim.

Behima suikastının göz ardı edilmesi veya cezasız bırakılması alaycı bir itiraftır ve Ticaniler için şöyle bir teşviktir; Mahmud'u öldürün! Korkmanızı gerektiren bir şey yok!

(...)

Polis memurunun ifadelerinden anladığım kadarıyla, düşmanım benim zengin biri olduğumu düşünüyor.

İki yıl önce Biskra'da ve burada pencereden para saçarak çok iyi bir şey yapmışım. Servetimle ilgili bu söylentiler, kendimi savunma noktasında en az bir servet sahibi olmak kadar fayda sağladı bana. Tanrım! Bu alçak herifler yoksulluk içinde yaşadığımı, en küçük bir komployla köşeye sıkıştırılabileceğimi bilseler, ellerinden geleni yaparlar.

Acaba sakladıkları şey ne, neyin açığa çıkmasından korkuyorlar ki; El-Vadi'deki araştırmalarım dışında –sebepsiz ihmal veya Süleyman'a zarar veririm korkusuyla- hiçbir şey yapmadığım halde önümde tir tir titriyorlar.

Kesinlikle korkuyorlar. Neden beni, örneğin ajanlık iddiasıyla tutuklamıyorlar veya yurtdışı etmiyorlar?

P... hakkımda ne demişti; 'bu çılgın başımıza bela açabilir'...

Burada sürdürdüğüm perişan hayatı iradi bir kayıtsızlık ve marjinal bir seçim gibi göstermekle çok iyi yapmışım. Bu açıklama onların, içinde bulunduğum gerçek durumumu algılamalarına engel oldu.

---

17 Büyük ihtimalle general Pujat kasdediliyor.

Gerçek şu ki, eskiden asla yapmayacağım birçok şeyi yapabilecek kadar; örneğin elden ayaktan düşmeyeyim diye, yemek saatinde yemek yemek maksadıyla insanların evlerine gidecek; dış dünyaya kapalı, gizemli dervişleri arayıp para isteyecek kadar perişan durumdayım.

İsabelle'nin zengin bir Rus aristokratının kızı olduğunu düşünürsek, bu konforlu hayattan feragat etmesine yol açan içgüdünün ve arayışın basit bir macera tutkusundan öte, ilahi bir davete icabet olduğunu fark edebiliriz. İsabelle'nin dünyaya iletmek istediği evrensel bir mesajı vardı. Kısacık ömrüne sığdırdığı devasa acılar, genç yaşta bilgelik düzeyinde bir tespit ve tahlil kabiliyetine kavuşmasını sağladı. Öyle ki, katilinin kim olduğunu kolaylıkla tahmin edebiliyor ama günlüğünde dahi adını yazamayacak kadar o meçhul güçlerden korkuyordu.

İsabelle encamını ve mukadderatını da biliyordu... Nitekim bu sefer muvaffak olamayan o güç, üç yıl sonra hedefine ulaşacaktır

Burada o cümleyi yeniden hatırlatmakta fayda var:

"Eğer bu doğruysa, bu ülkede kalabileceğimiz tek toprak parçası olan güney bölgelerinin neresine yerleşirsek yerleşelim, birgün infaz edileceğim."

Bir hafta sonra Cezayir Bölge Mahkemesi'nden ulaşan resmi bir mektupla İsabelle'den, ülkeyi derhal terk etmesi ve 18 Haziran'da Konstantin'de yapılacak duruşmaya kadar Fransa'da kalması istenir. Bu talep İsabelle'yi bir kez daha altüst eder:

Acımasızca kovalanan, yakalanıp öldürülerek imha edilmesi hedeflenen vahşi bir hayvan gibiyim. (5 Mayıs 1901)

Süleyman sürgün kâğıdından haberdar olur olmaz Augustin'e bir mektup yazarak, İsabelle ile ilgilenmesini, onu koruyup kollamasını rica eder;

Ben on aydır nasıl koruyup kolluyorsam, siz de kız kardeşinizi öyle koruyup kollayın. Birbirimizden ayrı kalacağımız bu süre zarfında, kurbanı olduğu bu kovuşturmaya karşı direnebilmesi için, ona çatınızın altında yer açmanızı rica ediyorum.

Oraya geldiğinde yanında biraz para olacak. Küçük harcamalarını ve mektuplarımız için pul masraflarını karşılayabilmesi için ben de maaşımdan üç beş kuruş göndereceğim.

Sizin de bildiğiniz gibi, karım az parayla idare etmeye Batna'da geçirdiği bahtsız günlerden alışkındır ve bunu gayet iyi bilir.

Size hiçbir yükü olmayacaktır. Ayrıca, onun için yapacağınız harcamaları mirastan kendisine kalacak paydan da düşebilirsiniz.

(...)

Kayınbiraderiniz

Ehni. S.

6 Mayıs gecesi, veda gecesidir. Süleyman ve aile dostları Halife, tren istasyonuna kadar ona eşlik ederler. İsabelle son bir kez arkasına dönüp bakar ve gece karanlığında zor seçilen dost siluetleri hafızasına nakşeder.

DÜĞÜN HAZIRLIKLARI

İki gece Annaba'da eski bir dostlarının evinde kalır. 9 Mayıs Perşembe akşamı Marsilya'ya giden Pierre Mouchet gemisine biner. İki gün süren bol dalgalı, fırtınalı yolculuk İsabelle'yi yer yer isyanın eşiğine getirir. Dondurucu soğuk ve nemden mütevellit baş gösteren böbrek sancılarını, Marsilya'ya geldikten sonra eline geçen mektup unutturur. Kendisine Cezayir'e giriş yasağı konulmamıştır. Gereken parayı bulur bulmaz Süleyman'a kavuşması için de artık başka bir engel kalmamıştır.

Augustin'in Marsilya'daki evi. İsabelle bir süre bu evde kalmış, demir parmaklıklardan dışarıyı seyrederek hayallere dalmıştı

25 Mayıs sabahı kapıyı çalan jandarmalar İsabelle'ye, Konstantin'de gerçekleşecek duruşmaya çağrıldığını bildirirler. Aynı günün akşamı Süleyman'a yazılan mektubun ana konusu kılık kıyafet tartışmasıdır. Süleyman, İsabelle'nin erkek kıyafetleri giymesinden rahatsızdır. İsabelle birer hafta arayla yazdığı iki ayrı mektupta dönemin kadın kıyafetlerinin ne kadar pahalı olduklarından bahsederek Süleyman'ı ikna etmeye çalışır:

Anlaşıldığı kadarıyla sen, sıradan bir Fransız kadını gibi giyinebilmenin kaça mal olacağından haberdar değilsin. Benim gibi kazınmış bir kafa için (sade bir topuz bu durumda yeterli değil) gerekli olan bir peruğun fiyatı 15, 20 Frank. Şapka, iç çamaşırı, korse, etek astarı, çoraplar, ayakkabılar, eldivenler... İki korse de satıldı ve yazın kışlık kıyafetler -üstelik bir de Cezayir'de- giyinmem mümkün değil; bu hem işkence olur hem de komik durur.

(...)

Abdulkadir Geylani üzerine yemin ederim, öyle istediğim için değil, sadece başka şansım olmadığı için erkek kıyafetleri giyiniyorum. (...)

Konstantin'e kesinlikle daha rahat olan bedevi Arap kıyafetleri ile geleceğim.

(...)

Batna'daki aptalların alay öznesi olmamı istemezsin, değil mi? Ayrıca aşçı kadın kıyafetleri ile sokağa çıkacağıma, işçi kıyafetleri ile çıkarım daha iyi. Buna gururum izin vermez ve eminim ki, milyoner olarak anıldığım bir yerde beni böyle aşağılayıcı bir duruma sürüklemek istemezsin. Tunus'ta ise beni kimse tanımıyor ve bana hangisi doğru görünüyorsa öyle hareket edebilirim.

29 Mayıs'da Cezayir'deki Depeche Algerienne gazetesine bir mektup yazarak medyanın sessizliğinden şikâyet eder ve suikastı anlatır:

Sayın genel yayın yönetmeni,

18 Haziran'da Konstantin askeri mahkemesinde gerçekleşecek bir duruşmada, Tuggurt bölgesindeki El Oued'da bağlı Behima köyünden Abdullah bin Seyyid Muhammed bin Lakdar isimli bir şahıs yargılanacak. Birçok cinayet veya cinayete teşebbüsten tutuklanan bu şahsın kurbanlarından biri de benim.

Cezayir mahkemelerine yansıyan en gizemli ve sırlarla dolu vakalardan biri olmasına rağmen, tek bir Cezayir gazetesinin bu olaydan bahsetmemesini hayretler içinde müşahede etmekteyim. Basının konuya yeterince vakıf olamadığını düşünüyorum. Hakikate ve adalete olan inancıma dayanarak, kamuoyunun mahkeme kararı açıklanmadan önce olayın detayları ile ilgili bilgilendirilmesini gerekli görüyorum. Bu nedenden dolayı, gönderdiğim mektubun imzamla birlikte yayınlanmasını sizden istirham ediyorum. Mektubumun içeriği ile ilgili bütün sorumluluğu üstleniyorum.

Abdullah bin Muhammed ile ilgili soruşturmalar sırasında görevli memurlar Müslüman olmamın yanı sıra, Kadiri tarikatı üyesi olduğumu ve seyahat ettiğim coğrafyaya göre Arap erkeği veya kadını gibi giyindiğimi öğrendiklerinde çok şaşırmışlardı. 'Manipülasyon amacıyla veya bir hesaplaşmadan dolayı din değiştiren biri' izlenimi vermemek için açıklamak zorundayım ki; ben hiç Hıristiyan olmamış, hiç vaftiz edilmemiş, uzun zamandır Müslüman olan bir Rus vatandaşıyım. Aristokrat bir Rus ailenin mensubu olan annem İslam'ı kabul ettikten sonra, 1897'de Annaba'da vefat etti ve Müslüman mezarlığına defnedildi. Anlaşıldığı üzere, benim kendimi farklı göstermemi ve Müslüman olmamı gerektiren bir durum yoktu. Öyle ki, Cezayir'deki Müslüman kardeşim Seyyid Muhammed Taib'in kardeşi Şeyh Seyyid Muhammed El Hüseyin hiç tereddüt etmeden tarikata kabul edecek kadar bana güvendi. Bütün bu saydığım nedenlerden dolayı, bu suikastın bir Hıristiyan karşıtlığı içermediğini bildirmek isterim. Ben Hıristiyan değilim, hiç olmadım ve bu gerçeği Abdullah dâhil bütün sufiler bilir.

İsabelle bu ön bilgilerin ardından suikastı anlatır, Cezayir'de karşısına çıkan Cezayir ve Fransız asıllı bazı kimliklerden bahseder, kendisine gösterilen teveccühü ve duyulan güveni bazı isimler vererek ifadeye döker. Mektubun sonlarına doğru dile getirilen detay ise son derece önemli ve suikastın arkasındaki derin güçlerle ilgili duyulan şüpheleri tasdikler niteliktedir:

Aynı dönemlerde saldırganın babası, Seyyid Haşemi'yi bulur ve şahitler önünde, oğlunun beni öldürmek için kendisinden para aldığını anlatır. Seyyid Haşemi saldırganın talimatı kimden aldığını bilmediği için ve itirafın kayda geçmesini sağlamak amacıyla, saldırganın babasına, oğlunu bir avukatla birlikte ziyaret etmeyi ve onun huzurunda konuşmalarını teklif eder. Orada bulunan murabıtlardan[18] biri Arap bürosuna gitmesini tavsiye eder. Yaşlı adam hizmetçilerimden birinin vasıtasıyla; benimle konuşmak istediğini, olayın kendilerinden kaynaklanmadığını, oğluyla görüşeceğini ve onun itiraf etmesini sağlayacağını iletti. Bütün bu yaşananlar Abdullah'ın Hıristiyanlara duyduğu nefretten dolayı değil de, bir talimat doğrultusunda hareket ettiğini gösteriyor. Ayrıca olayın taammüden adam öldürmeye teşebbüs olduğunu ispat ediyor.

Benim düşünceme göre, Abdullah sadece bir maşaydı ve onun tutuklanması ne beni ne de gerçeğin ve adaletin peşinde olan insanları memnun etmeye yetecek. Mahkemede Abdullah'ı değil, gerçek suçluları, yani azmettiricilerini görmek istiyorum.

Depeche Algerienne gazetesinin mektubunu sansürsüz yayınlaması üzerine İsabelle, 7 Haziran'da yeni bir mektupla gazeteye teşekkürlerini iletir ve yerli halka dini telkinlerde bulunduğu, misyonerlik ve ajanlık yaptığı yolundaki iddiaları yalanlar:

Tek isteğim, gözlerden uzak ve huzurlu bir hayatta bana yol arkadaşlığı yapacak sadık ve sessiz bir at, ondan daha fazla problem çıkarmayan birkaç hizmetçi ve beni tamamlayan, modern dünyanın kargaşasından uzak, naçizane daha temiz ve duru bulduğum o sükûnet. Çölün uçsuz bucaksız kum dalgalarını, sarı soluk ufuklarını bulvarlara tercih ediyor olmam, kimi, neden rahatsız eder? Hayır, sayın genel yayın yönetmeni, ben politikacı değilim, herhangi bir partinin ajanı değilim, çünkü ikisini de aynı derecede yanlış buluyorum. Ben marjinal bir maceracıyım.

Bu mektup da dokunulmadan, olduğu gibi yayınlanır. İsabelle ithamlara karşı kendisini savunma imkânı bulmuş olmaktan dolayı memnundur.

---

18 Kuzey Afrika'da dervişlere verilen ad

13 Haziran'da Felix-Tauache gemisiyle, Marsilya limanından Philippeville'ye doğru açılan İsabelle, Afrika'ya yaptığı her seyahatte olduğu gibi yine mutlu ve heyecanlıdır. Geminin dördüncü sınıf kamarasında, merak ettiği ve tanımak istediği insanlar arasında bulunmaktan dolayı yine heyecanlıdır ve her zaman olduğu gibi yine fırsatı değerlendirerek, içlerinden biriyle iletişime geçer. Bu yeni yol arkadaşının adı Amara'dır. Amara, hapisten yeni çıkmış bir sabıkalıdır ve muhatabının, kendisini öldürmeye teşebbüs eden birinin duruşmasına giden bir mağdure olduğundan habersizdir. Öldürdüğü şahsın çok sevdiği kısrağını çaldığını ve yakalanacağını anlayınca hayvanı öldürdüğünü anlattıktan sonra; "intikamını alamadığın zaman o nefret seni boğabiliyor ve nefes alamaz hale gelebiliyorsun" der. İsabelle, adaletsizlik karşısında intikamı doğru bulan yol arkadaşını ibretle dinler ve "huzuru ara ve intikamı Allah'a bırak" tavsiyesinde bulunur.

Akşam üzeri gemi Philippeville'ye ulaşır. Amara ile birlikte Konstantine'ye kadar giderler. Burada İsabelle bir dostunun abisi olan Muhammed bin Şakar'a misafir olur. Süleyman'dan haber alamamış olmanın huzursuzluğu ve bitlerle mücadeleyle geçirilen tatsız iki gecenin ardından, 16 Haziran'da şehrin tren istasyonunda Süleyman'ı karşılar. 17 Haziran'da Souf'dan üç şahitle görüşürler. İsabelle görüştükleri insanların samimiyetlerinden ve misafirperverliklerinden çok etkilenir. Duruşma için gelen Şeyh Seyyid Haşemi'yi de istasyonda karşıladıktan sonra, birlikte bir gün sonraki duruşma için hazırlık yaparlar.

SUİKAST DAVASI

İsabelle ve Süleyman salona erken saatlerde gelirler ve bekleme salonunda yerlerini alırlar. Birkaç meraklı izleyici, şahit ve gazetecinin ardından, Abdullah'ın elleri kelepçeli vaziyette, iki piyadenin arasında salona götürülüşünü izler. Saat yedide içeri çağrılırlar. Yeşil beyaz tören kıyafetleri içinde, şahitler kabininde oturan Seyyid el Haşemi'nin yanındaki boş koltuğa oturur. Mahkeme Başkanı Yarbay Jardin duruşmayı başlatır, kâtip dava metnini okur ve şahitlerle birlikte İsabelle de dışarı alınır. Abdullah bin Muhammed benzi sapsarı, bitkin bir halde mahkeme salonuna sürüklenir. Tıklım tıklım dolu olan mahkeme salonunda göze çarpanlar arasından biri, İsabelle'nin "hain" olarak andığı Ticani şeyhi Muhammed bin Abdurrahman, bir diğeri de; Konstantin'den gelerek, komutasındaki bazı rütbeliler ve eşleriyle birlikte duruşmaya katılan General Laborie de Labattut'dur. Abdullah, kafası yerde, titreyen ellerini koynunda saklamaya çalışarak gösterilen yere oturur. Soruları kafasını yerden kaldırmadan, titreyen bir sesle cevaplar. İsabelle'nin Avrupalı olduğunu bilmediğini ama Müslüman olduğunu bildiğini, geleneklere aykırı olarak erkek kıyafetleri ile gezerek fitne çıkardığı için onu öldürmek istediğini, bunun kendisine bir melek tarafından emredildiğini; meleğin İsabelle'nin ne zaman El Haşemi ile birlikte Behima'dan geldiğini ve nerede olduğunu bildirdiğini, olaydan beş gün önce oruç tutmaya ve ailesinden uzak durmaya başladığını, altıncı gün bir balta bularak yola çıktığını, kurban silahlı da olsa onu öldürmeye kararlı olduğunu ama bugün pişmanlık duyduğunu ve İsabelle'den af dilediğini anlatır. Abdullah'ın avukatı Maitre Laffont, provokatif sorularla mahkemeyi yönlendirmeye çalışır ve ısrarla İsabelle'yi niçin öldürmek istediğini sorar. Abdullah "erkek gibi giyindiği ve fitne çıkardığı için" der. Avukat soruyu tekrarlayınca, biraz düşünür ve "onun el Haşemi ile ilişkisi olduğunu da düşünüyordum" der. Bu cevapla birlikte salonu bir uğultu sarar.

Askeri hâkim sert ve donuk bir ifadeyle, davacı ve şahitlerin içeri alınmasını ister. İsabelle ifadesi alınmak üzere kürsüye çağrılır. İsabelle o gün başından geçenleri anlatır. Mahkeme üyelerinden biri İsabelle'nin sözünü ilginç bir soruyla keser:

"Bir kadının erkek gibi giyinmesi İslam dininde günah mıdır?"

İsabelle: "Günah değildir ancak yakışıksız bulunur."

Mahkeme başkanı araya girerek niçin giydiğini sorunca,

"Pantolonla ata binmek daha rahat olduğu için" diye cevap verir. Mahkeme tercümanı Abdullah'a dönerek, İsabelle'nin anlattıklarına karşı bir itirazı olup olmadığını sorar. Abdullah yine kafasını kaldırmadan: *"ondan sadece beni affetmesini diliyorum"* diye cevap verir. İsabelle yerine geçtikten sonra sırayla diğer şahitler çağrılıp ifadeleri alınır.

Duruşmaya beş dakika ara verilir ve bekleme sırasında İsabelle'nin eline sürgün ilamı tutuşturulur. İlamdaki ifadelere göre, kişisel güvenliği açısından bundan sonra Cezayir'de ikameti sakıncalı bulunmuş ve ülkeyi terketmesi talep edilmiştir. Duruşma başlar. Abdullah'ın avukatı Laffont'un savunması alınır. Laffont bütün acımasızlığı ve elindeki bütün oklarla İsabelle'yi hedef alır:

" … Görüldüğü üzere, Madam Eberhardt bölgedeki geleneklere ters düşen hayat tarzı ve uygunsuz hareketleri ile müvekkilimi tahrik etmiştir. Bir, müvekkilim onun Müslüman olduğunu bilmektedir. Nitekim, Markis katliamından sonra bu ülkede bir Hıristiyana saldırmanın ne kadar ağır cezalandırılacağını da bilmektedir. İki, Madam Eberhardt'ın

erkek kıyafetleri ile gezmesi yerli halkı rahatsız etmektedir. Üç; zengin, eğitimli ve özgür biri olarak Madam Eberhardt, çeşitli tarikatlara bağlanmak yerine, yeteneklerini ve imkânlarını daha faydalı işler için kullanabilirdi... "

Savunmanın ardından savcı M. Martin iddia metnini okur. Başka benzer vakalardan bahsederek, son zamanlarda artış gösteren radikal dinci saldırıların tolere edilmesinin sömürgeciler açısından sakıncalar doğuracağının altını çizer:

Saldırganlar, 'Allah emrettiği için yaptım' dedikleri zaman işledikleri suçları affedebilecek kadar bütün dinlere saygı duyduğumuzu düşünmemeliler."

diye düşüncelerini özetleyen savcı Martin, iyi niyetlerinin suistimal edilme tehlikesini önlemek için saldırganın idam cezası ile cezalandırılmasını talep eder. Ardından karar açıklanır. Abdullah idam cezasına çarptırılır ancak hafifletici nedenlerden dolayı cezası ömür boyu ağır hapis cezasına çevrilir. General de Labatut alınan kararın gururuyla İsabelle'ye döner ve:

"Fransız adaletinin sizin için gerekeni yapmadığından şikâyet edemezsiniz artık" der.

DAVANIN ARDINDAN

İsabelle mahkeme kararı hakkındaki duygularını, onu Cezayir'den koparıp Marsilya'ya götüren trende kâğıda dökecektir:

Abdullah'ın beni ortadan kaldırmak isteyen ulumların maşası olduğuna yürekten inanıyorum. Bugün alınan kararın son derece sert olduğunu düşünüyorum ve buna izin vermeyeceğim. Abdullah'ın eşi ve çocukları var. Ben bir kadınım ve onun dul kalacak eşinin, yetim kalacak çocuklarının neler hissedeceğini tahmin edebiliyorum. Abdullah'a sadece acıyorum.

Nitekim Marsilya'ya döner dönmez Abdullah'a bir mektup yazarak, hakkındaki şikâyetini geri aldığını bildirir ve temyiz yolunu açar. Bunun üzerine ömür boyu ağır hapis cezası on yıla iner. İsabelle'nin yüce gönüllülüğü Abdullah'ın avukatı Maitre Laffont'u mahcup eder. İsabelle'ye verilen sürgün cezasının kaldırılması için işlem başlatır.

Bu davanın entelektüel camiada oluşturduğu yankı İsabelle'nin adının duyulmasını sağlar. Özellikle, bu dava vesilesi ile İsabelle ile tanışan ve yazdığı yazılarla sürgün kararını protesto eden Les Nouvelles dergisinin genel yayın yönetmeni Victor Barrucand, İsabelle'nin hatırasını yaşatacak dostlarından biri olacaktır.

Suikast girişiminin İsabelle'nin ruhunda açtığı derin yaralar maneviyatını da güçlendirmiştir. Abdullah'ı karşısına Allah çıkarmış ve onun kendisine ayna olmasını sağlamıştır:

O günden beri hayat benim için yeni bir anlam kazandı. Dünyadaki bu fani varlığımızın, başka bir dünyadaki hayat için bir olgunlaşma süreci, bir hazırlık olduğunu düşünüyorum.

DÜĞÜN

Artık biraz daha büyümüş ve biraz daha hayat yorgunu bir İsabelle vardır. 20 Haziran'da Süleyman'ın refakatinde Marsilya'ya geri döner. Augustin ve Helene, yeni damat adayını çok sıcak karşılamazlar. Maddi sıkıntılarla boğuşurken, -muhtemelen- beslemek zorunda kalacakları yeni bir boğazı aile üyesi olarak kabullenmek istemezler. İsabelle en yakınlarının bu soğuk muamelelerinden dolayı Süleyman'a karşı duyduğu mahcubiyeti sadece günlüğü ile paylaşır. Dört Temmuz'da Süleyman'ı, La Joliette limanından uğurlarken, gözlerini bir saniye onun gözlerinden ayırmaz.

Marsilya'da geçirdiği bu hüzünlü sonbahar, yazım hayatı açısından çok verimli geçer. Bol bol okur, düşünür, yazar ve ürünlerini gazetelere, dergilere yollar. Süleyman'a gönderilen mektuplardaki aşk dolu cümleleri, Süleyman'ı kendini eğitmeye ve Fransızlara karşı ispatlamaya çağıran coşku dolu teşvikler çerçeveler. 23 Temmuz tarihli mektupta ise, Süleyman'ın ara sıra tebarüz eden ataerkil reflekslerine karşı, özgürlüğünü savunan anarkofeminist İsabelle vardır:

Tabi ki Allah'ın indinde senin karınım ama ben basit bir Fatıma veya sıradan bir Ayşe değilim. Ben aynı zamanda kardeşin Mahmud'um. Allah'ın kulu ve Geylani'nin hizmetçisiyim. Ben bütün Arap kadınları gibi, sadece kocasının kölesi olacak bir zevce değilim. İkimiz için kurduğum o muhteşem hayalleri berbat etmene izin vermeyeceğim.

Bütün sıkıntıların arasında İsabelle'yi en çok, Augustin ve Helene'nin yanında kendini sığıntı gibi hissetmek boğmaktadır.

Onlara maddi destekte bulunmak zorundadır ve iş aramaya başlar. Birkaç gün limanda hamallık yapar, bir başka gün bir Fransız'a gelen Arapça mektupları çevirir. Entelektüel camiada tanıdığı tüm isimlere mektuplar yazarak, kendisi için uygun bir iş tavsiyesinde bulunup bulunamayacaklarını sorar. 19 Temmuz'da Les Nouvelles'den gelen haber, yok olmaya yüz tutan umutlarını kanatlandırır. Les Nouvelles iki hikâyesini satın almıştır.

Diğer taraftan evlilik hazırlıkları bütün hızıyla devam etmektedir, zira evlenmeleri için önlerine sürülen resmi engeller artık kalkmıştır. İsabelle formaliteler için koştururken Süleyman'ın hastaneye kaldırıldığı haberini alır. Genetik bir rahatsızlığın tüberküloza çevirmesi üzerine birkaç hafta hastanede yatan genç adama üç aylık bir istirahat izni verilir. 3 Ağustos'ta oyun yazarı Eugene Brieux hızır gibi yetişir. Postayla gönderilen 100 Frank İsabelle'ye derin bir nefes aldırır. Augustin'e ödenen borçlardan arta kalan para, eflatun bir yelekle süslenmiş koyu mavi bir nikâh elbisesine yatırılır. "Bütün Marsilya" birlikte yaşadıklarını bildiği için, beyaz gelinlik giyinmesi geleneklere ters düşmektedir ve Süleyman'ın bu konudaki ısrarı İsabelle'nin kararlı duruşuyla etkisiz hale getirilir. İsabelle anarşisttir, marjinaldir ama bir kural tanımaz değildir. Önemsiz formaliteleri kanun ve kurallarına uygun surette, pürüzsüz atlatmayı tercih etmektedir.

4 Ağustos'ta Süleyman'dan ulaşan mektup, tünelin sonuna biraz daha yaklaşıldığını muştulamaktadır. Süleyman sağlığının düzeldiğini ve on iki gün içinde yanında olacağını yazmıştır ama süre uzar. 24 Ağustos'ta İsabelle'nin mühim bir misafiri vardır. Hakkında sitayişle bahsettiği General Rancougne, İsabelle'yi bizzat ziyaret ederek, Süleyman'ın Marsilya'ya tayin edildiğini ve görev süresi dolana kadar burada kalabileceğini müjdeler.

İsabelle istiladan kurtulmuş, bağımsızlığına kavuşmuştur. Hiç zaman kaybetmeden şehrin merkezinde, Rue Grignan 67'de bir daire kiralar. 27 Ağustos'ta, Augustin'in evini terk ederken vicdanı rahattır:

Hakkımı hepsine helal ediyorum. Allah en adil yargıçtır. Ben insani görevlerimi yaptım ve sonuna kadar yapmaya devam edeceğim.

28 Ağustos sabahı Süleyman'ın gemisi limana yaklaşırken İsabelle'nin kalbinden yüzlerce güvercin havalanmaktadır...

Bir ay boyunca defterine tek satır düşmez... İsabelle bir süre yazmaya ara verip, yaşama kararı almıştır. 27 Eylül'de, Villa Neuve'nin nihayet satıldığı haberini alırlar. Sevinçleri uzun sürmez. Evin satış miktarından, iki yıl süren mahkeme ve avukat masrafları çıkarıldıktan sonra geriye hiçbir şey kalmamıştır. 60 Frank tutarında arta kalan avukat borcu da belgelerle birlikte İsabelle'ye ibraz edilir.

Büyük bir umut kapısı daha yüzüne kapanmıştır ama Süleyman'ın varlığı ve sağlam imanı sayesinde melankoliye kapılmadan ve ye'se düşmeden hayata dört elle yeniden sarılır:

Allah bana merhamet etti ve dualarımı işitti. Bana hayalini kurduğum insanı eş olarak gönderdi. Onsuz bir hayat çok daha anlamsız ve çok daha hüzünlü olabilirdi. (Rusça olarak) Sonsuza kadar acı çeken insanlar kurtuluşa ererler. Allah'ın ne takdir edeceğine yalnızca Allah karar verir. Kadere boyun eğmek ve onun sillelerine cesur bir şekilde göğüs germek gerekiyor.

Nitekim bu talihsiz haberden sadece yirmi bir gün sonra, 17 Ekim'de, İsabelle mutlu günlerinden birini yaşar ve Süleyman'la hayatını resmi olarak birleştirir. Mütevazı nikâh töreninde İsabelle'nin üzerinde siyah bir peruk, mavi bir elbise ve eflatun bir yelek vardır. İsabelle 22, Süleyman 29 yaşındadır. Bu nikâh İsabelle için aynı zamanda engelsiz hareket özgürlüğü de demektir. Fransız vatandaşıyla evlendiği için Fransız vatandaşlığını alır ve Fransız sömürgesi olan ülkelere yerleşme hakkına kavuşur.

20 Ekim'de mektup arkadaşı Lydia Paschkoff'un Marsilya'ya geldiğini öğrenir. İsabelle, o güne kadar sadece mektuplardan tanıdığı arkadaşıyla vicahen de tanışacak olmanın heyecanıyla, Paschkoff'un Grand oteldeki davetine katılır ancak bu karşılaşma iki kadın için de hayal kırıklığıdır. Günlüğe bu karşılaşma ile ilgili düştüğü satırlar çok acımasızdır:

Bayan Paschkoff hiç de büyüleyici, cazip bir şahsiyet değil. Bilinçsiz bir egoizm, sebepsiz bir gurur ve entelektüel yüzeysellikten mürekkep, garip bir karışım. Seküler bir kafa yapısı ve tipik bir Rus tatminsizliği.

1902 – VİCTOR BARRUCAND VE LES NOUVELLES

15 Ocak 1902: İsabelle bir kez daha Marsilya limanından Afrika'ya açılmak üzere demir atacak gemiyi beklemektedir. Bu sefer yanında Süleyman da vardır. Süleyman'ın, Annaba'da göreve başlamasından dolayı genç çift bir süre Süleyman'ın ailesinin yanında yaşamak zorunda kalır. Eşinin buradaki görev süresi dolana kadar atlatması gereken bu sığıntılık hali İsabelle'yi bir hayli bunaltır. Süleyman'ın ailesine karşı zaafları, onların etkisinde kalarak eşini savunmasız bırakması ve aile içi sürtüşmeleri artıran maddi sıkıntılar, henüz temeli atılan bu iki kişilik hayatı çekilmez kılmaktadır.

Süleyman'ın buradaki görevi biter bitmez Cezayir'e dönerler. İsabelle eski özgürlüğüne kavuşmuştur. Toplu taşıma araçlarıyla ulaşabildiği her yere gider. Bazen tren istasyonlarındaki banklarda uyuya kalır, bazen bir Arap kahvehanesinde insanlarla sohbete dalar.

30 Mart'ta Les Nouvelles'in yayın yönetmeni Victor Barrucand'dan bir davet alır. Barrucand'ın evinde gerçekleşen buluşmada İsabelle'ye iş teklifi yapılır. Barrucand, İsabelle'yi yazılarından tanımaktadır ve onun iki dille yayın yapan Les Nouvelles için ideal çalışma arkadaşı olduğundan emindir.

VİCTOR BARRUCAND (1866-1934), VEFALI DOST

Politier (Fransa) doğumlu otodidakt anarşist müzisyen, şair ve yazar...

Çok genç yaşlarda Paris'e gelir. 1891 yılında Zo d'Axa tarafından yayınlanmaya başlanan L'En Dehors gazetesinin yayın kurulunda görev alır. Burada, Paris'te zenginlerin takıldığı Café Terminus'ta içkisini yudumlayanların üzerine el yapımı bir bombayı piposuyla ateşleyip fırlatan ve *"...burjuvazi savunmasız grevci işçilerin üzerine ayrım gözetmeksizin ateş açabiliyorsa, bunun sonucu-*

nun eğlendiği restorantta patlayan bir bomba olabileceğini de hesaba katmak zorundadır!..." sözleriyle hatırlanan ünlü anarşist Emile Henry ile tanışır. Henry onun "Ateş" isimli romanına ilham olur. Kitap, İtalyan sanat eleştirmeni Felix Feneon'un "Macera arayanlar için yüzyılın en sarsıcı ve kusursuz sosyo romantik romanı" tespitiyle en çok satanlar listesine girer.

Yoksullara ve grev yapan işçilere yiyecek yardımları yapan organizasyonlarda görev aldığı için emniyet tarafından uyarılır. Uyarının gerekçesi enteresandır;

"Ücretsiz dağıtılan yemek, halkın sosyal sistemi düzenleyen prensiplerinden feragat etmesi demektir ve bu durum sosyal yapıyı sarsar."

1900 yılında Cezayir'e gelen Politier doğumlu Fransız gazeteci, eşini burada ve genç bir yaşta kaybeder. Acısını kendisini işine adayarak unutmaya çalışır.

Les Nouvelles'in sahibi Senatör Gerente ile yaşadığı fikir ayrılıkları sonrası, buradan istifa ederek Fransızca- Arapça yayın yapan El Ahbar'ı kurar. Barrucand, Herzen ve Bakunin'i haklarında kitaplar yazacak kadar tanıyan ama onlardan farklı olarak, liberal bir tekâmülü, mutlak bir devrim fikrinden daha makul bulan bir yazardı.

İsabelle için Barrucand, Allah tarafından yollanmış bir lütuftur. Onun sunduğu fırsatlar ve verdiği moral destekle hayatı yavaş yavaş düzene girmeye başlar. Barrucand'ın dışında İsabelle'ye destek çıkan ikinci kişi ise bir kadındır; Seyyida bin Aben. Yerli kadınlar için el işi kursları düzenleyen bu çalışkan ve hayırsever kadın, aynı zamanda İsabelle ile felsefi sohbetler yapacak derecede de entelektüeldir:

8. Haziran 1902, 23:301

Bana burada el uzatan iki insanın karakterini yavaş yavaş kavramaya başlıyorum: Barrucand ve Seyyida Bin Aben. İkisi de sevecen ve çok ince ruhlu insanlar. Barrucand özünde bir nihilist, bir filozof ve daha da önemlisi, bilinç dünyasına yoğunlaşmış, gündelik hayatta yaşamayı bilen, son derece pozitif biri.

Seyyida bin Aben ise annemden sonra tanıdığım en erdemli ve altın kalpli kadın. İkisi de gerçek hayatı ne kadar az tanıyorlar aslında!

(Kum Denizi 1, Jurnal)

Mayıs ayının ilk günlerinde, Kasba'ya doğru uzanan Rue du Sodan 17 adresine taşınırlar. Yeni evleri ve yeni çevreleri İsabelle'nin hoşuna gider. Yakın çevrelere küçük seyahatler yapar ve bol bol yazar.

29 Haziran'da Seyyid Ebubekir ile birlikte Bu-Sâda'ya doğru yola çıkarlar. Hedefleri El Hamel'de bulunan Zaviyeyi ziyaret etmektir. Trenle çıkılan yolda, kâh bir at arabasında bulurlar

kendilerini kâh bir posta arabasının sırtında. Dinlenmek veya uyumak için sığındıkları dükkânlarda sineklerin veya bitlerin saldırısına uğrar, karınlarını doyurmak için yerli insanların misafirperverliklerinden istifade eder ve temizlenmek için de hamama giderler. Hava çok sıcak, yol çok uzun ve yorucudur ama 2 Temmuz'da nihayet El-Hamel'e ulaşırlar. İsabelle buradaki zaviyenin murabıtı Leyla Zeyneb'le tanıştığı günü, "İslam'ın Gölgesinde" isimli kitabındaki 'Bu-Sâda' başlığı altında uzun uzun anlatır:

İSABELLE'NİN KALEMİNDEN, TÜRBEDAR LEYLA ZEYNEB

İçerideki dairelere doğru açılan avlu kapısının köşesindeki beton basamaklara bir kadın oturmuş. Üzerinde Bu-Saada'da giyilen, sade ve beyaz bir geleneksel kıyafet var. Sık sık seyahatlere çıktığı için teni güneşten yanmış ve buruşmuş. Elli yaşlarında... Derin bir hüzün perdesiyle çevrelenmiş naif gözlerinin simsiyah gözbebeklerinden zekâ fışkırıyor. Ona ait olan her şeye; ses tonuna, hal diline, hacıları karşılayış tarzına soylu bir mütevazılık hâkim. O, Leyla Zeyneb, Şeyh Muhammed İbn Ebu el-Kasım'ın[19] kızı ve mirasçısı.

Murabıtın erkek torunu olmadığı için, iyi bir talebe olarak Arap eğitim tedrisatından geçirdiği biricik kızını halefi olarak tayin etmiş. Kızını sıradan Arap kadınlarına uygun görülen rollerden farklı bir role hazırlamış. Bugün bu zaviyenin ve ihvanların sorumluluğu ona ait.

Zaviyeler, onları sadece ismen tanıyan bir takım şahısların iddia ettiği gibi, "bağnaz okullar" değildirler. Murabıtlar bir taraftan İslam'ın emirlerini öğretip uygulatırken, diğer taraftan da onlar el uzatmadığı takdirde tamamen evsiz ve çaresiz kalacak binlerce ihtiyaç sahibi, yetim, dul ve hasta insanlarla şefkatle ilgilenirler. Leyla Zeyneb'in yönetimindeki bu zaviye, diğer bütün zaviyelerden daha fazla sayıda yoksul için sığınak vazifesi görüyor.

---

19 Şeyh Muhammed İbn Ebu el-Kasım, (d. 1823) 1897'de vefat etmiştir. 1863'de zaviyeyi kurmuştur.

Boğazından rahatsız olan Leyla Zeyneb, sadece hasetlerinden dolayı kendisine zorluklar çıkaran ve entrikalar çeviren insanlara karşı cesurca savaşıyor ve kendinden feragat edip büyük fedakârlıklar göstererek işini yapmaya devam ediyor.

Benim durumum, hayat tarzım ve hikâyem bir hayli ilgisini çekiyor. Hayat hikâyemi dinledikten sonra, hayat boyu sürecek bir dostluğa dair söz ve teminat veriyor. Ansızın hüzünlenişini ve gözlerinde biriken yaşları görüyorum:

"Kızım... Ben hayatımı Allah'ın izinde iyi şeyler yapmaya adadım... İnsanlar, onlar için yaptığım iyilikleri görmüyorlar. Birçoğu haset içinde benden nefret ediyor. Oysa ben birçok şeyden vazgeçtim; evlenmedim, bir ailem ve dostlarım yok..."

Yıllardır içimde uyuyan ve şu an, yine çok farklı bir kadere sahip başka bir kadında karşıma çıkan bu hiç hak edilmemiş sızı, beni derin bir acıya gark ediyor.

Leyla Zeyneb arasıra hışırtılı öksürüklerle sarsılıyor. Çevresini saran sıkıntılarla dolu geniş bir aileyi koruma ve kollama sorumluluğunu taşıyan bu insanın çok hasta olduğunu görüyorum. Seyda Zeyneb'in çok da uzak görünmeyen vefatı halinde bu hayırsever zaviyenin durumu ne olacak?

Münzevi bir hayat yaşayan, mühim bir dini misyon üstlenmiş bu kadın, Şark toplumlarında rastlanabilecek benzersiz bir şahsiyet ve benim zaviyeye yaptığım bir ziyaret vesilesi ile aktardıklarımdan daha kapsamlı bir araştırmayı hak ediyor.

ENTRİKALARIN ANA ÜSSÜ; TÉNES

"Bu-Saada seyahati bir rüya gibi geçip gitti ve Cezayir'deyken beni bitkin düşüren halsizlikten kurtulmuş, şifalanmış ve güçlenmiş bir şekilde döndüm"

İsabelle günlüğünde, Leyla Zeyneb'in zaviyesine yaptığı ziyareti bu cümlelerle özetler. Hemen her konuda olduğu gibi, Leyla Zeyneb ile olan ilişkisinin detayları veya zaviyede geçirdiği saatlerle ilgili oldukça ketumdur ve teferruata girmez.

Evine döndüğünde onu bekleyen haber karşısında ise nasıl tepki vereceğini bilemez. Sevinir, çünkü Süleyman, Barrucand'ın referansıyla tercüman olarak Ténes'teki karma komün bürosuna atanmıştır. Endişelenir, çünkü Ténes Araplar'dan uzak, ağırlıklı olarak sömürgeci Fransızların kontrolünde olan klasik bir sömürge şehridir. İsabelle muhtemelen bilinçli bir kararla buraya gönderilmiştir zira, zaviyelere yaptığı ziyaretlerin ve yöredeki cemaat liderleri ile kurduğu sağlam ilişkilerin bir sır perdesi ile örtülü olması sömürge bürosunu rahatsız etmektedir. Ténes, onu daha rahat takip ve kontrol edebilecekleri, hatta frenleyebilecekleri imkânlara sahip bir şehirdir.

Genç çift sabahın erken saatlerinde Ténes'e ulaştıklarında takvimler 7 Temmuz 1902'i göstermektedir. Bindikleri fayton şehrin merkezindeki Otel Arts'ın önünde durur. Geceyi burada geçiren bu enteresan karakterler bir anda oteldeki diğer misafirlerin ilgi odağı olurlar.

Isabelle Eberhardt Tènes`de

Nitekim, sabah kahvaltısı sırasında yan masada oturan iki kişinin de geceden beri kendilerini takip ettiklerinin farkında değildirler. Bunlardan biri, Ténes idari memurlarından bürokrat Fernand Karayol'dur. Diğeri ise, belediye yetkilisi ve yazar M. Vayssié. Kısa ama dikkatli bakışlarla İsabelle'i inceleyen iki arkadaş aralarında konuşmaya başlarlar. Karayol arkadaşına *"Tanrım, beyaz cübbelinin kadın olduğuna bahse girerim"* der. O sırada masaya servis yapan garson hafifçe eğilerek fısıldar; *"Evet, o bir kadın ama kendisini Seyyid Mahmut olarak tanıtıyor. Birkaç ay önce uğradığı suikastla gazetelerde gündem olan kadın"* der. İkisi de suikast davasından haberdardırlar ve İsabelle'yi yazılarından tanımaktadırlar. Yerlerinden kalkıp çiftin masasına gider ve kendilerini tanıtırlar. Karayol ve Vayssié, Robert Arnaud'dan sonra İsabelle'nin Ténes'te en çok zaman geçirdiği sayılı kişiler arasına gireceklerdir. Peki, Robert Arnaud (diğer adıyla Robert Randau) kimdir?

İSABELLE'NİN HAYRANI; ROBERT ARNAUD (ROBERT RANDAU)

Ténes'de beni sadece dostum Arnaud'la yaptığımız sohbetler eğlendiriyor. Dar pantolonları ve komik şapkalarından -çizgili takke de diyebiliriz- dolayı kendilerini birşey sanan kibirli küçük burjuva takımı, benden olduğu kadar, ondan da hoşlanmıyor.

(Kum Denizi 1, Jurnal)

Robert Randau veya Robert Arnaud 16 Şubat 1873'de Cezayir'in Mustafa şehrinde dünyaya gelir. Dedesinin Cezayir'de kurulan Fransız sipahi ordusunda görev alması üzerine, aile 1844 yılında Cezayir'e yerleşir. Robert babası tarafından sert bir eğitime tabi tutulur. Annesi papaz olmasını ister ama o itiraz ederek hukuk okur ve okulunu üstün başarıyla bitirir. 1898 yılında general rütbesiyle, yerliler ve askeri personel işleri dairesi başkanlığına atanır ve 1913 yılına kadar bu görevde kalır. 1900 yılında bir botanik profesörünün kızı olan Renee Battandier ile evlenir. 1905 ve 1914 yılları arasında Fas'ta görev yapar. Ardından Batı Afrika'da Fransız sömürge ordusu için çalışır. 1909'da Fransız Afrika Kolordusunun (korps) yönetim kadrosuna getirilir. 1917'de asistan sıfatıyla, Timbuktu bölgesi kumandanının seyahatlerinde ona refakat eder. 1919 yılında Fransız sömürge ordusu idari müfettişi olarak Sudan'a atanır.

Robert Arnaud dört Ağustos 1950 yılında, Cezayir'deki evinde beyin kanaması geçirerek hayata veda eder.

Işıltılı meslek kariyerinin yanı sıra, Arnaud'un bir de yazarlık kariyeri vardır. Görevi gereği yaptığı yolculuklar boyunca aldığı notları ve kara kalem çalışmalarını, daha sonra yazacağı romanları için taslak olarak kullanır. Arkasında otuz altı roman, çok sayıda şiir, çeşitli gazete ve dergilerde neşredilmiş mebzul miktarda makale bırakır. Romanların hemen hepsi Afrika'da, ağırlıklı olarak da Cezayir'de geçmektedir. Makalelerinde de genellikle Fransız sömürgesi olan Cezayir'in sosyal ve siyasi serüvenlerinin analizlerini yapar. 1921 yılında "Cezayirli Yazarlar Birliği" adında bir dernek kurar. Dernek, her yıl edebiyat dalında bir yazarı ödüllendirerek Cezayir toplumunda edebiyatı ve yazarlığı teşvik eder.

Her ne kadar ismen "Cezayirli Yazarlar" adını taşısa da, Arnaud'un kurduğu dernek, Arnaud'un savunduğu fikirleri referans almaktadır ve ödül verilen yazarlar arasında Cezayirliye pek rastlanmaz. Rastlanmaz çünkü "Cezayir Cezayirlilerindir". Arnaud böyle başladığı cümleyi şöyle tamamlar:

"Cezayir'de yaşayan yerlilere Cezayirli denmez. Buraya sonradan yerleşenler, yani sömürgeciler Cezayirlidir".

Robert Arnaud kendisini "Cezayirolog" olarak tanıtır. Bu tanımı ilk kullanan kişi olmasa da, tanınmasını sağlayan kişidir. Arnaud'a göre Cezayir'in gerçek sahipleri, orada ortak bir kimlik üzerinden devlet kültürü oluşturabilen sömürgeci milletlerdir (Fransızlar, İspanyollar, Portekizliler, Yunanlılar vs.). Yerliler (Araplar, Berberler, Tuaregler vs.) ise homojen bir yapıya sahip olmadıkları için, somut bir yönetim sistemi, yerli bir otorite oluşturamazlar. Onların ortak tek paydası dindir. Bu nedenle tek bir sıfat altında, "Müslüman" sıfatı altında dercedilirler ve savundukları siyasete 'İslami siyaset' denir. Din, birleştirici bir faktör olarak ortak bir kimlik ve kültür oluşturmalarında yetersiz kaldığı için, küçük Osmanlı beyliklerinin baskısı altında ezilirler ve sadece Osmanlı padişahının yardımıyla hayatta kalabilirler.

Arnaud, sömürgeciler -kendi tabiri ile 'Cezayirliler'- için bir ortak amaç da ortaya koyar: Bilinçten yoksun, sefalet içinde çoğalan yerli halka sabırla yaklaşarak, onları Fransız medeniyeti ile tanıştırmak, aralarından kendilerini inkâr edip, yeterince asimile olanları birer 'Cezayirli' olarak Cezayir toplumuna kabul etmek...

Robert Arnaud bir sömürgeciydi ama yerli halkı insan saymayan, faşist sömürgecilerden minik nüanslarla ayrılıyor, mesela yerli halka "Cezayirli" olma şansı tanıyordu. Bu özelliğinden dolayı diğer sömürgecilerin güvenini kazanamıyor, şaibeyle karşılanıyordu. Bu şaibede hiç şüphesiz İsabelle ile kurduğu iyi ilişkilerin de etkisi vardı.

Nitekim, İsabelle'nin Ténes'de tanıştığı, birlikte çok vakit geçirdiği ancak günlüğünde sadece bir yerde adını andığı Robert Arnaud, İsabelle ile ilgili kaynak arayan araştırmacıların en sık karşılaştığı isimlerden biridir. Bunun nedenlerinden biri Robert Arnaud'un tanınan bir isim olmasıdır. Diğer bir neden ise, Arnaud'un, İsabelle ile ilgili hatıralarını kaleme aldığı; İsabelle Eberhardt, Notes et Souveniers (İsabelle Eberhardt, Hatıralar) isimli kitabıdır.

Arnaud bu kitabında kendi aynasına düşen İsabelle'yi resmeder. Kitapta, inandığı din ve tercih ettiği hayat tarzı arasında kalmış, çelişkilerle dolu bir İsabelle vardır. Arnaud'un kolonist zihin yapısı, gönüllü olarak İslam'ı seçmiş ama anarşist karakterini dizginlememiş bir dişi göçebe ruhu tam manasıyla kavrayabilmekten uzaktır ve onu yer yer oryantalist bir üslupla sorgulamaktan çekinmez.

ROBERT ARNAUD'UN GÖZÜNDEN
İSABELLE EBERHARDT

İsabelle ve Süleyman, Ténes'e gelir gelmez Rue d'Orléansville sokağından, bir oda ve bir mutfaktan ibaret basit bir daire kiralarlar. Bütün eşyaları bir masa, yazı malzemeleri, bir döşek ve İsabelle'nin imzasını taşıyan bir hat yazısı levhasıdır. Arnaud, bu genç ve ilginç çiftle tanıştığı anı kitabında şöyle anlatır:

O sabah daracık ofisimde, bir hayvan hırsızıyla çobanların ifadesini alıyordum ki, tartışmaya başladılar ve o gürültü patırtı sırasında yerli kıyafetler içinde iki yabancı içeri girdi. Bir tanesi yağız benizliydi ve oldukça hırpalanmış görünüyordu. Düzgün ve sempatik yüz hatlarına sahipti. Adının Süleyman Ehni olduğunu ve Karma komüne atanan yeni tercüman olduğunu söyledi. Yanındaki ince yapılı beyefendinin üzerinde zarif ve kusursuz bir beyaz cüppe, altında dar sipahi çizmeleri vardı. Koyu renkli gözleri ışıl ışıldı ve sarı solgun yüzündeki elmacık kemikleri hafifçe dışarı çıkıktı. Kulaklarına kadar inen sarığının altındaki soluk dudaklarını çevreleyen cilt rengi parşömen kâğıdını andırıyordu. Yağız benizli olanı yanındakini göstererek; "Sizi Seyyid Mahmut Saadi ile tanıştırayım" dedi ve ekledi; "Tabi bu müstear ismidir. Asıl adı Bayan Ehni'dir. Kendisi eşim olur."

Biraz sonra Süleyman bir iş için odadan ayrılır. İsabelle ve Arnaud sohbet etmeye başlarlar. Arnaud'un, İsabelle tasvirlerinin gerçekle ne kadar alakası olabilir, bilmiyoruz ama bir sömürgecinin gözünden İsabelle'yi görmemizi sağlayacağı için değerlidir:

Genizden gelen rahatsız edici ve monoton bir ses tonuyla, doğru kelimeyi bulmak istercesine yavaş ve tane tane konuşuyordu. Bir sigarasını söndürmeden diğerini yakıyor, her cümlesini küçük, masum bela okumalarla, lanetlerle süslüyordu. Sık sık gülüyor, gülerken bütün dişlerini gösteriyor ama hiç taşkınlığa kaçmıyordu. Sağ eliyle sigarasını içerken, sol elini dizinden hiç kaldırmıyordu. Duruşu soylu, hareketleri çok ölçülüydü. Şunu da itiraf etmem gerekiyor ki, zerre kadar seksapeli yoktu.

Edebiyatla ilgili uzun ve tatlı bir sohbetten sonra Arnaud konuyu suikasta getirir. Davayı yakından takip etmiştir, hatta elinde dava dosyasının bir kopyası da mevcuttur. İsabelle'nin neden Abdullah'ın birileri tarafından kullanıldığına inandığını ve bu suikastın arkasında kimlerin olduğunu düşündüğünü sorar:

Bir cevap almaya çalıştım ama kaçamak cevaplar verdi. Farklı yollar denemeye çalıştım ama her defasında soruya soruyla cevap vererek konuyu değiştirmeye çalıştı. Daha ileri gittim ve gizemli suikastın baş aktörleri olduğunu düşündüğü şüphelilerle, polis tarafından kendisine uygulanan tedbirler arasında bir ilişki kurup kurmadığını sorguladım. Gözlerimin içine baktı ve huzursuzluğunu ima etti. Benim ısrarımı ayıpladığı belliydi. Sustum ve onu çok rahatsız ettiğimi anladığım için, bir daha bu konuyu hiç açmadım.

Nitekim Arnaud, İsabelle'nin vefatından otuz yıl sonra, onunla ilgili hatıralarını kâğıda dökerken, Cezayir valiliğinde çalışan bir memur arkadaşının vasıtasıyla Cezayir emniyet müdürlüğü arşivlerine bakmak ister. İsabelle Eberhardt suikastı ile ilgili dosyaların fareler tarafından kemirilerek yok edildiğini öğrenir. Bu gülünç gerekçe, İsabelle'ye kurulan komployu teyit eder niteliktedir. Üstelik Ténes'de kaldığı sürece İsabelle'ye yaşatılanlar da, ondan duyulan rahatsızlığı belgelemektedir. İsabelle suikastla ilgili detaylar konusunda ketumdur ama Arnaud ile paylaştığı başka şeyler vardır. Haddizatında Arnaud, Ténes'de dönen dolaplarla ilgili en sağlıklı bilgileri alabileceği insandır.

Bir ziyaretinde ona karma komün başkanı M. Bouchet ile tanışmasını anlatır ve Barrucand ile yakınlığını bilen Bouchet'in yaptığı ilginç tekliften bahseder. Bouchet, yolsuzluktan dolayı bir ay kadar koltuktan uzaklaştırılan, antisemitist ve zimmetine geçirdiği paralarla milyoner olan Ténes belediye başkanı M. Martin hakkında uzun bir nutuk irad ettikten sonra, yerli halkın nasıl sömürüldüğünü ve bu durumdan duyduğu üzüntüyü dile getirir ve İsabelle'den kendisi için kamuoyu yoklaması yapmasını; mahalle mahalle, köy köy dolaşarak halka Martin hakkında ne düşündüklerini sormasını ve aldığı cevapları kendisi ile paylaşmasını ister. İsabelle siyasi entrikalardan uzak durmak istemektedir ama bu tür tekliflerin ardında yatan niyeti de merak etmektedir. Arnaud, İsabelle'yi aydınlatmaktan ve iyi niyetli uyarılarda bulunmaktan çekinmez:

> Ona içine düştüğü akvaryumdaki acımasızlığın ve nefretin herkesi yavaş yavaş ve gaddarca zehirlediğini anlattım. Yaklaşan belediye başkanlığı seçimlerinden bahsettim ve belediye başkanı olan zatın yolsuzluktan berat ettiğini ve farklı fraksiyonların savaşa hazırlandığını söyledim. Sözümü yarıda keserek 'ben ve eşim nasıl bir bataklığın içine düşmüşüz! Hiçbir şeyden korkmuyoruz ve hiçbir beklentimiz yok ama bu fraksiyonlar tarafından kuşatılacağımız muhakkak. Bu çukurun içine çekilmemek için, bu süreçte mümkün olduğunca şehirden uzaklaşmamızda fayda var. Irkçılığı lanetliyorum ve tıpkı Barrucand ve Zola gibi antisemitizmden uzağım' dedi.

Arnaud, bir akşam genç çifti yemeğe davet eder. İsabelle'ye en sevdiği içkiden (anisette, anasonlu likör) ikram eder ve eşiyle tanıştırır. Arnaud da, İsabelle gibi atlara düşkündür. Birlikte Arnaud'a ait ahırları gezerler. İsabelle, yeni satın alınan ve o gün ahıra getirilen, alnında yıldız deseni olan, beyaz ata âşık olur. Hemen ipine sarılıp atı dışarı çıkarır, sırtına atlar ve dörtnala Ténes sokaklarında dolaşır. Arnaud, ata bir isim vermesini ister. Isabelle "Ziza olsun" der. Ziza, İsabelle'nin Süleyman'a taktığı lakaptır.

O günden sonra İsabelle sık sık Ziza'yı ödünç alarak yakın çevrelere, köylere, dağlık arazilere ve ağaçlarla çevrili vadilere uzayan seyahatler yapar. İsabelle'nin, Ténes'deki sıkıntılı ve tehlikeli gündemden uzaklaşmak için yaptığı bu kaçamaklarda bazen Arnaud da ona eşlik eder. Arnaud'un bu küçük seyahatler sırasında yaptığı gözlemler, İsabelle'nin aslında Afrika'ya ve yerli halka karşı beslediği derin duygularda ne kadar samimi olduğunu göstermektedir:

Patalojik bir şekilde karanlığı seviyordu. Kir ve pasak içindeki bu insanlar, evlerindeki haşeratlar ve kötü kokular İsabelle'yi hiç rahatsız etmiyordu. Onu hiçbir şey, hayvanlarıyla aynı çatı altında yaşayan ve onlar gibi kokan bu insanları, dağ eteklerindeki havasız ve isli kulübelerinde ziyaret etmek kadar mutlu etmiyordu. Meleyen, möleyen veya anıran hayvan sesleri arasında; bacaklarına dolanıp, kucağına yaslanan çocuklardan hiç sıkılmadan, bu insanların sonu gelmeyen savaşlarını, kavgalarını ve efsanelerini dinliyordu. Bu yoksulluğun kendisinden bir parça taşıdığına inanıyordu. İnsanlara aşılarla ilgili tavsiyelerde bulunuyor, doktora gitmelerini söylüyor, bazen saatlerini bir hasta yatağının başında geçiriyordu.

İsabelle, Ténes'deki gergin seçim atmosferinden, entrikalardan kaçıp; köylerdeki huzura, vadilerdeki doğallığa, dağlardaki sessizliğe ve yerli halkın saffetine sığınıyordu. Ne yazık ki, her şeye rağmen korunmayı başaramıyor, tam manasıyla gizlenemiyordu. Partizanlar patavatsız, sömürgeciler acımasızdır. Söylentiler, dedikodular ve iftiralar birbirini kovalar ve genç çift Filistin'e kaçma hayalleri kurmaya başlar. Arnaud, İsabelle'nin bu zor günlerinde yanındadır ve bir akşam yemeğinin ardından ona iç dünyasını nasıl açtığını anlatır. O akşam yemeğinin davetlileri arasında, Ténes'e ilk geldikleri günün sabahında, otelde tanıştıkları Marival ve Karayol da vardır:

İsabelle açık havada kuskus pilavını pişireceği ateşi tutuşturmaya çalışıyor, diğer taraftan telaşla patatesleri soyuyor, tavuğu ve eti parçalıyor, sosu baharatlıyor, bademleri ayıklıyordu. Çıplak ayaklarımızla etrafını sardık ve neyi nasıl yaparsa yemeğin daha lezzetli olacağına dair tavsiyelerimizi yağdırmaya başladık. İsabelle'nin keyfi yerindeydi ve hep birlikte kabile savaşları oyunu oynamayı teklif etti. Kabilenin biri diğerini yenmiştir ve sıra ganimetleri paylaşmaya gelmiştir. Marival parmağıyla İsabelle'yi işaret ederek "sen birilerini yağmalamak için çok zayıf ve güçsüzsün ama" dedi. İsabelle birden yerinden fırladı ve Mari-

vali boynundan yakalayarak sırtüstü yere yatırdı. Ayağını Marival'in göğsüne koyup avurtlarını şişirdi ve ellerini beline yaslayarak muzaffer asker pozu verdi. Bu zafer İsabelle'nin intikam duygusunu yatıştırmaya yetmemiş olmalı ki, peynirden nefret ettiğini bildiği Marival'in cebine gizlice bir parça peynir yerleştirdi. Bir ara sigara tablasını almak için elini cebine atan Marival, peynire bulanan parmaklarını görünce sinir krizleri geçirdi. İsabelle önce kahkahalara boğuldu, sonra çok ileri gittiğini düşünerek toparlandı ve Marival'in boynuna kollarını dolayarak kendisini affetmesi için yalvardı.

Yemekten sonra sohbet ettik. İsabelle kumda dans ediyor ve "Evet, mutluyum! Çünkü siz, hepiniz mutlusunuz ve şarap çok güzel. Tanrım, eğer hep mutlu olsaydım, tek satır yazmazdım biliyor musunuz çünkü hayatımdan memnun olurdum" diye bağırıyordu. Daha sonra ödünç aldığımız mutfak malzemelerini deniz suyunda yıkadık ve güneş batarken şarkılar söyledik. Eve dönüş yolunda İsabelle hüzünlü bir sesle konuşmaya başladı:

'Bugün çok tüttürdüm. Şu lanet olası hint kenevirine çok kötü alıştım. Dudaklarım çatlak çatlak, dilim kösele gibi, boğazımda biriken balgamlar... Kronik grip kapıda. Ah, sevgili Arnaud, bu çevreden nefret ediyorum. Kokusundan! Ekili bostanlardan, buğday tarlalarından ve yeşil alanlardan iğreniyorum. Çorak toprakları, yakıcı kumları neden böyle anlamsızca sevdiğimi bilmiyorum. Neden yerleşik insanlara karşı göçebelerin yanında saf tutuyorum? Neden dilencileri zenginlerden daha çok seviyorum? Evet evet evet! Acı, varoluşuma anlam katan, yaşama sevincimi artıran bir moksa. Evet, iç dünyamın derinlerinde ben bir Rus kızıyım! Kırbacı seviyorum! Hayatın kırbaçlarına dayanmak zorunda kaldığım için üzülen insanları arıyorum ve bana acımaları beni mutlu ediyor. Beni Ténes'den yollamak isteyen, karma komündeki alçak heriften hiç nefret etmiyorum. Baltayla kellemi koparmaya kalkışan deliden veya gözlerimin önünde ipime düğüm atan cellâdımdan da hiç nefret etmiyorum. Onlara karşı hiçbir öfkem yok çünkü belki onlar sayesinde insanların yüreklerinde biraz merhamet uyanabilir. Cezayir'deki dostlarım, Marival ve siz de beni anlamıyorsunuz! Çünkü sizler kalpleri katılaşmış insanlarsınız ve beni asla anlamayacaksınız. Anlamayacaksınız çünkü sizlerle aynı kanı taşımıyorum. Aramızda kaç buğday tarlası, kaç üzüm bağı vardır? Kanunlardan nefret ediyorum

çünkü duyarsızlığı görünür kılıyorlar. Sevdiğim tek şey dehşet, dehşet, dehşet! ...

Aldığım alkol ve tükettiğim absent[20] kalbimi dilime döktü. Ay ışığı beni çıldırtıyor, benimle istediğiniz gibi alay edebilirsiniz. Arnaud, benim ruhum sarhoş olmuş! Tavsiyelerinizi kendinize saklayın, günün bu saatinde onların hiçbir anlamı yok! Sevgili dostum, ben yalnızım! Hep yalnız olacağım, yalnız olmak zorundayım!'

Arnaud'un, İsabelle ile ilgili kitabında naklettiği hatıralar ne kadar gerçekleri yansıtıyor, İsabelle gerçekten bu kadar çok alkol alıyor muydu, yoksa Arnaud, İsabelle'yi İslam dünyasından koparıp, "oryantalist bir seyyah" imajıyla Batı'ya mal edebilmek için yaşanılanları abartmış olabilir mi?

Günlüklerinden anladığımız kadarıyla, zor dönemlerinde yaşadıklarını unutmak için içiyor ama maneviyatının güçlü olduğu ve hayatının düzene girdiği demlerde ara veriyordu. Ténes'de bu genç çifte yaşatılanları göz önüne aldığımızda, Arnaud'un haklı olma ihtimali güç kazanıyor. Arnaud'un, İsabelle ve Süleyman'ın, Ténes'de yaşadıkları hayatı tasavvur etmemize yardımcı olacak bir başka hatırasında da yine alkol ön plana çıkar:

Genç bir Arap nişancı yemeden içmeden kesilir ve hastalanır. Aşk acısı çektiğini, bu yüzden hastalandığını iddia ederek İsabelle'ye aşkını ilan eder. İsabelle müzmin âşıkla alay eder ve "bir daha bu saçmalığı duymak istemiyorum" diye azarlar. Eve dönünce nişancının durumunu düşünür, söylediklerinden dolayı pişmanlık duyar. Bana, 'kendime sorup duruyorum. Bir insana bu kadar acı çektirmeye hakkım var mı?' diye fikrimi sorduğunda, bunun saflık olduğunu söyledim. "Gerçekten onun acı çekmesine yol açmış olabilir miyim?" diye yeniden sordu ve Süleyman'la arasında geçen olayı anlattı:

"Hayat arkadaşım, hayattaki tek aşkım olan Süleyman'a kalbimi açmak zorunda olduğumu düşündüm ve ona kalbimi açtım. Ah dostum, nasıl bir rezalet! Damarlarında Arap kanı aktığını unutmuştum. Daha

---

20 Çeşitli bitkilerin damıtılarak fermante edilmesiyle elde edilen, alkol oranı yüksek (hacmen %45 ila %75) bir içkidir.

konuya giremeden hiddetle ayağı fırladı, nefret dolu bakışlarını üzerimde sabitledi ve bağırmaya başladı:

"Hayatımda böyle utanç verici bir şey duymadım! Sen bu adama mı acıdın? Yoksa adamdan hoşlandın mı? Bunun doğru olmadığını iddia ediyorsun ama acımış olman bile bana hakarettir! Bu beni aldattığın anlamına gelir."

Onu sakinleştirmeye çalıştım ama öfkesi dinmiyordu. Bundan kurtulmanın tek yolu olduğunu, beni ve o adamı öldürmesi gerektiğini söyledi. 'Beni öldürdüğün zaman şimdi olduğundan daha mutlu olacağını mı düşünüyorsun?' diye sordum. 'Hayır, çünkü senden sonra da senden kurtulamam. Seni ve onu öldürdükten sonra kendimi öldürürüm ve seni terk etmem' dedi. Ona 'o zaman hadi birlikte kendimizi öldürelim, intihar edelim ama bu odada olmaz, her taraf kan olur. Ay ışığında kaleye çıkalım, denizi izleyelim, temiz havayı içimize çekelim ve canımıza kıyalım' dedim. Teklifimi kabul etti. Bir paket sigara, bir şişe anisette ve tüfeği alarak yola çıktık. Bir zeytin ağacının altına oturduğumuz an aklıma eski bir Arap şiiri geldi ve okumaya başladım. Sonra şişeyi bitirene kadar intiharı ertelemeye karar verdik. Şişe bittiğinde ikimiz de zil zurna sarhoştuk. Sabahın ilk ışıklarıyla birlikte, müthiş bir baş ağrısıyla uyandık. Süleyman ciğerleri sökülürcesine öksürüyordu. Kendimizi sürükleyerek eve döndük ve kendimize kahve hazırladık."

1902 yılının sonlarında vuku bulan esrarengiz bir hatırayla bu başlığı sonlandıralım:

Bir sabah erken saatlerde kapı çaldı. İsabelle kapıda korku dolu bir yüz ifadesiyle tir tir titriyordu. Eşim ve ben önce anisettenin dozajını kaçırdığını düşündük. 'Hayır, asla!' dedi ama biz ısrar edince sinirle bağırarak tek yudum alkol almadığını söyledi ve anlatmaya başladı:

"Dün gece yerli bir rehberle mehtap ışıklarının aydınlattığı tepelere ve Orleanseville'ye doğru at gezintisine çıktık. Bir derenin yanından geçerken atı durdurdum. Atı sularken ben de birkaç yudum almak için attan indim ama rehber beni içmemem için uyardı. Suyun büyülü olduğunu ve bu sudan içen insanların halüsinasyonlar gördüğünü söyledi. Alay ettim, güldüm ve sudan kana kana içtim. Yola devam etmek üzere ata binip biraz yol alınca tuhaf bir ağırlık çöktü üzerime. Hipnotizma

gibi bir şeydi. Etki altında kaldığım içindir belki, atı iradem dışında ileri doğru sürüyordum. Sanki kendi kendimi kuşatmış gibiydim. Birden tepelerin üzerindeki kara bulutlar sağdan ve soldan dalgalanmaya başladılar ve ortalarından savaşçılar fırladılar. Atlı ve atsız süvariler birbirlerine saldırılarken tam ortalarında duran iri yapılı, zırhlı adam bana doğru gözlerini kırpmadan bakıyordu. Kızıl sakalları vardı ve başındaki fötr şapkadan kurtulan kızıl saçları omuzlarına dökülüyordu. Bana el salladığı an, altımdaki atın titrediğini hissettim ve onun da sudan içtiğini hatırladım. At kükreyerek beni sırtından attı ve dörtnala tepelere doğru kaçtı. Kafa üstü yere kapaklandığımda kendime geldim. Görüntüler kaybolmuştu ve rehber hiçbir şey görmemişti. Ter içindeydim ve korkudan ölmek üzereydim"

Ona bir hayal görmüş olabileceğini söyledik ama o gördüklerinin hayal veya halüsinasyon olmadığına emindi.

"O adam, bir vandallar sürüsüyle Afrika'yı fetheden Rus atalarımdan biriydi. Atalarım beni yanlarına çağırıyorlar. Artık çok fazla yaşamayacağımı biliyorum." dedi.

1903- İŞGALCİLERİN GÜÇ SAVAŞI VE LİNÇ ŞEHVETİ

Seçimler yaklaştıkça Ténes'deki siyasi atmosfer de kızışmaktadır. Yerli halkla, aşiret ve tarikatlarla arası iyi olan bir marjinal kişilik olarak İsabelle de, bu coğrafyada ikbal planları olan zevatın ilgi alanına girmektedir. Attığı her adım takip edilmekte, yazdığı her satır bilinmekte ve ilişkide olduğu herkes sorguya çekilmektedir. Tènes'deki gergin ortamdan uzaklaşmak için 1903 yılının Ocak ayının sonlarına doğru Bu-Saada'daki zaviyeye sığınır ancak takip burada da devam eder zira Tènes Garnizon Komutanlığ'ından, Bu-Saada jandarmasına ulaştırılan notada kullanılan dil çok serttir:

Bu bayan, Fransız vatandaşıyla evlenerek vatandaşlık elde ettiği için yurtdışı edilemiyor ancak sıra dışı karakteri ve Müslüman çevrelerle kurduğu yakın ilişkilerden dolayı dikkatle takip edilmesi gerekmektedir!

İsabelle, Bu-Saada'da kaldığı süre zarfında yıkanmak için gittiği Türk hamamında dahi yalnız bırakılmadığını fark edecektir. Fransız istihbaratının çok istemesine rağmen vakıf olamadığı şey ise iki kadının aralarında geçen sohbetlerin içeriğidir. Tènes Garnizon Komutanlığı'ndan, Cezayir Birlikleri Başkumandanı General BaillVadi'a gönderilen 28 Şubat 1903 tarihli bir mektupta, iki kadın arasında geçen sohbetlere ulaşmak için destek talep edilir.

İsabelle bütün bu takibatlara, soruşturmalara rağmen Leyla Zeyneb'in limanında huzurludur ve üç defterlik günlüklerinin son sayfasını burada karalar:

Ne zaman Leyla Zeyneb'i görsem kendimi daha dinç hissediyorum ve içimi sebepsiz bir sevinç kaplıyor. Onunla dün öğleden önce iki defa karşılaştım. Beni gördüğüne çok sevindi ve bana şefkatle, sevgiyle yaklaştı.

Yeni bir günlüğe başlayacağı haberini vererek satırlarını tamamlar ancak ölümünden sonra bulunan sandıkta yeni bir günlüğe rastlanmaz.

İsabelle, Leyla Zeyneb'i ikinci ziyaretinde El Hamel'deki zaviyede ne kadar kalır ve neler yaşar çok bilinmemekle birlikte, Nisan ayı başlarında Tènes'e döndüğü kesindir. Karma Komün Başkanı Bouchet ve belediye başkanı arasındaki koltuk kavgasına, çirkin ithamlar ve entrikalarla İsabelle de alet edilir. Bir sabah makamına gelen Bouchet, odasının arandığını ve dosyalarının karıştırıldığını fark eder. Bir delil bulamamışlardır ancak kamuoyunu ikna edebilmek için ellerinde yeterli delil olduğuna inanan Senatör Gerente, gazetesinde anonim bir mektup yayınlayarak İsabelle ve Barrucand hakkında şaibe uyandırır. İddialarına göre İsabelle yerli halkı Fransız sömürgesine karşı kışkırtmakla görevli bir ajandır.

İsabelle üzerindeki şüpheleri bertaraf etmek için böyle abartılı ifadeler kullanmak, yer yer yalana başvurmak zorunda mı kalmıştı yoksa Barrucand ve özellikle de Robert Arnaud'un düşünce yapısından etkilenerek ılımlı sömürgeciliği savunmaya mı başlamıştı?

Barrucand'ın yanında çalışırken yazdığı kimi makalelerden İsabelle'nin zihinsel bir yarılma yaşadığı aşikâr ancak bu hızlı değişimin nedeni, safını belirlemesi için yapılan baskılarda yatabilir. İsabelle gizli aşikâr takiplerden, medya linçinden ve yıldırma politikalarından yılmış ve belki de karşı tarafı yumuşatacak ve kendisine karşı tepkiyi azaltacak mesajlar göndermeye başlamıştı.

Nisan ayının başlarında Fransa Başbakanı Monsieur Loubet'in katıldığı bir programa İsabelle de gazeteci sıfatıyla davet edilmiştir. Yöresel erkek kıyafetleri ile katıldığı törende bütün gözler İsabelle'nin desensiz, beyaz yün elbisesine, devetüyünden kahverengi kordonlarla süslenmiş sarığına çevrilmiştir. Kavisli alnı, çıkık elmacık kemikleri, zarif parmakları ve yumuşak ses tonuyla tane tane konuşan genç kadın, orada bulunan gazetecilerden birçoğu tarafından zaten ismen tanınmaktadır. İlk defa gerçekleşen bu vicahi görüşme hepsi için sürprizdir ve bütün dikkatleri ile İsabelle'yi büyüteç altına alırlar. Hakkında çok da sağlıklı bilgilere sahip olmadıkları halde, bilinmeyen güç odaklarının yönlendirmesi ile İsabelle hakkında türlü itham ve iddialar içeren haberler ve yorumlar yayınlar, daha da ileri giderek onu alakasız bir şekilde Emevilerin Kuzey Afrika'daki akınlarına karşı mücadele veren Musevi Berberi kraliçe Dihya el-Kahina'ya[21] benzetirler. Bu benzetmenin Fransız gazeteciler tarafından yapılması hayli ilginçtir.

---

21 Dihya el Kahina kimdir

Bizanslılar Kartaca gibi sahil şehirlerini tekrar ele geçirdiklerinde Abdülmelik b. Mervân, son muhalifi Abdullah b. Zübeyr'i (692) bertaraf eder ve İfrîkıye fetihlerine önem vermeye başlar. Hassân b. Nu'mân kumandasında 40.000 kişilik bir ordu İfrîkıye'ye gönderilir. Hassân, ilk olarak Kartaca'yı Bizanslılar'dan geri alır. Ancak Kâhine ile yaptığı savaşı kaybeder (696). Berberi kraliçe diğer kabilelerden daha farklı bir savaş taktiği uygulamış ve düşman kuvvetler gelmeden hemen önce ne var ne yok yakılmasını emretmiştir. Berberi kabilelerin bulunduğu bölgeye gelince korkunç yangınlarla karşılaşan Hassân b. Nu'mân komutasındaki güçler geri çekilmek zorunda kalmışlardır. Bu zaferin ardından Kâhine berberlerin kraliçesi ilan edilir ve müslüman esirler azad edilirler. Esirlerden Halid bin Yezid el-Kuazi ise Kâhine tarafından evlatlık edinilir. Bizanslılar (697)'da Kartaca'yı yeniden ele geçirince Hassân b. Nu'mân tekrar Kâhine üzerine yürür. Kâhine yine heryerin ateşe verilmesini emreder ancak bu sefer halk evlerinin yakılmasına tepki olarak Müslüman akıncıları kurtarıcılar gibi karşılar. Savaş alanından kaçarken yakalanan evlatlık Halid bin Yezid el-Kuazi Kâhine'nin yerini haber verir ve Bi'rikâhine denilen yerde meydana gelen savaşta Kâhine öldürülür.

Rivayete göre Hassân b. Nu'mân Kâhine'yi yakaladığı sırada Kâhine şöyle der:

"Ben de seni bekliyordum ve sen beni yendin. Halkım senin sancağının altında toplanacak. Berber geçmişlerini unutacaklar. Senin dinine girecekler, senin geleneklerini benimseyecekler, senin tarihini kendi tarihleri sayacaklar ve benim dinime sadık kalan kardeşlerinden nefret edecekler.

Ama o gün gelecek ve savaş yeniden alevlenecek ve benim oğullarım size karşı ayaklanacaklar. Hatıralar canlanacak ve onlar tarihin tozlarına gömülen izlerini arayacaklar."

Bu sözler üzerine Hassân b. Nu'mân kılıcını kaldırır ve Kâhine'nin boynuna indirir.

Hassân b. Nu'mân ele geçirdiği esirleri Abdülazîz b. Mervân'a gönderir. Şâir Ebû Mihcen bu konuda: "Abdülazîz'in yanında Berberî esirlerle karşılaştım. Onların yüzlerinden daha güzel yüz görmedim" der.

İsabelle, La Petite Gironde gazetesine uzun bir mektup yazarak kendisini savunur:

"(...)

Benim hikâyem uydurulan efsane kadar romantik değil ve daha sıradan. Buna rağmen sizlere bunu anlatmak zorunda olduğumu düşünüyorum.

Babam Müslüman bir Rus'tu. Annem ise Katolik bir Rus. Doğduğum andan itibaren Müslüman sayılmışım. Dinimi hiç değiştirmedim. Ben Cenevre'de dünyaya geldikten kısa bir süre sonra babam hayata gözlerini yummuş. Bunun üzerine annem büyük amcamın yanına taşınmış. Çocukluğumdan itibaren bana bakan, beni bir erkek gibi büyüten ve neden hala erkek gibi giyindiğim sorusuna cevap olan kişi büyük amcamdan aldığım eğitim tarzıdır.

Tıp okuyordum fakat içimdeki edebiyat tutkusuna karşı koyamayıp yarım bıraktım. Yirmi yaşıma geldiğimde (1897) annemle birlikte Cezayir'in Annabe şehrine geldik. Kısa bir süre sonra annem orada vefat etti. Ölmeden önce burada Müslüman olmuştu. Onun vefatından sonra büyük amcamın bakımıyla ilgilenmek üzere Cenevre'ye döndüm. Kısa bir süre sonra o da, arkasında yüklü bir miras bırakarak hayata veda etti. Yalnızdım. Tam anlamıyla özgür bir hayat sürmek ve bilinmeyenleri keşfetmek istiyordum. Afrika'ya geri döndüm ve at üzerinde, tek başıma Tunus'u, Doğu Cezayir'i keşfe çıktım. Daha sonra Konstantin'e, Sahra'ya gittim. Arap kıyafetleri hem rahat hem de estetik oldukları için onlar gibi giyinmeyi tercih ediyordum. Zamanla böyle dolaşmaya alıştım. Annabe'de kaldığım süre zarfında Arapça öğrendim. Şu an çok iyi derecede Arapça konuşuyorum.

1900 yılında Güney Konstantin'de yer alan El-Vadi'de bulundum. Orada, o tarihlerde Sipahi Birliği'nde lojistik Mareşali rütbesiyle görev yapan M. Süleyman Ehni ile tanıştım. Onunla İslami usullere uygun bir şekilde evlendik.

Gazeteciler oyun bozucu olarak algılandıkları için işgal bölgelerinde pek görülmek istenmezler. Benim durumum da böyleydi. Askeri ve idari otoriteler tarafından horlanıyordum. Eşim ve ben sadece şer'i nikâhla evliydik ve resmi nikâh yapmak istiyorduk ama bu isteğimiz reddedildi.

1902 yılının Ocak ayına kadar El-Vadi'de kaldık. Yerli bir çılgın tarafından gerçekleştirilen, son derece gizemli bir suikast girişiminde hedef bendim. 1902 yılının Haziran ayında Konstantin'de, savaş konseyi yönetimindeki askeri mahkemedeki dava sürerken gösterdiğim bütün çabaya rağmen olay aydınlatılamadı.

Baş tanık olarak katıldığım duruşmaların sonunda salondan ayrılırken elime Cezayir'den gönderilen gerekçesiz sürgün kararı tutuşturuldu. Bu sürgün kararı trajik bir şekilde eşimi ve beni birbirimizden ayırdı çünkü eşim Fransız vatandaşı olduğu için şer'i nikâh resmi makamlarca tanınmıyordu.

Marsilya'daki kardeşimin yanına gittim. Bir süre sonra eşim de yanıma geldi ve oradaki dokuzuncu bölgede görev aldı. Bütün formaliteleri yerine getirdikten sonra evlilik için izin aldık. Burası Güney Konstantin'deki valilerin sorumluluk alanında olmadığı için her şey çok kolay oldu. 17 Ekim 1901'de Marsilya belediye konağında evlendik.

Şubat 1902'de eşimin ordudaki görev süresi sona erdi. Cezayir'e döndük. Kısa bir süre sonra hala çalışıyor olduğu iş yerinden, Kuzey Cezayir'in Tènes şehrinde tercümanlık teklifi yapıldı.

Bu yazdıklarım benim gerçek hikâyem. Adına "töre", "usul" denilen binlerce gündelik baskıdan sıyrılmış, ışıl ışıl gök kubbenin altında güneşin pırıltısını ve sıcaklığını arayan maceracı bir ruhun hayatı. Hayatım boyunca yaptığım hiçbir işte siyasi bir amaç gütmedim. İyi bir gazeteci olmak istedim. Hakkında çok az şey bilinen ve onu doğru dürüst anlamayan kişilerin ısrarcı yanlış saptamalarıyla çarpıtılan "yerel yaşamı", onun gerçeklerini, bizzat o yaşamın içinde bulunup gözlemler yaparak anlatmaya çalıştım. Buradaki insanlara herhangi bir görüşümü benimsetmeye çalışmadım, hiç propaganda yapmadım ve benim bir kâhin gibi görünmeye çalıştığıma dair söylentileri son derece komik ve saçma buluyorum.

Konuşma fırsatı bulduğum her yerde yerli dostlarıma olayları doğru bir şekilde aktarmaya çalıştım ve onlara Fransız egemenliğinin Türk veya benzeri egemenliklerden daha evla olduğunu anlattım. Bu yüzden Fransız karşıtı aktivitelerde bulunduğumu söyleyenlerin bana büyük haksızlık ettiklerini düşünüyorum.

Özel elçinizin antisemitist olduğuma dair iddiası karşısında yapabileceğim tek şey; La Revue Blanche, La Grande France, Le Petit Journal Illustrè, La Depeche Algerienne gazetelerinden aldığım akreditasyonu ve antisemitizme karşı savaş veren, editörlüğünü Victor Barrucand'ın yaptığı Les Nouvelles'de düzenli olarak çıkan yazılarımı hatırlatmak olacaktır. Victor Barrucand, eski gazeteyi devralıp, onu tamamen Fransız ve Cumhuriyetçi çizgiler taşıyan bir basın organına (el-Ahbar) çevirdiğinde ben de yanındaydım ve onunla birlikte el-Ahbar'a geçtim. Bu gazete adaleti ve dürüstlüğü savunur, bu prensiplere göre hareket eder ve din ya da etnik köken ayırmadan, bu coğrafyada yaşayan herkes için güvenli bir hayat sunulmasının gerekliliğini hatırlatır.

Sayın yazı işleri müdürü, umarım bu tekzibimin yayınlamasına izin vererek, kendimi savunma hakkıma gereken saygıyı gösterirsiniz. Bu yazıyı yazma sebeplerimi uygun bir dille ve yeterince ifade edebildiğimi düşünüyorum.

Saygılarımla

İsabelle Eberhardt Ehni

Tènes, Cezayir"

Bu samimi açıklamalar saldırıları azaltmak yerine daha da alevlendirir. Barrucand, İsabelle'ye Cezayir'deki evinde kalmasını ve oradan el-Ahbar için yazmasını teklif eder. Barrucand'ın başkent Cezayir'in yakınlarında bulunan Mustafa şehrinde de bir evi vardır ve Barrucand oranın kapılarını da İsabelle için açar. İsabelle, Tènes'den ayrılır ve bazen Cezayir'de, bazen de Barrucand'ın Mustafa'daki evinde, gözlerden uzak kalmaya, zamanını sadece el-Ahbar için harcamaya başlar. Robert Arnaud onun Tènes'den ayrılışını ıslak ve kırgın satırlarla anlatır:

Kişisel sataşmalar söz konusu olduğunda içine kapanırdı. Bu yüzden küçük düşürüldü, çaresiz bırakıldı, hasta edildi, çirkin iftiralara ve tahkir edici yorumlara katlanmak zorunda bırakıldı ve o şekilde şehri terk etti. Daha sonra bu konular hakkında hiç konuşmadı ve geriye sadece gazetelerin eskiyen sayfalarında yazılanlar kaldı.

Bu hayatın en büyük handikabı eşlerin ayrı kalmak zorunda kalmasıdır. Görevi gereği Tènes'de kalmak zorunda olan Süleyman, İsabelle'den ayrı kalmanın dışında, Tènes'deki gergin siyasi atmosferden ve dedikodulardan da yılmıştır. Aynı tarihlerde o da istifasını vererek İsabelle'nin yanına gelir ve kısa bir süre sonra Sétif eyaletine bağlı Colbert şehrine atanır. İsabelle, Barrucand'ın zoruyla L'Union Républicaine gazetesini dava eder ve mahkemeyi kazanır.

İLK HABER DOSYASI – AYN SEFRA SEYAHATİ

1858'den itibaren Fransa'da sömürgecilik faaliyetlerinin bilimsel yöntemlere göre yapılması, seyyahların ve kâşiflerin bölge halklarıyla ilgili tespitlerinin dikkate alınması, sömürülen özelliklerinin göz önünde tutulması, zaman zaman gururlarının okşanması, ilişkilerde daha dikkatli davranılması ilkeleri benimsenir.

Çeşitli ülkelere gönderilen elçilerin verdiği bilgilerin yanı sıra seyyahların aktardığı seyahat izlenimleri de bölge toplumlarının etnografik yapısını, gelenek ve göreneklerini, güçlü yanlarını ve zaaflarını tespit etmede Batılı yönetimlere fikir verir. Böylece, Batı'nın siyasal amaçlarına malzeme sağlar. "Doğu", seyyah ve kâşiflerin gezip gördükleri, anlattıkları ve yorumladıkları haliyle değerlendirebilmekte, dolayısıyla Doğu'ya ancak metinler aracılığıyla ulaşılabilmektedir. Doğu'nun yeniden yorumlanmasında ve inşa edilmesinde seyahatnameler önemli oranda belirleyici olmuştur. Bu bakımdan, çoğu zaman, seyyahlar, kâşifler ve seyahatnameler sömürge topraklar arayışında olan yönetimlerin ve şirketlerin öncüleri gibidirler. Edward Said ve Robert Irwin eserlerinde bu realiteyi sıkça dile getirmişlerdir. Benzer durum Amerika ve Afrika için de geçerlidir. Seyyahlar, kâşifler ve misyonerler buralarda gördüklerini ve kanaatlerini kendi ülkelerinin yöneticileriyle paylaşarak, planlanan siyasal ve ekonomik icraata ciddi katkılar sağlamışlardır.[22]

---

22 Fransız sömürgecilik tarihi üzerine bir araştırma; Erdoğan UYGUR, Fatma UYGUR

Bu noktada İsabelle de aslında Fransız sömürgeciler için büyük bir lütuftur lakin Müslüman olması ve katı sömürge karşıtı tutumu nedeniyle uzun süre kabullenilmemiş, mesafeli yaklaşılmıştır. Sömürgeciliği savunan Robert Arnaud ile kurduğu dostluk da sömürgecilerin şüphelerini giderememiştir. Haddizatında İsabelle anarşist kökenlidir, müslümandır ve tarikat mensubudur. Güvenmemek için ellerinde yeterli veri vardır ama böyle bir karakteri saflarına katarak kazanacakları avantajın da farkındadırlar. Yaşattıkları yıldırma politikasının ardından Barrucand aracılığıyla kendisine hayatının teklifi yapılır.

Fas – Cezayir sınırındaki Meknes-Tafilalte bölgesinde sık sık Fransız güçleri ve isyancı kabileler arasında çatışmalar yaşanmaktadır. Son olarak, Taghit'in İşgali ile birlikte El-Muııgar bölgesinde yaşanan ve çok sayıda Fransız askerinin ve isyancının ölümüyle sonuçlanan olayların akabinde birçok yayın organı sınır bölgesine muhabirlerini göndermiştir. Barrucand da gazetesi adına bu görevi İsabelle'ye tevdi eder. İsabelle, Güney Oran bölgesine yapacağı bu yolculukta Fransa müfreze birlikleri kumandanı General Lyatuney ile söyleşiler yapacak; Fransa'nın ele geçirdiği bölgeler ve Fas'a başlatacağı muhtemel taarruzlar hakkında bilgiler toplayacak, dönünce de izlenimlerini bir kitapta toplayacaktır. Arnaud'un ifadesi ile:

Bu teklif İsabelle'yi çok değiştirmişti. O artık kaderin sillesini yemiş bir zavallı değildi. Başı yukardaydı artık. Gözleri ışıldıyordu ve çevresine pozitif enerji yayıyordu.

İsabelle, Eylül ayının sonlarına doğru Güney Oran'a giden trendedir...

Le Matin gazetesi de bölgeye muhabir gönderen gazetelerden biridir. Jean Rodes, İsabelle Eberhart hakkında müspet yazılar yazmış az sayıdaki genç muhabirlerden biridir. Bu yüzden, resepsiyon görevlisine adını vererek bilgi almaya çalışan, Müslüman erkek kıyafetleri içindeki "genç ve tüysüz" kişiyi hemen tanır. İsabelle, hakkında yazılan yazılardan dolayı teşekkür eder ve lobide bir süre sohbet ederler. Proje notlarını karşılaştırırlar ve yapacakları ziyaretlerle ilgili birbirlerinden fikir alırlar. İsabelle yakın bölgelere yapılacak seyahatlerde güvenlikle ilgili tavsiyelerde bulunur. Genç ve oldukça tecrübesiz gazeteciye yanında mutlaka silah ve cephane bulundurmasını; bu bölgelerde eli çantasında veya cebinde, silahını hemen kavrayacak şekilde gezmesini ama silahını asla kimseye göstermemesini tembihler.

Birkaç gün sonra Rodes ve İsabelle birlikte Figuig'e giderler. Rodes bu yolculuk sırasında yakından gözleme ve tanıma fırsatı bulduğu İsabelle'den sitayişle bahseder:

İsabelle inanılmaz biriydi. Yörede konuşulan Arapçaya ve kültüre bir yerli kadar hâkimdi. Araplara özgü o uzun ve detaylı selamlaşma ritüellerini eksiksiz yerine getiriyordu. Önde gelen Araplar ve Arap bilginleri onun Arap gelenekleri hakkındaki mükemmel bilgisinden çok etkileniyor ve onu dinlemekten büyük keyif alıyorlardı.

Figuig'de Rodes'in odasında bir köşede uyur. Yazılarını aynı masada yazarlar. Bir süre sonra ressam Maxime Noire'de onlara katılır ve odanın diğer bir köşesi de ona ayrılır.

Bu ziyaretin bir amacı da Cezayir-Fas sınırındaki Fransız birliklerinin komutanı General Lyautey ile röportaj yapmaktır ve Teğmen Berriau, İsabelle'yi generalle tanıştırır. General Lyautey, İsabelle ile ilgili düşüncelerini, onun ölümünden sonra Barrucand'a yazdığı, 2 Nisan 1905 tarihli bir mektupta şu cümlelerle dile getirecektir:

Zavallı Mahmud ve ben, biz birbirimizi iyi anladık. Akşam sohbetlerimizi kıymetli birer hatıra olarak saklayacağım.

Hayatımda beni en çok büyüleyen insan, bir münzevi. Bütün önyargılardan, riyakârlıklardan ve peşin hükümlerden, kafesinden kurtulmuş bir kuş gibi sıyrılıp gökyüzünde kanat çırpan bir yüreği tanıyabilmek ne büyük bir lütuf.

Ben onu, kabulleri ve karşı çıkışları ile sevdim. Ben onun içindeki muhteşem sanat ateşini, ince nüanslara gizlenmiş sığlıkları söküp atabilen eşsiz kabiliyetini sevdim.

Zavallı Mahmud!

Lyautey sadece İsabelle'nin son yıllarına değil, aynı zamanda Fransa tarihine de damgasını vurmuş bir şahsiyettir. Diğer taraftan Lyautey, Atatürk'ün de tanıdığı bir Fransız askeridir ve bu yönüyle biz Türkler için de çok önemli ama maalesef tanımadığımız bir tarihi kimliktir.

LOUİS HUBERT GONZALVE LYAUTEY

17 Kasım 1854'te Nancy'de, mühendis bir babanın oğlu olarak doğdu. 1873'te Saint-Cyr Askeri Akademisi'ne girdi. Burada Albert de Mun'un Katolik sosyal reformcu görüşlerinden etkilendi. Bir süre Châteaudun'daki bir süvari alayında görev yaptıktan sonra 1880'de Fransız sömürgesi Cezayir'e gitti. 1882'de Fransa'ya dönerek yüzbaşılığa atandı. 1887'de Saint-Germain'de bir kolordunun başına getirildi.

1894'te Çin Hindi'ne gönderildi. Tonkin'de Fransız komutanı J.S. Gallieni ile tanıştı; onun gibi sömürgeciliğin uygarlaştırıcı bir işlevi olduğu görüşünü benimsedi. 1897'de tuğgeneral rütbesiyle Madagaskar'daki Fransız sömürgeciliğini güçlendirmek için çaba harcadı. 1902'de Fransa'ya dönerek Alençon'daki XIV. alayın komutanı oldu.

1903'te Cezayir genel valisi Celestin Jonnart tarafından Ayn Sefra bölgesi komutanlığına atandı. 1906'da Oran'daki tümenin başına getirilen Lyautey, 1907'de Ucda' yı işgal ede-

Foto; Wikipedia

rek bölgedeki yerli kabilelerin ayaklanmalarını bastırdı. 1910'da Fransa'ya döndükten sonra Rennes'deki kolordu komutanlığına getirildi. 1912'de Fas'ın Fransa ve İspanya'nın ortak sömürge yönetimi altına girmesinden sonra Fransız bölümü genel valiliğine atandı.

Büyük kentlerde modernizm hareketini başlattı. Fes'in dış mahallelerinden biri Fransız mimarisiyle yeniden yapılandırıldı. Geleneksel Yahudi Mahallesi Mellah ile yeni kurulan el Jdid'in ötesindeki Ville Nouvelle bugün Fas'ın modern yüzü ve Lyautey'in eseri olarak tanınmaktadır.

Fransa'da 1924'te Sollar Karteli'nin iktidara gelmesinden sonra görevini bırakmaya hazırlandığı bir sırada Rif Cumhuriyeti'nin saldırısıyla karşılaştı. Dağlık bölgelerde yaşayan Berberiler'in İspanyol sömürgecilerine karşı mücadele ederek 1921'de Abdülkerim Hattabi önderliğinde kurdukları Rif Cumhuriyeti, Fransız sömürge yönetimi için de bir tehdit oluşturuyordu. Bunun üzerine Fransa ve İspanya ortak hareket etmeye karar verdi. Fransa'nın Temmuz 1925'te Mareşal H.P.O. Petain'i Fas'a göndermesi üzerine Lyautey kendisine güvensizlik gösterildiği gerekçesiyle istifa etti ve Eylül'de Fransa'ya döndü.

27 Temmuz 1934'de Thorey'de vefat etti. Vasiyetine uygun olarak Fas liderlerinin gömülü olduğu Şella kalesine defnedilmek istendi fakat bir Hristiyanın bu mukaddes kaleye gömülmesi Arap geleneklerine ters düştüğü için Rabat'ta toprağa verildi.

Angora, le 25 Décembre 1921.

Monsieur le Maréchal,

Sur ma prière, Madame Berthe Georges-Gaulis a bien vou-lu ajouter une nouvelle preuve d'amitié à tant d'autres, en se chargeant de Vous faire parvenir ces quelques lignes. Je profite donc de cette occasion pour Vous exprimer ma profonde reconnais-sance pour la sympathie que Vous avez bien voulu nous témoigner dans notre lutte pour l'indépendance. La France n'a pas déçu l'espoir que nous avions en elle, et par la voix de ses chefs les plus autorisés, elle a su nous reconforter par d'affectueuses paroles aux moments difficiles que nous avons vecus. Parmi ceux qui, dans une claire vision des intérêts supérieures de la France et de la situation particulière qu'elle occupe dans la Méditer-rannée, se sont déclarés pour le maintien de la politique tradi-tionnelle de la France en Proche Orient, Votre Excellence figure au premier rang et, nul doute, Votre haute intervention a fait pencher la balance dans ce sens. Nous sommes heureux de voir que les efforts déployés, de part et d'autre, ont porté leurs fruits sous la forme de la conclusion de l'Accord d'Angora, et nous fon-dons de grands espoirs sur cet instrument, qui ne manquera pas d'exercer le plus heureux effet sur les liens d'amitié séculaire entre les deux Peuples, qui viennent d'être rétablis dans un si large esprit de cordiale sincérité. J'ose, donc, espérer, Monsieur le Maréchal que Vous continuerez à nourrir à notre égard cette précieuse sympathie que nous apprécions à sa haute valeur.

Veuillez agréer, Monsieur le Maréchal, l'assurance de ma très haute considération.

Moustapha Kemal

*Atatürk tarafından Lyautey'e yazılmış bir mektup (Foto; www.
belgelerlegercektarih.com)*

Sayın Mareşal,

Madame Berthe Geroges-Gaulis bugüne kadar göstemiş olduğu dostluk delillerine yeni bir tanesini ilave etme nezaketinde bulundu ve istirhamım üzerine, bu satırlarımı size ulaştırmayı kabul etti.

Bağımsızlığımız için başlattığımız bu savaşta bize karşı gösterdiğiniz sempatiden dolayı en derin şükran duygularımı ifade edebilmek için işte bu fırsattan faydalanıyorum.

Fransa, kendisinden beklentilerimiz noktasında bizi hayal kırıklığına uğratmadı ve en üst düzey yetkililerinden nakledilen takdir ifadeleriyle, yaşadığımız o zor zamanlarda bizi teselli ederek maneviyatımızı yükseltti. Fransa'nın kıymetli menfaatlerini ve Akdeniz'de işgal ettiği ehemmiyeti kavrama basiretini gösteren ve Doğu'da, geçmişe dayanan politikasını devam ettirmeyi savunan isimler arasında Ekselanslarınız en önde yer almış ve hiç şüphesiz, değerli gayretleriniz, terazinin bizden yana meyletmesine amil olmuştur.

Her iki tarafın karşılıklı olarak sarf ettiği çabaların Ankara Andlaşmasının akdi ile meyvelerini vermiş olduğunu görmekten dolayı mutluyuz. İki millet arasında büyük bir feraset ve samimiyetle yeniden kurulan, yüzlerce yıllık maziye dayanan dostluk ilişkileri üzerinde en bahtiyar tesirleri icra edecek bu vesikaya büyük ümitler bağlamaktayız.

Sayın Mareşal, üstün değerini takdir ettiğimiz bu kıymetli ilgiyi bizden esirgememeye devam edeceğinizi ümit ederim. En derin hürmetlerimin kabulünü rica ederim, Sayın Mareşal.

M. Kemal

LYAUTEY VE ATATÜRK

Ilımlı sömürgecilik anlayışı Helen entrikasından başka bir şey değildir fakat "tarih" güncel perspektiften okunmaz. Uluslararası ilişkiler, devletlerin kendi menfaatleri istikametinde geliştirdikleri diplomatik becerilerle şekillenir.

Lyautey bir sömürgeciydi ama aynı zamanda da akıllı bir asker ve geniş ufuklu bir devlet adamıydı. Bu özellikleri sayesinde sömürgeciliği yeniden yorumlayabilmiş ve daha kurnaz yöntemlerle, mesela yerli halkı; dini, kültürel değerleri ve kanaat önderlerini kullanarak yanına çekebilmiş ve böylece sömürgeci Fransa'nın Afrika'da tutunabilmesini sağlamıştır.

Savaş yıllarının sömürge dünyasında Fransa'nın en sağlam rakibi İngiltere'dir. Lyautey, İngiltere'ye karşı avantaj sağlama noktasında diplomasinin önemini iyi kavrayan ve kullanan isimlerden biridir. Fransa'nın Fas halkının nazarında gözden düşmemesi ve burada sağladığı itibarın zarar görmemesi için İngiltere'ye karşı Türkiye'nin yanında saf tutmuş ve halifeliğini ilan eden Suud prensi Şerif Hüseyin'i destekleyen İngiltere'ye karşı, Doğu ve Batı halifeliği olmak üzere çift halifelik tezini ileri sürerek oyun bozmaya çalışmıştır. Atatürk ile iletişimini sağlayan ve zaman zaman mektup alışverişlerini gerçekleştiren madam Berthe Gaulis'in yorumları ve yönlendirmeleri ile Lyautey, Lyautey'in yönlendirmeleri ile de Fransa, Türkiye'yi Almanya saflarına sürüklememek ve sahayı İngiltere'ye kaptırmamak için Atatürk'e destek vermişlerdir.

Bir Vizyoner Olarak General Hubert Lyautey

Lyautey, Fransız kolonyal kent politikaları ve sömürgelerdeki koruma ideolojisi ile bilinir. Ortaya attığı kentleşme fikri farklı sosyal ve kültürel koşullara sahip insanların bir arada var olabildiği çeşitlilik üzerine dayanır. Şehirleşmede yerli kültüre saygı gereği medinelerin (eski şehir) korunması gerektiğini savunurken, Avrupalı nüfus için de yeni, modern yapılaşmanın önünün açılmasına fırsat tanır. Lyautey'e göre iki kültür arasındaki büyük fark, yerli ve Avrupalı nüfusun birbirinden ayrışmasını gerektirir. Bu ayrışmada öncelikli gaye yerli halkın yaşam tarzının dikkate alınması ve yöresel dokunun korunmasıdır. Buna dikkat etmeyen ve camilere ayakkabılarıyla giren askerlerini görünce çok öfkelenir ve gayri müslimlerin camilere girmesini yasaklayan bir kanun çıkarır. Bu yasak yerli halk ve Fas kralları tarafından da benimsenir. Bugün bile Fas'ta halkı Müslüman olduğunuza ikna etmeden camilere adım atamazsınız.

Lyautey'in bir diğer özelliği de klasik sömürgecilik anlayışını yıkan "müşterek idare" fikrinin ilk mucidi ve uygulayıcısı olmasıdır. Bu yeni uygulamada Fas sultanı zahiren kanun koyucu olarak görünmekte, yasalar onun imzasıyla duyurulmakta ancak arka planda kararların tamamı Fransa otoriteleri tarafından alınmaktadır.

Mimarlık tarihçisi Gwendolyn Wright, Lyautey'nin söz konusu kolonyal politikasını bir önceki yüzyılın yaklaşımı olan "asimilasyon" yerine geçirilen "iştirak" (association) olarak tarif eder. Yerli şehirlerin yıkımına yol açan askerî varlığın sürekli görünürlüğüne dayalı olan "medenîleştirme" (civilisatrice) misyonuyla yüklü asimilasyon yaklaşımının politik ve ekonomik etkinliğini yitirmeye başlamasının ardından Lyautey tarafından yürürlüğe sokulan iştirak yaklaşımı; kültürel duyarlılık, tarihi koruyan inşaat tarzı ve kamusal hizmetlerin dağıtımı gibi konuları da kapsayan bir vizyonla şekillendirilmiştir.

Bu vizyonla yerli halkın sempatisini kazanan Lyautey kıyı bölgelerde denetimi sağlamayı başarır. Yönetimi boyunca kendi kurallarını uygular ve merkezden gelen emirlere boyun eğmez. Askeri güç kullanmak yerine ekonomik ilişkilerin geliştirilmesi gerektiğine inanmaktadır, çok iyi Arapça bilmektedir, İslam'a, Kur'an'a, Arap kültürüne İsabelle kadar aşinadır ve tıpkı onun gibi şark hayranıdır. İsabella hayatında ilk defa bir sömürgeci Fransız askerinin ağzından klasik sömürgeciliği eleştiren ve yerli halkın menfaatlerini gözeten sözler duymaktadır. Büyük bir büyülenmişlik içinde bu yeni politikayı "barışçıl sızma" olarak onaylar.

Aynı şekilde İsabelle de Lyautey için çok sıra dışı bir karakterdir. Onu bir başbelası olarak gören dar kafalı Fransız sömürgecilerin aksine, İsabelle'de Fransa'nın menfaatleri istikametinde faydalanılabilecek düzeyde büyük bir potansiyel görmüştür. Yerli aşiret reisleriyle yakınlaşmak istemektedir; İsabelle; Arapçası, vakıf olduğu İslam kültürü ve tarikat liderleriyle kurduğu dostluklardan dolayı, bu iş için biçilmiş kaftandır. Uzun bir çabadan sonra İsabelle'yi, Fransa yönetimi ve Fas sınırındaki Kenadsa Marabutları arasında aracı olması için ikna eder.

Aslında İsabelle başka şansının olmadığını bilmektedir. Ya Lyautey'in bu teklifini kabul edecek ya da er geç Cezayir'i terk etmek zorunda kalacaktır. Üçüncü bir alternatif daha vardır; ölüm... İsabelle bir suikast girişimi yaşamıştır ve benzer bir hadisenin tekrarlanmayacağının hiçbir garantisi yoktur.

AYN SEFRA - SARI VAHA

İftiralar, takipler, dedikodular ve baskılarla geçen Ténes'deki kâbus gibi günlerin ardından, General Lyautey'in talimatları ile temin edilen güvenli ve özgür Ayn Sefra atmosferi İsabelle'ye çok iyi gelir. Yakın bölgelere seyahatler yapar, askeri kampları ziyaret eder, yabancı uyruklu askerlerle sohbet eder. Alman askerlerin eğlendiği bir Fransız gazinosunda askerlere piyano bile çalar. Bu vesile ile İsabelle ile tanışan bir Alman asker, İsabelle ile ilgili izlenimlerini dile getirerek sömürgecilerin İsabelle hakkında uydurdukları iftiraları da ifşa eder:

Bizim özel hayatımızla ilgileniyordu, erkek kardeşinin de yabancılar lejyonunda olduğunu söylüyor, neden buraya geldiğimizi soruyordu. Ayrıca bizimle yaptığı seyahatlerle ilgili harikulade hatıralarını paylaşıyordu. İçten içe bu ilgiden dolayı şımarıyorduk çünkü rütbelilerle konuşmak yerine bizimle sohbet etmeyi tercih ediyordu. Onun General Lyautey'in yakın dostu olduğunu biliyorduk. Onu bir keresinde Lyautey ile yan yana oturmuş fısıldaşırken görmüştüm. Şunu net bir şekilde belirtmem gerekiyor ki, aramızdan hiç kimse onunla flörtleşmedi veya gayrimeşru bir ilişki içinde olmadı. Bazen on veya on beş asker bir arada sohbet ettiğimiz olmuştur ama onun yanındayken hiçbirimizin ağzından ayıp bir ifade çıkmamıştır. Zaten onun da tahrik edici bir hali, ifadesi, üslubu hiç olmadı ve zaten bir cazibesi de yoktu. Onu tanıyan birçok insan onun uygunsuz davranışlarından falan bahsediyordu ama onu Ayn Sefra'dan tanıyan her asker bu iddiaları reddeder. General

Lyautey'in sevgilisi olduğunu bile söyleyenler olmuştu. Bunların hepsi dedikodu. Dönem arkadaşlarım ve ben geceleri kışlaya giderken, Cafe Concert'ten çıkan kızların amirlerimiz tarafından Generalin karargâhına doğru sürüklendiğini görürdük.

Bu söylentiler hiç şüphesiz İsabelle'nin kulağına da ulaşıyordu ancak İsabelle eril egemen hegemonyanın, yani sömürgeciliğin en görkemli dönemlerini yaşadığı bir çağda ve coğrafyada büyük bir cesaret örneği göstererek, Avrupa'nın göbeğinden yola çıkmış ve Afrika'nın en ücra bölgelerine ayak izlerini bırakmış bir kadın seyyahtı ve etkilenmeden yoluna devam etmeye kararlıydı. Bir taraftan Lyautey ile yaptığı söyleşilerin etkisi ile nispeten değişen dünya görüşünün izlerini yansıttığı ilk makalelerini ve bu bölgedeki gözlemlerini anlattığı seyahat notlarını, kara kalem çalışmalarını gazetesi Al-Ahbar'a gönderirken, diğer taraftan da gezilerine devam ediyor, harıl harıl çalışıyordu. Bu yolculuk boyunca tuttuğu notlar daha sonra Al-Ahbar tarafından "İslam'ın Gölgesinde" başlığı altında kitaplaştırılır. Güney bölgelerde süren bu üç aylık turların ardından, Aralık ayı itibari ile, -Ramazan ayını Süleyman'la geçirmek üzere- Cezayir'e döner. Çok yorulmuş, sağlığı da bir hayli yıpranmıştır.

Cezayir'de geçirdiği iki aylık sürede neler olup bittiği ile ilgili bir bilgi bulunmamaktadır ancak biyograflar İsabelle ve Süleyman'ın evliliklerinde Cezayir'de yaşanan tartışmalardan dolayı bir kırılma olduğunu, hatta Süleyman'ın başka birini bulduğunu tahmin etmektedirler. İsabelle'nin, Kenadsa'daki zaviyede ateşler içinde yanarken kaleme aldığı, "Kelimelerin Senfonisi" başlıklı bir yazısındaki edebi ve imalı cümlelerinden yola çıkılarak yapılan bu yorum doğru olabilir çünkü ifadeler gerçekten de çok vurucudur:

Tabii başka şarkılar da biliyorum. Öyle tatlı ve etkileyici ninniler biliyorum ki, onları küçük sevgiline söylediğinde sana kahkahalarla güleceğinden emin olabilirsin. Çünkü senin küçük aşkın, hiçbir zaman böyle ateşler içerisinde yatmamıştır. O sadece cep aynasında kendini hayran hayran süzmeyi, kirpiklerini kırpıştırıp dudaklarını büzmeyi bilir.

*Dahası eminim ki saçları lüks bir berberde yaptırılmıştır ve dün-
yanın en güzel tebessümünün sahibidir. Zekâ dolu bir tebessüm. Yo-
rumlama yetisi olduğunu sanma, hepsi bir rol aslında. Göz kapakları
buruşup, gözaltlarında halkalar oluşmaya başladığında ve sana coşku
dolu bakışlar attığında, "en azından beni hala seviyor" diye kendini
teselli etmeye kalkma. Bu bencillikten kaynaklanan küçük bir heyecan
belirtisidir aslında.*

*Hem neden sevsin ki seni? Senin sevgin de benimkisi gibi; hayata
katlanırken tutkuyla sürdürdüğün bir isyan. Onunkisi ise tasasız bir
eğlence. Bu yüzden gülümsemesi için ona ninniler söyle. Ninniler ona
benzeyen diğer putlar için bestelenmiştir.*

Çok uzun süre ayrı kalmalarının yanı sıra, muhtemelen İsa-
belle'nin marjinal hayat tarzı ve yaşam felsefesi Süleyman'a artık
çok ağır gelmiştir. Süleyman başka birini bulmuş olsaydı, İsa-
belle gibi kadın erkek eşitliğini, özgürlük noktasında kayıtsız
şartsız benimsemiş anarşist bir karakter evliliğini noktalamaz
mıydı? Yoksa Süleyman'ın yeni ilişkisinden Kenadsa'da aldığı
bir mektuptan mı haberdar olmuştur? Yine Kenadsa'da tuttuğu
notların arasına düştüğü bu muğlâk ifadeler düşündürücüdür:

*Dün bana ait olmayan, bambaşka bir yıldızın altında bir mektup
aldım. Nasıl olur da sırf yeni bir mutluluk bulduğun için bu kadar
egoist olabilirsin ve eski dostlarından seninle birlikte sevinmelerini is-
teyebilirsin?*

İsabelle tatilini uzatmaz ve ani bir kararla yeniden yola çı-
kar...

1904

Şubat ayının başlarıdır ve İsabelle, Oran'a giden trenin soğuk departmanında, sızlayan cümlelerle ölen karısını anlatan Barrucand'ı dinlemektedir. Tren Perrégaux'de (bugünkü adıyla Muhammediye) mola verir. Barrucand, İsabelle'ye yazdığı ancak İsabelle'nin eline hiç geçmeyen bir mektubunda o anı şöyle anlatır:

Perrégaux'de bana yaşattığın o anı hatırlıyorum. Güneyin taşlı yollarına uzanan tren raylarına bakarken, birden elimden tuttun ve beni rayların önüne getirdin. "Bak" dedin. "Şu raylara bak. Eğer bu rayları takip edersek yarın başka bir ülkede, başka bir havayı soluyor olabiliriz ve unutulması gereken ne varsa, hepsini unutup, yeni bir hayata başlayabiliriz." demiştin.

Ayn Sefra'ya geldiklerinde Lyautey'in stratejisinin meyvelerini verdiğini ve kabile liderleriyle yürüttüğü istişarelerde geriye dönüşler olduğunu görürler. Beş şeyh, Beni Cil kabilesinden bir grup, Bu Amamas taraftarları bir delegasyon oluşturarak Lyautey'den görüşme talep etmişlerdir. Barrucand'ın gözlemci, İsabelle'nin ise aracı olarak katıldığı görüşmeler Şubat ayının sonlarına doğru başlar. Pazarlıkların ardından Fransa, Fas ve Cezayir sınırlarındaki belirsizliğin doğurduğu kafa karışıklığından da istifade ederek Beşar bölgesindeki kontrolü ele geçirir.

Lyautey, kuzeyde Bu Amama'ya karşı acımasız bir politika yürütürken, Güney'deki bölgelerde daha yumuşak taktikler geliştirmektedir. Ortada kalan alan için ise aklında çok önemli bir isim vardır: Kenadsa Ziyaniye tekkesinin şeyhi Seyyid İbrahim Velid Muhammed. Eğer Seyyid İbrahim Fransa'nın saflarında yer alırsa, Figuig'den Tafilalet'e uzanan bölgedeki bütün kabileler bu kanaat önderini takip edecek ve işgal hiç savaşa gerek kalmadan gerçekleşecekti.

Kadiri tarikatı üyesi ve Kenadsa şeyhi ile yakın dostluğu olan Leyla Zeyneb'in güvendiği birini buradaki zaviyeye yollayarak içerden bilgi toplama fikri, bir sömürgeci general için akla getirilmesi zor bir taktik değildi. İsabelle için ise, şimdiye kadar ziyaret etmediği bir zaviyede ağırlanma ve gözlem yapma fırsatı kaçırılmayacak bir şanstı. Derhal hazırlıklara başlanır ve İsabelle, Lyautey'in tayin ettiği bir rehber eşliğinde işgalin ardından adı Lyautey tarafından "Colomb" olarak değiştirilen Beşar bölgesine doğru yola çıkar. Beşar'dan verilen yeni bir rehber refakatinde, bir gün süren bir yolculuğun ardından Kenadsa'daki Ziyaniye zaviyesine ulaşırlar.

KENADSA

Son aylarını, yani 1904 yazını geçireceği zaviyedeki inziva günleri, İsabelle'nin yazın hayatındaki en mümbit zamanları da teşkil eder. Zaviyeye gitmek üzere yola çıktığı andan itibaren bulduğu her fırsatta kâğıt ve kaleme sarılmış, Kenadsa'da karşılaştığı her ilginç detayı kâğıda dökmüş; dervişlerin kıyafetlerinden, "Haratin" denilen siyahî kölelerin mizah anlayışına kadar, bütün ayrıntıları nakış nakış işlemiştir. Yazdıkları "Kenadsa" ana başlığı altında, "İslam'ın Gölgesinde" isimli kitabına dercedilmiştir. Bu seyahat notlarından bazı paragraflara göz atarak Kenadsa'yı İsabelle'nin gözlerinden seyredelim:

Kenadsa önümüzde uzanıyor. Sıcak tuğlalarla örülmüş olan büyük kasrın sol yanında çok güzel yeşil bahçeler bulunuyor. Tepeciğin ince bayırı boyunca uzanıyor kasr ve terasların hoş düzensizliklerinde kaybolup gidiyor. Sağımızda bulunan altın renkli kumul, kayaların saçağı ile yukarı doğru uzanıyor.

(...)

Bizi üç veya dört siyahî karşıladı. Rehberim onlara Kadir'ül Berke'nin (Beşar'daki Ziyaniye kabilesinin şeyhi) ezberlettiği sözleri tekrarladı:

"Ben Seyyid Mahmut Velid Ali. Bilgi edinmek için zaviyeleri dolaşan Tunuslu genç bir bilim adamıyım."

Beni bir yer minderine oturttular ve içlerinden birisi, Ayn Sefra'daki kardeşlerinden birinden getirdiğim mektubu, murabıt Seyyid İbrahim velid Muhammed'e haber vermek üzere yanımızdan ayrıldı.

(...)

On beş dakikalık bir bekleyişin ardından, anormal derecede şişman bir siyahî köle, küçük, yuvarlak, canlı gözlerle etrafı süzerek yanımıza geldi ve türbanımın iplerini saygıyla öptü. Ardından kendisini takip etmemi isteyerek, beni sade döşenmiş, geniş bir avluya götürdü.

İnsanı sakinleştiren bu barışçıl ortamda nefes aldığımı hissediyordum. Arkamdan ardı ardına kapanmakta olan kapılar, gezdiğim uzak diyarlara bir yenisinin eklendiğini haber veriyordu. Küçük bir alçak kapı daha ve bir caminin içini andıran kare şeklinde küçük bir odaya girdik...

(...)

Seyyid İbrahim beni büyük bir vakarla kabul etti. Daha sonra sır saklayan bir ses tonuyla, sessizlikle ve bazen de nezaket gösterileriyle vurguladığı sorularını yöneltti. Murabıtlar uzaklaştılar ve beyaz hayaletler gibi aniden kayboldular.

Kısa süren görüşmeden sonra içimi bir güven duygusu kapladı. Ben bu adamların misafiriyim ve bir süre onların sessiz evlerinde yaşayacağım. Onların ruhlarına hükmeden sükûneti kendi içime taşıdım bile ve şimdi o huzur ruhumun labirentlerinde dolaşıyor. Uzun günler geçireceğim burada, hiçbir şey beni rahatsız etmeyecek ve meraklı zihnim her geçen gün biraz daha olgunlaşacak. İyileşen bir hastanın odasındaki hemşire gibi uysallaşacağım. Burada gürültülü ruhumun sakladığı sırları çözmeye çalışacağım; zihnimi ve kalbimi meşgul eden ateşli meseleler küllenecek ve hayatı daha ölçülü bir şekilde içime çekeceğim. Öyleyse bunca zamandır aradığımı buldum mu, istediğim şeye kavuştum mu? Hiç dinlenmeme izin vermeyen susuzluğum dindirildi mi? Ne kadar sürecek bu sükûnet?

Bu sükûnet bir haftanın ardından yerini endişeye sevk eder. Buraya gelirken, arkasından ardı ardına kapanan kapılar, bu ıssız ve gizemli dünyaya duyduğu derin merakı perçinliyor, heyecanını artırıyordu ancak şimdi hatırladıkça ürperiyor ve kendini kısıtlanmış, hapsedilmiş gibi hissediyordu:

Neden buradan ayrılmama izin verilmiyordu? Aklımdaki bu soru her geçen gün daha da endişelenmeme neden oluyor, kendimi boğuluyormuş gibi hissediyordum. Kıymetli yalnızlığım gönüllü bir tercih değildi artık. Odamda kendimi bir hapishane hücresinde gibi hissediyordum.

Sonunda bu sabah murabıtla konuştum ve ona ayrılma isteğimden söz ettim. Gülümsedi.

'Seyyid Mahmud, güzel çocuk, aklına kötü şeyler getirme! Eğer ayrılmak istiyorsan sana hiç kimse engel olamaz! Fakat şunu belirtmem lazım ki, eğer ayrılma düşüncesi içindeysen, korkarım ki kıyafetlerini değiştirmek zorundasın. Burada üzerimdeki kıyafetler gibi, Cezayir'e has giyinenler hakkında iyi şeyler düşünmezler. Bu senin için tehlike yaratmaz ama canını sıkacak durumlarla karşılaşmandan korkarım çünkü senin Mizani olduğunu düşünürler'

Murabıt endişelenmekte haklıydı.

(...)

Buradan çıkıp yeniden yollara düşmeden önce üzerimdekileri değiştirmek zorundayım ve artık bir Faslı gibi görüneceğim. Cezayirli süvarilerin kullandığı ağır, süslü koşu takımını, çok daha hafif olan koşu takımıyla değiştiriyorum. Beyaz cellaba (Arap erkeklerin giydiği tek parça, uzun, beyaz elbise), çıplak ayaklarıma sarı terlikler geçiriyorum. Şeşiyenin (Arap erkeklerin türbanlarını sarmak için kullandıkları bone) etrafına dolanmış küçük, beyaz, peçesiz türbanı başıma takıyorum. Bu giysiler çok daha hafifler ve insanı daha serin tutuyorlar fakat öğle güneşinden ne kadar koruyacaklarından emin değilim. Ebu Mahmud'a bu şeffaf başörtünün güneşten korumak için yeterli olup olamayacağını soruyorum. Sudanlı sakin bir gülümsemeyle cevap veriyor: 'eğer buraya güven ve samimiyetle geldiysen, seni Allah ve Seyyid İbrahim bin Ebu Ziyane koruyacaktır.'

Kenadsa'da günler birbirini kovalamaktadır. Bölgede çok yaygın olan ve muhtemelen yaptığı yolculuklardan birinde bulaşan sıtma hastalığı da ilerlemiştir. Gözlerini açabildiği ve kendini iyi hissedebildiği az zamanlarda kâğıda ve kaleme sarılır. Yazdığı yazılarda yaptığı yorumlardan anlaşıldığı kadarıyla Layautey'den etkilenerek inanmaya başladığı veya Fransızların baskısından kurtulmak için inanmış gibi yaptığı *'ılımlı sömürgecilik'*le ilgili fikirleri Kenadsa'da gördüklerinden sonra değişmiştir. Eylül ayında Lyautey'e adamları tarafından ulaştırılan ve İsabelle'den alınan istihbaratlara dayandığı düşünülen bir rapor, İsabelle'nin daha da ileri giderek Fransız sömürgecileri yönlendirdiğini, Kenadsa'daki zaviyeye karşı ilgilerini dağıttığını gösteriyor:

Şu an daha net bir şekilde, murabıtın karakteristik ve fiziksel zayıflıklarından dolayı sıfırı tükettiğini, otorite olarak zayıf ve dayanıksız olduğunu görebiliyoruz. Göründüğü kadarıyla Kenadsa zaviyesi, halkın bize karşı beslediği geleneksel mesafeyi korumak ve bağımsız kalmak istiyor... Kısaca, Kenadsa'nın bize bir faydası dokunmayacak.

Aynı günlerde İsabelle de defterine aşağıdaki satırları düşmektedir:

Murabıtın Fransızlarla ilişkilerinin ilerlemesi ve onlara iyi bir komşu gibi ilgi göstermesi üzerine alt sınıfları gizli bir hoşnutsuzluk sardı. Tabii ki hiç kimse sesini yükseltip efendilerinin hareketlerini eleştirmeye cesaret edemiyor. Her zamanki gibi Seyyid İbrahim'in kararlarına boyun eğiyorlar, birbirlerine onun düşüncelerini anlatıyorlar ve ilahilerinde onu övüyorlar. Fakat onun yüce otoritesi olmasaydı eminim ki, onu ve müritlerini işbirlikçi Mizaniler olarak isimlendirirlerdi.

Kenadsa'daki inzivasının sonlarına doğru yazdığı bir yazıda Afrika'daki işgalin geleceği hakkındaki endişelerini dillendirir:

İnandığım bir şey var; sadeleştirilmesi imkânsız olan güçlü ilkelere karşı mücadele etmek anlamsız ve belirli bir bölgede gelişen uygarlığın başka bir yerde değişmez sürekliliğini sağlamak mümkün değil.

Dahası, doğulu insanları batılılardan daha nazik, zarif ve samimi bulmaktadır. -Kaçınılmaz olarak- sömürgeciler bütün bu güzellikleri zamanla yok edeceklerdir. İsabelle sömürgeciliği tamamen reddetmek dışında bir alternatif olmadığına inanmıştır artık:

Buradaki insanların samimiyetine alıştığınızda, artık belirli günlerde, belirli şartlar altında zarif olmak için harcanan çabaları, duyguları anlama konusunda yeteneksiz olan basit insanların yapmacıklıklarını ciddiye almakta zorluk çekiyorsunuz. Onların kibarlıklarında bir ritim bozukluğu çınlıyor kulağınızda ve konuşmalarındaki gösteriş anlamsız geliyor. Oysa buradaki kibarlık öyle uygulanması gereken bir formül değil, bir varolma şekli ve kesinlikle samimi.

Hayat akıp giderken hastalığı da ilerlemekte, yüksek ateşten dolayı sık sık komaya girmekte, Ayn Sefra'ya dönüp hastaneye yatmayı ve iyice tedavi olmayı düşünmekte ama yorgunluk ve halsizlikten dolayı harekete geçememektedir:

Aslında Ayn Sefra'ya dönüp hastanede adamakıllı tedavi görmek yapabileceğim en mantıklı şeydi fakat bu düşüncemi hayata geçirmek için harekete geçemiyordum bir türlü. Sığınağımda oyalandım, beni zehirleyen havayı zevkle içime çektim, geçmişe ve geleceğe gözlerimi yumdum, unutuluşu ve bilgeliği vaad eden efsunlu sudan içmiş gibiydim.

Berberiler'den oluşan bir konvoydan gelen Tafilalet'in ücra köylerini ziyaret etme teklifini dahi geri çevirmek zorunda kalır:

el-Hasani bana, 'düşün Seyyid Mahmut' diyor; 'hala vaktin var. Bir ay boyunca gezeriz. Ülkeleri dolaşırken yeni şeyler görüp bilgi toplamak için sayısız fırsatla karşılaşacağına eminim. Gir'e gideriz, Tafilala'ya ve hatta Tisnit'e. Gittiğimiz her yerde erkek kardeşimiz olarak karşılanacaksın.'

Baştan çıkarıcı bir teklifti bu fakat tek başıma korumasızdım. Hiçbir resmi otorite tarafından görevlendirilmiş değildim ve bu şekilde, kimseye haber vermeden yola çıkmak... Yalnızca incelemeler yapmak ve merakımı gidermek amacıyla çıkacağım bu seyahatten başka anlamlar çıkaracaklardı kuşkusuz. Düşünüp taşındım ve bugün Beşar'a doğru yola çıkmaktan başka çarem olmadığına kara verdim.

(İslam'ın Gölgesinde, Ülke edebiyat, çev. Pınar Uygun)

Berberi gezginler mezarlığa kadar ona refakat ederler. Onlar Tafilale'ye doğru giderken, İsabelle de atını Ayn Sefra'ya uzanan yola doğru sürer. Bir tepenin doruğunda durup Berberilerin hızla küçülen siluetlerini izler.

AYN SEFRA HASTANESİ

Yine uzun, yorucu bir yolculuktan sonra Ayn Sefra'ya ula-
şır ve 2 Ekim'de Lazaret hastanesinde tedavi altına alınır. 15
Ekim'de hastane odasından, Paris'ten Madam Berthe Clavel is-
minde, başka bir yerde adı geçmeyen birine bir mektup yazar:

Sessizliğimin nedeni neşeli ol-
mam değil. İki haftadan beri hasta-
nedeyim ve daha uzun bir süre bu-
rada kalacağım. Bataklıklarda dola-
şırken kaptığım ateşli hastalık belimi
büktü. Ciddi bir durum değil. Artık
ayağa kalkabiliyor ve koridorlarda
dolaşabiliyorum. Hastane yüksek
bir tepede kurulmuş, manzarası çok
güzel. Sonbahar geldi. Hava berrak
ve ılık güneş ışıkları yabani yonca-
ların yeşermeye başladığı kumulları
altın rengine boyuyor.

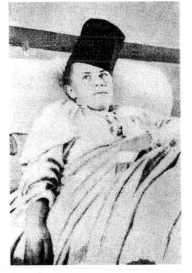

Çok çalışıyorum ve nihayet
"Güney Oran"ı temize çekmeyi
başardım. İyileşir iyileşmez Beni
Abbes, Timmimoun ve İn Salah'a gitmek ve ikinci cildi tamamlamak is-
tiyorum. Yüksek ihtimalle önümüzdeki kışı Timmimoun'da geçireceğim
için, orada Trimardeur'u bitirip ilkbahardaki baskıya yetiştirmeyi düşü-
nüyorum. Hepsini bitirmeden Cezayir'e dönme planım yok.

Berthe Clavel kimdi? İsabelle neden onunla seyahat planlarını paylaşmıştı? Bu soruların cevabını bulmak artık mümkün değil ama kesin olan bir şey var; İsabelle artık siyasi görevlendirmelerle değil, sadece gözlem yapmak ve yazmak amacıyla seyahatlerine devam etme kararı almıştı.

16 Ekim'de Süleyman'a bir mektup yazarak onu Ayn Sefra'ya çağırır. Ayn Sefra'nın Arap bölgesinde ikisi için küçük bir ev kiralamıştır. Süleyman, 20 Ekim'de Ayn Sefra'dadır ancak doktor çıkmasına izin vermemektedir. Onu hastanede son görenlerden biri Alman lejyoner askerlerinden Richard Kohn'dur. Bir akşam görev icabı hastaneye uğradığında İsabelle ile karşılaşır. Ayaküstü sohbet ederler:

Selamlaştık. Morali çok bozuktu. Uzun süren tedaviden sıkılmıştı ve doktoru birkaç gün daha kalmasını istemesine rağmen o taburcu olmak istiyordu. Başkaları tersini iddia ediyor ama ben o akşam hastaneden ayrılmadığına eminim. Ertesi sabah saat 9:00 ve 10:00 arası hastaneden ayrıldı.

İsabelle'nin hastaneden ayrılış zamanı ile ilgili bu ihtilafın nedeni neydi? İsabelle'nin ısrarlarına rağmen onu taburcu etmeyen hastane başhekimi neden o sabah ayrılmasına izin vermişti? İsabelle'nin şaibeli ölümündeki sır perdesi hiçbir zaman aralanamadı ama çaresiz çığlığının yankısı tarih sayfalarına çarparak günümüze kadar ulaştı:

Bu ülkede kalabileceğimiz tek toprak parçası olan güney bölgelerde, nereye yerleşirsek yerleşelim, er veya geç infaz edileceğim!

SAHRADA BİR YILDIZ KAYDI

Cebel Mekter'in koynuna boylu boyunca yaslanıp, Güney Oran'ın kızıl renkli kum sahilinin sonsuzluğunda kaybolan şehir, Ayn Sefra; diğer bir ismi ile "Sarı Vaha"...

21 Ekim 1904'de Ud nehrinin kabaran suları beldenin ortasından dalgalanarak çevredeki küçük yerleşim birimlerini kucaklayıp, hepsini kum ve bakır kırmızısı balçık tabakasının altına gömdüğünde, Ayn Sefra taşıdığı ismin kendisine ne kadar yakıştığını gösterdi.

Sırt köylerde bulundukları için sel baskınından zarar görmeyen General Lyautey'in askerleri, aniden yükselen yağmur sularının dehşeti içerisinde, kurumuş nehir yatağının nasıl bir anda köpüren sularla dolup taştığını seyrediyorlardı. Nehir yatağının sınırlarından kurtulup şehre doğru taarruza geçen öfkeli dalgalar, kerpiç ve toprak damları yerle bir ediyor, felakete hazırlıksız yakalanan insanların çığlıkları, yağmurun ve yıkılan binaların gürültüsüne karışıyordu.

Sel felaketinde yirmi yedi kişi hayatını kaybetti ve olay, "Ayn Sefra Felaketi" olarak tarihe geçti.

Askerler balçık, taş, kum yığınları arasında günlerce arama yaptılar. Ne gariptir ki, şehrin sınırdaki en çok tehlike arz eden bölgesinde tek bir ev hasar görmüştü. Evden ziyade bir kulübeyi andıran harabe bina, şimdi balçık ve moloz yığınının altına gömülmüş bir enkazdı sadece. Askerler yıkılan binanın enkazı altında yaptıkları aramaların sonunda genç bir kadının çamura gömülmüş cesedine ulaştılar. Kimlik tespitinin ardından General Lyautey, Havas Ajansına bir telgraf çekti. Haber, Paris ve Cezayir basınında neşredildi:

İsabelle Eberhardt'ın cansız bedeni Ayn Sefra'daki evinin enkazı altında bulundu.

POST MORTEM

İsabelle'nin cenaze işlemleri ile ilgilenebilecek bir tek yakını vardı; eşi Süleyman Ehni. Süleyman anlaşılmaz bir şekilde, felaketin hemen ardından şehri terk etmişti. Polise verdiği ifadede olay anını şöyle anlatıyordu:

Evin birinci katındaki odamın balkonunda oturuyorduk. Birden bir gök gürültüsü duyduk. İnsanlar koşuşuyor ve bağrışıyorlardı: Vadi! Vadi!... Ben hiçbir şey anlamamıştım çünkü hava sakindi, ne yağmur vardı, ne de fırtına. Bir dakika sonra, dere yatağındaki sular kabarmaya ve dörtnala giden savaş atlarının hızıyla üzerimize gelmeye başladı. Dalgaların boyu iki metreyi aşmıştı. Önüne çıkan her şeyi; ağaçları, ev eşyalarını, cesetleri ve kadavraları silip süpürerek ilerliyordu. Tehlikeyi hemen fark etmiştim ve kaçmaya başladık. Dalgalar bizi yakaladı. Ben nasıl kurtulduğumu bilmiyorum ama karım sulara karışıp kayboldu.

Süleyman'ın kurtulabildiği bir felaketten neden İsabelle'nin kurtulamadığı sorusu hala cevap aramaktadır.

Bütün formaliteler General Lyautey tarafından İslami usullere ve İsabelle'nin vasiyetlerine uygun olarak yerine getirilir. Cenaze Ayn Sefra'daki mütevazı Müslüman mezarlığına defnedilir.

Olaydan altı gün sonra, El Ahbar gazetesi, haberi siyah bir çerçeve içinde şöyle geçer:

Ayn Sefra, 27. Ekim 1904

İsabelle Eberhardt'ın cansız bedeni bu sabah saat 9:15 sıralarında evinin merdivenlerinde çamura gömülmüş vaziyette bulundu. Olay herkesi derinden etkiledi. Askeri yetkililer cenazeyi Müslüman mezarlığında defnettiler.

İsabelle yıllardır burada yatıyor. Burada, yani Ayn Sefra'da. Oran'ın güneyinin barışa kavuşturulmasına bireysel gayretleriyle ivme kazandırdığı yerde. Burada, bir çöl mezarlığında. Konuştuğu iki dilde; Arapça ve Fransızca olarak künyesinin yazıldığı mütevazı bir mezar taşının altında;

Seyyid Mahmut Es-Saadi

İsabelle Eberhardt

Ehni Süleyman'ın zevcesi

21 Ekim 1904'de,

27 yaşındayken Ayn Sefra felaketinde vefat etti

İsabelle-Mahmud...

(Foto; http://www.fembio.org/biographie.php/frau/biographie/isabelle-eberhardt/)

Çok sevildi... Çevresinde her zaman büyük bir hayret ve hayranlık uyandırdı. Bütün bunlara rağmen çok az insan tarafından gerçekten tanındı ve anlaşıldı. Yaşamına mal olan sel felaketi kısa hayatının manidar bir özeti gibiydi; fırtınalı, tehlikeli, dolu-dizgin, sıra dışı ve coşkulu.

Ölümünden itibaren insanlar, bu esrarengiz kabiliyetin arkada bıraktığı sırları çözmeye çalıştılar. İsabelle'nin gizemli karakteriyle daha da derinleştirdiği aykırılıklarının arkasında yatan sırrı merak ettiler. Onun; tabulara karşı sebatla direnen güçlü kişiliği; adaleti hâkim kılma, tehdit altında olanların yanında olma insiyakı yaşamın yamyam ve gaddar ruhunun beslenmesine hizmet eden ideolojilere karşı baş kaldırma ihtiyacını tetikliyor, insanlar bu muazzam beynin ve iradenin hangi kaynaklardan güç aldığı sorusunu sormadan edemiyorlardı.

İSABELLE'NİN MİRASI: SANDIKTAKİ DEFİNE

General Lyautey, İsabelle'yi, kulübesinin enkazında mobilya, değerli eşyalar, elbiseler aramayacak kadar iyi tanıyordu. Onun bu anlamda incelemeye değer bir miras bırakmadığını, mal varlığı olmayan biri olduğunu ve hayatının son yıllarını büyük bir yoksulluk içinde geçirdiğini biliyordu.

İsabelle, Ayn Sefra'daki evinde ve rutin seyahatleri sırasında konakladığı diğer mekânlarda yalnızca uyumak ve hayal kurmak için bir yatağa ve yazmak için bir masaya ihtiyaç duydu. Yegâne mülkiyeti; içinde tamamlanmamış roman müsveddelerini, hikâyelerini, gezi notlarını, günlüklerini, röportajlarını, mektuplarını ve bazı kara kalem resimlerini muhafaza ettiği tahta bir sandık, bir de eski bir çantaydı.

Azmi, ahlakı, çelik gibi iradesi, kıvrak zekâsı, islami mevzulardaki sivri iddiaları, yazma aşkı, o meşhur sanat ateşinin hep kıvamında tuttuğu büyüleyici istidatı ve Allah vergisi yetenekleri ile İsabelle, hayatı boyunca hep gördüklerini, düşündüklerini, hissettiklerini ebedi kılmak için, elinde kalemiyle yaşadı.

Onun vefalı dostluğuna ve misyonuna duyduğu saygı gereği General Lyautey, adamlarına ısrarla ve inatla "aramalara devam" emri verdi. İsabelle'nin cansız bedeninden sonra onu sonsuza kadar canlı kılacak yarım kalmış çalışmalarını kurtarmak istiyordu. Nihayet evin üst katında balçıktan kabuk bağlamış, yırtılmış, harap olmuş ve neredeyse okunamaz hale gelmiş parçalara ulaştılar. 1904 sonbaharında Lyautey'in askerleri çamura gömülmüş gerçek bir defineyi gün ışığına çıkardılar. Bu define sadece genç bir beynin hamulesi değildi, aynı zamanda o beyne sahip güçlü bir karakterin fırtınalı hayatının ıslak bir şeridiydi. Kısa bir ömre sığdırılan büyük kaosların vesikaları, görenleri derin bir hüzne sevk edecek kadar kötü vaziyetteydiler. Parçalanmış notlar, suyun ve çamurun gölgesinden zor seçilen ve yüzlerce kez tekrarlandığı fark edilen zarif kelimeler; defalarca üzerleri çizilen, yeniden düzenlenen cümleler ve İsabelle'nin elemli, duygulu el yazısı..

VİCTOR BARRUCAND'IN VEFASI

General Lyautey, enkaz altından çıkarılan eserleri, biraz çeki düzen verdikten sonra, İsabelle'nin eşi Süleyman Ehni'den izin isteyerek El Ahbar gazetesinin sahibi Victor Barrucand'a teslim etmiş ve bu edebi mirasla ilgilenmesini istirham etmişti. Barrucand, tamamlanmış parçaları bir ciltte toplayarak 1908 yılında "Seyahat Notları"(Notes de Route) ismiyle bastırdı.

Felaketten büyük zarar gören bu sayfaların düzenlenmesi çok zor oldu. Barrucand, İsabelle ile olan ve herkes tarafından kabul gören dostluğuna binaen kendisine güvenilerek teslim edilen müsveddeler üzerinde düzeltmeler yaptı ve hatta bir kısmını yeniden yazdı. Yarım kalan hikâyeleri tamamladı, okunamayan kısımları İsabelle'yi tanıdığı kadarıyla -onun dilini kullanmaya çalışarak- doldurdu. İsabelle'nin adının yanına kendi adını koyarak üç yıl süren bu samimi dostluğu ebedileştirmek istedi. Bu hareketi edebiyat hırsızlığı olarak kabul edildi. Tevkif edildi ve mahkemeye sevk edildi.

1906 yılında "İslam'ın Sıcak Gölgesinde" (A L'ombre Chaude de L'Islam), 1908 yılında da "İslami sayfalar" (Pages D'Islam), Victor Barrucand ve İsabelle Eberhardt imzasıyla basıldı. Bu iki eserin orijinallerindeki düzeltmeler, tamamlamalar ve yorumlar, eserlerin iki yazar tarafından yazıldığını gösterir nitelikteydi. İsabelle'nin, yayınevlerinin geri çevirdiği yarım kalan romanı, "Trimardeur", Barrucand'ın yaptığı düzeltmelerden sonra 1920 yılında yayınlanabildi.

İsabelle Eberhardt'ın arşive kaldırılan çalışmaları arasında Victor Barrucand'ın kendini savunduğu, birkaç satırlık bir not bulundu. Mezkûr notta Barrucand hüzünlü bir dille kendini şöyle müdafaa ediyordu:

Ben İsabelle Eberhardt'a hizmet edecek hatıraları anlattım ve onun eserlerinden sadece onun edebi saygınlığını garantiye alacak olanları yayınladım. Bu düşüncelerden hareketle, iddiaların beni ondan koparmaya yönelik olduğuna inanıyorum. Yöneltilen ithamların geneli haksızdır. Siz onu tanımadınız. Onun arkadaşlığı benim için çok kutsaldı.

TOPRAK ALTINDA KORUNAN ÇANTA

General Lyautey'in adamlarının ele geçirdiği sandık dışında, tüm aramalara rağmen bulunamayan ve sel sularına karışarak kaybolduğu sanılan, İsabelle'nin günlüklerini, mektup ve çizimlerini muhafaza ettiği bir çanta daha vardı. Ayn Sefra'da bulunan müsveddelerle birlikte, Ud nehrinin sularına karışan bu çantanın içinde ilahi bir mucize sayesinde on yıl boyunca hiç bozulmadan hayatta kalabilmeyi başarabilen diğer sayfalar Fransız yazar Louis Rene Doyon'un gayretleriyle derlenecek ve böylece İsaballe'nin karanlıklarda kalan hüzünlü hayat hikâyesi de aydınlığa kavuşacaktı...

1921 yılında Fransız yazar Louis Rene Doyon'nun yolu Annaba'a düştü. Burada kaldığı kısa süre zarfında, felaketten on yıl sonra bir tesadüf eseri bulunan ve İsabelle'nin kayınbiraderi tarafından satılan gizemli çantayı ele geçirmeye muvaffak oldu. Defterler, çizimler, mektuplar karmakarışık vaziyette doldurulmuştu çantaya. İsabelle'nin, Jurnal (Mes Journaliers) adını verdiği ve rengi solmuş kapakları dışında iyi korundukları söylenebilecek dört defter, 1923 yılında basıldı. Doyon, iki yıl sonra İsabelle'nin hayatının değişik dönemlerinde kaleme aldığı on adet hikâyesini daha ele geçirdi ve asıl metinlerine uydurmak suretiyle yeniden düzenledi. Bütün hikâyeleri bir ciltte toplayarak, 1925 yılında "Efsaneler ve Manzaralar" (Contes et Paysages) adı altında bastırdı.

Ölümünden bir yıl sonra, 12 Şubat'ta İsabelle'nin mezarı başında Victor Barrucand imzalı bir mektup bulundu. Mektupta Barrucand İsabelle'ye sesleniyordu:

İçimizdekini anlatman için sana bu dünyada, yeni bir hayat vereceğim. Böylece bizi anlayan az sayıdaki insan için içimizdeki şeyler ebedileşecek. "İslam'ın Gölgesi" altında bizim sevdamıza yer açacağım. Bu senin sahrada yaşadığın maceralara verdiğim isimdir. Burada ve kardeş ruhların kalplerinde, kitabım sayesinde rahat uyu diye...

Barrucand İsabelle'nin Rusça kaleme aldığı bazı notlarını çevirmesi içi, bir Arapla evli olan Rus bir kadına yollar. Çevirilerin yanına Rus kadın tarafından iliştirilen mektuptaki bir paragraf oldukça düşündürücüdür;

Çevirilerimde bir ağacın üzerindeki Yasemin çiçekleri gibi çok sayıda yazım hatası var çünkü çevremde dolanan çocuklarım rahat bırakmadılar. Sayfalarda lekeler de göreceksiniz çünkü çocuklarım gereken terbiyeyi alamadılar, zira anneleri entelektüel meşgalelerinden dolayı onlara zaman ayıramadı.

İsabelle'nin içimde hangi unutulmuş duygularımı, gerçekleşemeyen hayallerimi canlandırdığını tahayyül edemezsiniz. Neden Arapları ve İslam'ı bu kadar idealize ettiğini çok iyi anlıyorum. Rus ruhu böyledir. Gizemli olan her şey onları heyecanlandırır. Ancak İsabelle'nin çok da üzerinde durmadığı, adeta önemsemediği birşey beni derinden üzdü; Arap kadınının hayatı. O bir Rus kadınıydı, kuş gibi özgürdü, bir bohemdi ve bir halkın, milyonlarca kadının nasıl bir hapis hayatı yaşadığını; yaşamak, düşünmek ve güneşi görmek gibi en basit insan haklarından nasıl mahrum bırakıldıklarını görmedi. Bu kadınların şahsiyetlerine saygı duyulmuyor... Onların bu hallerini ne büyük bir iç yarasıyla izlediğimi ve nasıl ağladığımı bilemezsiniz!

İsabelle Eberhardt adının Cenevre'de bir sokağa verilişiyle ilgili bir haber;

"Artık Cenevre'nin İsabelle Eberhardt isimli bir sokağı var. (Pazar günü haftanın Cenevrelisi seçildi). Yazarın anısına istinaden Salı günü düzenlenen tören Cenevre Belediyesi'nin

RUE BAPTISÉE

Aventurière
à l'honneur

Désormais, Genève compte une rue au nom d'Isabelle Eberhardt (notre «Genevoise de la semaine» de dimanche). La cérémonie officielle, organisée mardi matin, à la mémoire de l'écrivain, était présidée par la conseillère administrative de la Ville de Genève, Jacqueline Burnand.

Hôte de marque de cette journée, Edmonde Charles-Roux, qui vient de consacrer un ouvrage à Isabelle Eberhardt intitulé «Un Désir d'orient», paru chez Grasset. En fin d'après-midi, l'écrivain française a donné une conférence rappelant les grandes lignes de la vie pour le moins aventureuse d'Isabelle Eberhardt.

Jacqueline Burnand, conseillère administrative de la Ville de Genève, aux côtés de l'écrivain Edmonde Charles-Roux. (Interpresse)

idare danışmanı Jacqueline Burnand'ın katılımı ile düzenlendi.

Bugünün özel konuğu Edmonde Charles-Roux, Grasset'de, İsabelle Eberhardt ile ilgili 'Bir Doğu Arzusu' başlıklı bir makale yayınladı. Öğleden sonra Fransız kadın yazar, İsabelle Eberhardt'ın hayatından kesitler içeren bir konferans verdi"

KRONOLOJİ

1872 - Nathalie de Moerder ve Trofimovski Cenevre'ye gelirler.

1876 – Ali Abdulvahab Tunus'da dünyaya gelir.

1877 – İsabelle, 17 Şubat'ta Mont Blanc sokağındaki (Cenevre) apartman katında dünyaya gelir.

1895 – 31 Ekim'de Augustin Güney Oran'ın Sidi Bel Abbes kışlasındaki yabancılar lejyonuna katılır. İsabelle'nin ilk hikayesi Paris Nouvelle Revue Moderne'de yayınlanır.

1896 – Augustin 4 Şubat'ta yabancılar lejyonundan ayrılır. 9 Aralık'da yeniden kayıplara karışır.

1897 – 14 Ocak: Augustin yeniden yabancılar lejyonuna katılır. Ali Abdulvahab Paris'te bulunduğu bir sırada İsabelle ile mektuplaşmaya başlar.

21 Mayıs: Nathalie, Trofimovski ve İsabelle Cenevre'den ayrılarak Cezayir'e giderler.

15 Temmuz: Ali Abdulvahab aileyi Cezayir'de ziyaret eder.

18 Kasım: Nathalie de Moerder vefat eder.

4 Aralık: İsabelle Cenevre'ye döner.

1898 – Mart: Augustin yabancılar lejyonundan ayrılır ve Tunus'da Ali Abdulvahab'la buluşur.

13 Nisan: Vladimir intihar eder.

Mayıs: İsabelle Ahmed Reşid Bey ile evlilik hazırlıkları yapmaya başlar.

2 Kasım: Augustin Villa Neuve'ye geri döner.

1899 – 15 Mayıs: Trofimovski Villa Neuve'de vefat eder.

4 Haziran: İsabelle Tunus'a gider.

8 Temmuz: Güney Konstantin'e seyahat. Ağustos'un başlarında El Oued'dadır.

29 Ağustos: Annaba'ya geri dönüş. Ardından yeniden Tunus ziyareti.

Eylül: İsabelle Tunus çöllerindedir.

Kasım: Önce Marsilya, ardından Paris'e yolculuk.

1900 – Ocak: Sardinya ziyareti. Şubat ve Temmuz ayları, Cenevre ve Paris arasında geçer.

3 Ağustos: İsabelle El Oued'a yerleşir. Süleyman Ehni ile tanışır ve Kadiri tarikatına kabul edilir.

1901 – Süleyman Ehni Batna'ya atanır.

29 Ocak: İsabelle'ye suikast girişimi.

25 Şubat: El Oued hastanesinden taburcu edilir. Batna'ya döner.

12 Mayıs: Marsilya'dadır.

18 Haziran: İsabelle Konstantin'deki suikast duruşmasına katılır. Cezayir'den sürgün edildiğini öğrenir ve Süleyman'la birlikte Marsilya'ya döner.

24 Ağustos: Süleyman geçici bir süre için Marsilya'ya yerleşir.

17 Ekim: İsabelle ve Süleyman evlenirler.

1902 – Annaba'ya geri dönüş.

Haziran ve Temmuz ayları: Bou Saada ve El Hamel seyahatleri.

7 Temmuz: Tenes'e yerleşirler. Tenes ve Cezayir arasında süren seyahatler. İsabelle Victor Barrucand'la birlikte çalışmaya başlar ve El Ahbar'ın kuruluşunda yer alır.

1903 – Medyada İsabelle'ye karşı linç kampanyası başlatılır. Süleyman tayinini Setif'e aldırır. İsabelle Cezayir'de kalır .

Eylül: İsabelle Savaş muhabiri olarak Güney Oran'da görevlendirilir. El Mungar'daki çatışmalar ve Taghit kuşatması hakkında yazılar yazar.

Ekim: General Lyautey ile tanışırlar.

Aralık: Cezayir'e döner.

1904 – Setif'de Süleyman'la bir araya gelirler.

Şubat: Fas'a seyahat.

Mart ve Nisan aylarında Cezayir'de, Mayıs ayında Güney Oran'dadır. Temmuz ve Eylül aylarını Kenadsa'daki zaviyede geçirir.

21 Ekim: İsabelle ateşli bir rahatsızlıktan dolayı yattığı Ayn Sefra'daki hastaneden taburcu edilir. Aynı gün yaşanan sel felaketinde hayatını kaybeder.

Aynı yıl Eugene Letord lejyon donör nişanı alır.

1905 - Eugene Letord evlenir.

1907 – Süleyman Ehni 15 Nisan'da tüberkülozdan dolayı vefat eder.

1915 - Eugene Letord birliği ile birlikte Alman hendeklerine karşı saldırıya geçtiğinde vurulur.

1920 – Augustin de Moerder Marsilya'da intihar eder.

1934 – General Lyautey'in vefatı.

1943 – Ali Abdulvahab Tunus'da vefat eder.

1954 - Augustin'in kızı ve İsabelle'nin yeğeni Helene Nathali de tıpkı babası gibi 1954'de intihar ederek hayatına son verir.